來知德全集（輯校）

第四冊
周易集注·卷之十一至卷之十六（校注）

〔明〕來知德 撰 郭東斌 主編
劉重來 薛新力 學術審稿

重慶出版集團
重慶出版社

圖書在版編目(CIP)數據

周易集注.卷之十一至卷之十六:校注/(明)來知德撰;郭東斌主編.—重慶:重慶出版社,2021.6

(來知德全集:輯校)

ISBN 978-7-229-15297-0

Ⅰ.①周… Ⅱ.①來… ②郭… Ⅲ.①《周易》—注釋 Ⅳ.①B221.2

中國版本圖書館CIP數據核字(2020)第189900號

周易集注·卷之十一至卷之十六(校注)
ZHOUYI JIZHU · JUAN ZHI SHIYI ZHI JUAN ZHI SHILIU(JIAOZHU)
〔明〕來知德 撰 郭東斌 主編

總 策 劃:郭 宣 鄭文武
責任編輯:王 娟 夏 添
責任校對:何建雲
裝幀設計:王芳甜

重慶出版集團 出版
重慶出版社
重慶市南岸區南濱路162號1幢 郵編:400061 http://www.cqph.com
重慶出版社藝術設計有限公司製版
重慶市聖立印刷有限公司印刷
重慶出版集團圖書發行有限公司發行
E-MAIL:fxchu@cqph.com 郵購電話:023-61520646
全國新華書店經銷

開本:787mm×1092mm 1/16 印張:12.25 字數:190千
2021年6月第1版 2021年6月第1次印刷
ISBN 978-7-229-15297-0
定價:160.00元

如有印裝質量問題,請向本集團圖書發行有限公司調換:023-61520678

版權所有 侵權必究

《周易集注·卷之十一至卷之十六(校注)》編纂委員會

學術顧問　唐明邦　徐芹庭
主　　編　郭東斌
副 主 編　陳禕舒　欒保群　陳益峰
編　　委　金生楊　郭東斌　陳果立　陳益峰　陳禕舒　廖品紅
　　　　　熊少華　嚴曉星　欒保群　（以姓氏筆畫爲序）
校　　注　欒保群　陳禕舒　郭東斌

總目錄
TABLE OF CONTENTS

第一册　　來瞿唐先生日錄·内篇（校注）

第二册　　來瞿唐先生日錄·外篇（校注）

第三册　　周易集注·卷首至卷之十（校注）

第四册　　周易集注·卷之十一至卷之十六（校注）

第五册　　來瞿唐先生日錄·上（影印）

第六册　　來瞿唐先生日錄·中（影印）

第七册　　來瞿唐先生日錄·下（影印）

第八册　　周易集注·上（影印）

第九册　　周易集注·中（影印）

第十册　　周易集注·下（影印）

目錄

梁山來知德先生易經集注卷之十一 ········· 1

☶ 艮下巽上 （漸） ········· 1

☱ 兌下震上 （歸妹） ········· 5

☲ 離下震上 （豐） ········· 10

☶ 艮下離上 （旅） ········· 14

☴ 巽下巽上 （巽） ········· 18

☱ 兌下兌上 （兌） ········· 21

梁山來知德先生易經集注卷之十二 ········· 25

☵ 坎下巽上 （渙） ········· 25

☱ 兌下坎上 （節） ········· 29

☱ 兌下巽上 （中孚） ········· 32

☶ 艮下震上 （小過） ········· 36

☲ 離下坎上 （既濟） ········· 40

☵ 坎下離上 （未濟） ········· 44

梁山來知德先生易經集注卷之十三 ... 48
繫辭上傳 ... 48

梁山來知德先生易經集注卷之十四 ... 76
繫辭下傳 ... 76

梁山來知德先生易經集注卷之十五 ... 102
說卦傳 ... 102
序卦傳 ... 112
雜卦傳 ... 117

梁山來知德先生易經集注卷之十六 ... 122
考定周易繫辭上下傳 ... 122
補定周易說卦傳 ... 130

跋 ... 133

附錄一 ... 134
刻來瞿唐先生易經集注序 ... 134

附錄二 ... 136
戴詰跋 ... 136

附錄三 ... 137
冉氏家譜序 ... 137

附錄四 ... 139
太史來瞿唐先生年譜 ... 139

梁山來知德先生易經集注卷之十一

平山後學崔華重訂　男巒齊、岱齊、藹齊同校

䷴① 艮下巽上（漸）

"漸"者，漸進也。爲卦艮下巽上。有不遽進之義，"漸"之義也。木在山上，以漸而高，"漸"之象也。《序卦》："艮者，止也。物不可以終止，故受之以漸。"所以次艮。

漸，女歸吉，利貞。

婦人謂嫁曰"歸"。天下之事惟"女歸"爲有"漸"。納采、問名、納吉、納徵、請期、親迎，六禮備而後成婚，是以漸者莫如女歸也。本卦不遽進，有"女歸"之象。因主于進，故又戒以利貞。

《彖》曰：漸之進也，女歸吉也。進得位，往有功也。進以正，可以正邦也。其位剛得中也。止而巽，動不窮也。

釋卦名，又以卦綜、卦德釋《卦辭》。"之"字作"漸"字。"女歸吉"者，言必如女歸而後漸方善也。能如女歸則進必以禮，不苟于相從，得以遂其進之志而吉矣。"進得位"者，本卦綜歸妹，二卦同體，文王綜爲一卦，故《雜卦》曰："漸，女歸待男行也。歸妹，女之終也。"言歸妹下卦之兌，進而爲漸上卦之巽，得九五之位也。然不惟得位，又正之中也。"正邦"者，成"刑于"之化②

---

①寶廉堂本漸卦刻圖有誤。
②《書·虞書·堯典》："帝（堯）曰：'我其試哉！女于時，觀厥刑于二女。'釐降二女于媯汭，嬪于虞。"

也，即"往有功"也。此以卦綜言也。"進不窮"①者，蓋進之之心愈急，則進之之機益阻，今卦德內而艮止，則未進之先廉靜無求，外而巽順，則將進之間相時而動，此所以"進不窮"也。有此卦綜、卦德，吉而利貞者以此。

《象》曰：山上有木，漸。君子以居賢德善俗。

習俗移人，賢者不免，故"性相近而習相遠"也。君子法漸進之象，擇居處于"賢德善俗"之地，則耳濡目染，以漸而自成其有道之士矣，即孟子"引而置之莊岳之間"之意。

初六，鴻漸于干，小子厲。有言，无咎。

"鴻"，雁之大者。鴻本水鳥，中爻離坎，離爲飛鳥，居水之上，"鴻"之象也。且其爲物，木落南翔，冰泮北歸，其至有時，其群有序，不失其時與序，于"漸"之義爲切。昏禮用鴻，取不再偶，于"女歸"之義爲切，所以六爻皆取"鴻"象也。"小子"者，艮爲少男，"小子"之象也。內卦錯兌，外卦綜兌，兌爲口舌，"有言"之象也。"干"，水旁也，江干也。中爻，小②水流于山，故有"干"象。"厲"者，危厲也，以在我而言也；"言"者，謗言也，以在人而言也。"无咎"者，在漸之時，非躐等以强進，于義則"无咎"。○初六陰柔，當漸之時，漸進于下，有"鴻漸于干"之象。然少年新進，上無應與，在我不免有小子之厲，在人不免有言語之傷，故其占如此，而其義則无咎也。

《象》曰：小子之厲，義无咎也。

"小子之厲"，似有咎矣。然時當進之時，以漸而進，亦理之所宜，以義揆之，終无咎也。

六二，鴻漸于磐，飲食衎衎，吉③。衎，苦旦反。

"磐"，大石也。艮爲石，"磐"之象也。自干而磐，則遠于水而漸進矣。中爻爲坎，"飲食"之象也。故困卦九二言"酒食"，需卦九五言"酒食"，未

---

①進不窮：按下面釋文，言"外而巽順，則將進之間相時而動"云云，是釋"止而巽，動不窮"也。疑二"進不窮"俱爲"動不窮"之誤。
②小：虎林本、史念冲本亦作"小"，朝爽堂本、鄭燦本作"坎"。
③吉：原本無，虎林本漫漶爲小字，史念冲本、朝爽堂本、鄭燦本作"吉"，據補。

濟上九言"酒食"，坎卦六四言"樽酒"。"衎"，和樂也。巽綜兌，悅樂之象。言"鴻漸于磐"而飲食自適也。吉，即小象"不素飽"之意。〇六二柔順中正，而進以其漸，又上有九五中正之應，故其象如此，而其占則吉也。

《象》曰："飲食衎衎"，不素飽也。

"素飽"，即素餐也。言爲人之臣，食人之食，事人之事，義所當得，非徒飲食而已也。蓋其德中正，其進漸次，又應九五中正之君，非素飽也宜矣。

九三，鴻漸于陸，夫征不復，婦孕不育，凶。利禦寇。

地之高平曰陸，此爻變①坤，"陸"之象也。"夫"指三爻②。艮爲少男，又陽爻，故謂之"夫"。"婦"指四。巽爲長女，又陰爻，故謂之"婦"。本卦"女歸"，故以夫婦言之。"征"者，往也。"不復"者，不反也。本卦以漸進爲義，三比六③四，漸進于上，溺而不知其反也。"婦孕"者，此爻合坎，坎中滿，"孕"之象也。"孕不育"者，孕而不敢使人知其育，如孕而不育也。蓋四性主入，無應而奔于三。三陽性上行，又當進時，故有此醜也。若以變爻論，三變則陽死成坤，離絕夫位，故有"夫征不復"之象。既成坤，則并坎中之滿，通不見矣，故有"婦孕不育"之象。坎爲盜，離爲戈兵，故有"寇"象。變坤，故《小象》曰"順相保"。〇九三過剛，當漸之時，故有自磐而進于陸之象。然上無應與，乃比于親近之四，附麗其醜而失其道矣，非漸之貞者也。故在占者則有"夫征不復，婦孕不育"之象，凶可知矣。惟禦寇之道，在于人和，今變坎成坤，則同心協力，順以相保，故利也。若以之漸進，是枉道從人，夫豈可？

《象》曰："夫征不復"，離群醜也。"婦孕不育"，失其道也。"利用禦寇"，順相保也。離，力智切。

"離"，附著也。揚子雲《解嘲》云"丁、傅、董賢用事，諸附離之者起家至二千石"，《莊子》"附離不以膠漆"，皆此離也。"群醜"者，上下二陰也。"夫征不復"者，以附離群陰，溺而不反也。"失其道"者，淫奔之事，失其夫

---

①變：原本脱，史念冲本、朝爽堂本、鄭燦本作"變"，據補。
②爻：原爲空，朝爽堂本、鄭燦本作"爻"，據補。
③六：原作"上"，朝爽堂本、鄭燦本作"六"，據改。

婦之正道也。"順相保"者，禦寇之道在于行險而順，今變坎成坤，則行險而順矣，所以能相保禦也。雁群不亂飛，則列陣相保。三爻變坤，有雁陣象，故曰"順相保"。

六四，鴻漸于木，或得其桷，无咎①。

巽爲木，"木"之象也。下三爻，一畫橫于上，"桷"之象也。桷者，椽也，所以乘瓦。巽爲繩直，故有此象。又坎爲宮，四居坎上，亦有"桷"象。凡木之枝柯，未必橫而寬平如桷，鴻趾連而且長，不能握枝，故不栖木。若木之枝如桷，則橫平，而栖之可以安矣。"或得"者，偶然之辭，未必可得，偶得之也。巽爲不果，"或得"之象。"无咎"者，得漸進也。○六四以柔弱之資，似不可以漸進矣，然巽順得正，有"鴻漸于木或得其桷"之象，占者如是，則无咎也。

《象》曰："或得其桷"，順以巽也。

變乾錯坤，爲順。未變爲巽，巽正位在四，故曰"順巽"。

九五，鴻漸于陵，婦三歲不孕，終莫之勝，吉。

高阜曰陵。此爻變艮，爲"山陵"之象也。婦指二，中爻爲離，中虛，空腹，"不孕"之象也。離居三，"三歲"之象也。"三歲不孕"者，言婦不遇乎夫，而三歲不孕也。二、四爲坎，坎中滿，故曰"孕"；三、五中虛，故曰"不孕"。《爻辭》取象，精之極矣。凡正應爲君子，相比爲小人。二比三、三比四、四比五，皆陰陽相比，故此爻以"三歲不孕，終莫之勝，吉"。言②"終莫之勝"者，相比之小人終不得以間之，而五與二合也。○九五陽剛當尊，正應乎二，可以漸進相合，得遂所願矣。但爲中爻相比所隔，然終不能奪其正也，故其象如此。占者必有所遲阻而後吉也。

《象》曰："終莫之勝吉"，得所願也。

"願"者，正應相合之願也。

上九，鴻漸于陸，其羽可用爲儀，吉。

"陸"，即三爻之陸。中爻水在山上，故自干而陸，此爻變坎，又水在山

---

①朝爽堂本、鄭燦本此處有音注："桷，吉岳切，音覺。"
②吉言：虎林本亦作"吉言"，史念冲本、朝爽堂本、鄭燦本作"言之"。

上，故又有"鴻漸于陸"之象。巽性入，又伏，本卦主于漸進，今進于上，則進之極，無地可進矣。巽性伏入，進退不果，故又退"漸于陸"也。蓋三乃上之正應，雖非陰陽相合，然皆剛明君子，故知進而又知退焉。"儀"者，儀則也。知進知退，惟聖人能之，今上能退于三，即蠱之"志可則"，蓋百世之師也，故"其羽可以爲儀"。曰"羽"者，就其鴻而言之。曰"羽可儀"，猶言人之言行可法則也。升卦與漸卦，同是上進之卦，觀升卦上六曰"利不息之貞"，則此爻可知矣。胡安定公以"陸"作"逵"者，非也。蓋《易》到六爻極處即反，"亢龍有悔"之類是也。〇上九木在山上，漸長至高，可謂漸進之極矣。但巽性不果進，而復退于陸焉，此則知進知退，可以起頑立懦者也。故有"鴻漸于陸，其羽可用爲儀"之象。占者有是德即有是吉矣。

《象》曰："其羽可用爲儀，吉"，不可亂也。

"不可亂"者，鴻飛于雲漢之間，列陣有序，與凡鳥不同，所以"可用爲儀"。若以人事論，不可亂者，富貴利達不足以亂其心也。若富貴利達亂其心，惟知其進，不知其退，惟知其高，不知其下，安得可用爲儀？今知進又知退，知高又知下，所以可以爲人之儀則。

䷵ 兌下震上 （歸妹）

婦人謂嫁曰"歸"。女之長者曰姊，少者曰妹，因兌爲少女，故曰"妹"。爲卦兌下震上，以少女從長男，其情又以悦而動，皆非正也，故曰"歸妹"。《序卦》："漸者，進也。進必有所歸，故受之以歸妹。"漸有歸義，所以次漸。

歸妹，征凶，无攸利。

《彖辭》明。漸曰"女歸"，自彼歸我也，娶婦之家也。此曰"歸妹"，自我歸彼也，嫁女之家也。

《彖》曰：歸妹，天地之大義也。天地不交，而萬物不興。歸妹，人之終始也。説以動，所歸妹也。征凶，位不當也。无攸利，柔乘剛也。

釋卦名，復以卦德釋之，又以卦體釋《卦辭》。言所謂"歸妹"者，本天地之大義也。蓋物無獨生獨成之理，故男有室，女有家，本天地之常經，是乃其大義也。何也？蓋男女不交，則萬物不生，而人道滅息矣。是"歸妹"者，雖女道之終，而生育之事于此造端，實人道之始，所以爲"天地之大義"也。然歸妹雖天地之正理，但說而動，則女先乎男，所歸在妹，乃妹之自爲，非正理而實私情矣，所以名"歸妹"。"位不當"者，二、四陰位而居陽，三、五陽位而居陰，自二至五，皆不當也。柔乘剛者，三乘二之剛，五乘四之剛也，有夫屈乎婦，婦制其夫之象。"位不當"，則紊男女內外之正；"柔乘剛"，則悖夫婦倡隨之理，所以"征凶""无攸利"。

《象》曰：澤上有雷，歸妹。君子以永終知敝。

"永"對暫言，"終"對始言。"永終"者，久後之意。兌爲毀折，有"敝"象；中爻，坎爲通，離爲明，有"知"象，故知其敝。天下之事，凡以仁義道德相交治①者，則久久愈善，如劉孝標所謂"風雨急而不輟其音，霜雪零而不渝其色"，此"永終無敝"者也。故以勢合者，勢盡則情疏；以色合者，色衰則愛弛。"垝垣復關"之望②，雖言笑于其初，而"桑落黃隕"之嗟，終痛悼于其後。③ 至于④立身一敗，萬事瓦裂，其敝至此。○雷震澤上，水氣隨之而升，女子從人之象也。故君子觀其合之不正，而動于一時情欲之私，即知其終之有敝而必至失身敗德，相爲暌乖矣。此所以欲善其終，必慎其始。

初九，歸妹以娣，跛能履，征吉⑤。

《爾雅》："長婦謂稚婦爲娣，娣婦謂長婦爲姒。"即今妯娌相呼也。又《曲禮》"世婦侄娣"，蓋以妻之妹從妻來者爲娣也。古者諸侯一娶九女，嫡夫人之左右媵皆以侄娣從。送女從嫁曰媵，以《爾雅》《曲禮》"媵送"考之，幼婦曰娣，蓋從嫁以適人者也。兌爲妾，"娣"之象。初在下，亦"娣"之象。兌爲

---

①洽：虎林本亦作"洽"，史念冲本、朝爽堂本、鄭燦本作"合"。
②望：原作"輩"，史念冲本、朝爽堂本、鄭燦本作"望"，據改。按：《詩·衛風·氓》："乘彼垝垣，以望復關。"
③《詩·衛風·氓》："乘彼垝垣，以望復關。"其章言男女相悅以偷情。"桑之落矣，其黃而隕。"此章言女爲男所棄。
④至于：虎林本亦作"至于"，史念冲本、朝爽堂本、鄭燦本作"君子"。
⑤朝爽堂本、鄭燦本此處有音注："娣，戴禮切，婦之妹相從者。"

毀折，有"跛"之象。震爲足，足居初，中爻離爲目，目與足皆毀折，所以初爻言"足之跛"而二爻言"目之眇"也。若以變坎論，坎爲曳，亦"跛"之象也。"跛"者，行之不以正，側行者也。以嫡娣論，側行正所尊正室也。若正行，則是專正室之事矣，故以跛象之。○初九居下，當歸妹之時，而無正應，不過娣妾之賤而已，故爲"娣"象。然陽剛，在女子爲賢正之德，但爲娣之賤，則閨閫之事不得以專成，今處悅居下，有順從之義，故亦能維持調護，承助其正室，但不能專成，亦猶跛者側行而不能正行也。占者以是而往，雖其勢分之賤，不能大成其內助之功，而爲媵妾職分之當然，則已盡之矣，吉之道也，故"征吉"。

《象》曰：歸妹以娣，以恒也。跛能履吉，相承也。

"恒"，常也。天地之常道也。有嫡有妾者，人道之常。初在下位無正應，分當宜于娣矣，是乃常道也，故曰"以恒也"。"恒"字義又見九二《小象》。"相承"者，能承助乎正室也。以其有賢正之德，所以能相承，故曰相承也。"以恒"以分言，"相承"以德言。

九二，眇能視，利幽人之貞。

"眇"者，偏盲也，一目明一目不明也，或目邪，皆謂之眇，解見初九。兌綜巽，巽爲白眼，亦有"眇"象。中爻離目，"視"之象。"幽人之貞"者，幽人遭時不偶，抱道自守者也。幽人無賢君，正猶九二無賢夫[①]。衆爻言"歸妹"，而此爻不言者，居兌之中，乃妹之身，是正嫡而非娣也。"幽人"一句，詳見前履卦，又占中之象也。○九二陽剛得中，優于初之居下矣。又有正應，優于初之無應矣。但所應者陰柔不正，是乃賢女而所配不良，不能大成內助之功，故有"眇者能視而不能遠視"之象。然所配不良，豈可因其不良而改其剛中之德哉？故占者利如"幽人之貞"可也。

《象》曰："利幽人之貞"，未變常也。

一與之齊，終身不改，此婦道之常也。今能守幽人之貞，則未變其常矣。故教占者如幽人之貞則利也。初爻、二爻《小象》，孔子皆以"恒""常"二字

[①] 夫：原作"婦"，虎林本、朝爽堂本、鄭燦本作"夫"，據改。

釋之，何也？蓋兌爲常，則"恒""常"二字乃兌之情性，故釋之以此。

六三，歸妹以須，反歸以娣。

"須"，賤妾之稱。《天文志》："須女四星，賤妾之稱。"故古人以婢僕爲餘須。"反"者，顛倒之意。震爲反生，故曰"反"。○六三[1]居下卦之上，本非賤者也。但不中不正，又爲悅之主，善於容悅以事人，則成無德之須賤，而人莫之取矣，故爲"未得所適、反歸乎[2]娣"之象。初位卑，歸以娣，宜矣。三居下卦之上，何自賤至此哉？德不稱位而成須故也。不言吉凶者，容悅之人前之吉凶，未可知也。

《象》曰："歸妹以須"，未當也。

"未當"者，爻位不中不正也。

九四，歸妹愆期，遲歸有時。

"愆"，過也，言過期也。女子過期不嫁人，故曰"愆期"，即《詩》"摽梅"之意。因無正應，以陽應陽，則純陽矣，故愆期。"有時"者，男女之婚姻自有其時也。蓋天下無不嫁之女。"愆期"者，數；"有時"者，理。若以象論，中爻坎月離日，"期之"之象也，四一變則純坤，而日月不見矣，故"愆期"。震春兌秋，坎冬離夏，四時之象，震東兌西相隔甚遠，所以"愆期"。四時循環，則"有時"矣。○九四以陽應陽，而無正應，蓋女之愆期而未歸者也。然天下豈有不歸之女？特待時而歸，歸之遲耳，故有"愆期，遲歸有時"之象。占者得此，凡事待時可也。

《象》曰：愆期之志，有待而行也。

行者，嫁也。天下之事，自有其時。愆期之心，亦[3]有待其時而後嫁耳。《爻辭》曰"有時"，《象辭》曰"有待"，皆待[4]時之意。

六五，帝乙歸妹，其君之袂，不如其娣之袂良。月幾望，吉。

"帝乙"，如箕子明夷、高宗伐鬼方之類。"君"者，妹也。此爻變兌，兌爲少女，故以"妹"言之。諸侯之妻曰小君，其女稱縣君，宋之臣其妻皆稱縣

---

[1] 六三：原作"六"，朝爽堂本、鄭燦本作"六三"，據改。
[2] 乎：虎林本、鄭燦本亦作"乎"，朝爽堂本、史念冲本作"以"。
[3] 亦：虎林本亦作"亦"，史念冲本、朝爽堂本、鄭燦本作"志"。
[4] 待：虎林本亦作"待"，史念冲本、朝爽堂本、鄭燦本作"俟"。

君是也，故不曰"妹"而曰"君"焉。"袂"，衣袖也，所以爲禮容者也。人之著衣，其禮容全在于袂，故以袂言之。"良"者，美好也。三爻爲娣，乾爲衣，三爻變乾，故其衣之"袂良"。五爻變兌成缺，故不如三之良。若以理論，三不中正尚容飾，五柔中不尚容飾，所以不若其袂之良也。"月幾望"者，坎月離日，震東兌西，日月東西相望也。五陰二陽，言月與日對，而應乎二之陽也。曰"幾"者，言光未盈滿，柔德居中而謙也。"月幾望"而應乎陽，又下嫁，占中之象也。○六五柔中居尊，蓋有德而貴者也。下應九二，以帝有德之女下嫁于人，故有"尚德而不尚飾、其服不盛"之象。女德之盛，無以加此。因下嫁，故又有"月幾望而應乎陽"之象。占者有是德，則有是吉矣。

《象》曰：帝乙歸妹，不如其娣之袂良也。其位在中，以貴行也。

"在中"者，德也。"以貴"者，帝女之貴也。"行"者，嫁也。有是中德，有是尊貴，以之下嫁，又何必尚其飾哉？此所以"君之袂不如娣之袂良"也。

上六，女承筐，无實。士刲羊，无血。无攸利。

兌爲女，震爲士，筐乃竹所成，震爲竹，又仰盂空虛，"無實"之象也。又變離，亦"中虛無實"之象也。中爻坎，爲血卦，"血"之象也。兌爲羊，"羊"之象也。震綜艮，艮爲手，"承"之象也。離爲戈兵，"刲"之象也。羊在下，血在上，"無血"之象也。凡夫婦祭祀，承筐而采蘋蘩者，女之事也；刲羊而實鼎俎者，男之事也。今上與三皆陰爻，不成夫婦，則不能供祭祀矣。"无攸利"者，人倫以廢，後嗣以絶，有何攸利？"刲"者，屠也。○上六以陰柔居卦終而無應，居終則過時，无應則无配，蓋歸妹之不成者也，故有"承筐無實、刲羊無血"之象，占者得此，无攸利可知矣。

《象》曰：上六无實，承虛筐也。

上爻有底而中虛，故曰"承虛筐"。

離下震上（豐）

"豐"，盛大也。其卦離下震上，以明而動，盛大之由也；又雷電交作，有盛大之勢，乃"豐"之象也，故曰"豐"。《序卦》："得其所歸者必大，故受之以豐。"所以次歸妹。

豐，亨，王假之，勿憂宜日中。

"亨"者，豐自有亨道也，非豐後方亨也。"假"，至也，必以"王"言者，蓋王者車書一統，而後可以至此也。此卦離日在下，日已昃矣。所以周公《爻辭》言"見斗""見沬"者皆此意。"勿憂宜日中"，一句讀，言王者至此，"勿憂宜日中"，不宜如是之昃，昃則不能照天下也。孔子乃足之曰：日至中不免于昃，徒憂而已。文王已有此意，但未發出，孔子乃足之。離，日象，又王象。錯坎，憂象。

《彖》曰：豐，大也。明以動，故豐。"王假之"，尚大也。"勿憂宜日中"，宜照天下也。日中則昃，月盈則食。天地盈虛，與時消息，而況於人乎？況於鬼神乎？

以卦德釋卦名，又以卦象釋《卦辭》而足其意。非明則動無所之，冥行者也。非動則明無所用，空明者也。惟明動相資，則王道由此恢廓，故名豐。"尚大"者，所尚盛大也，非王者有心欲盛大也，其勢自盛大也，撫盈盛之運，不期侈而自侈矣。"宜照天下"者，遍照天下也，日昃則不能遍照矣。日中固照天下，然豈長日中哉？蓋日以中為盛，日中則必昃；月以盈為盛，月盈則必食。何也？天地造化之理，其盈虛每因時以消息。時乎息矣，必至于盈，時乎消矣，必至于虛。虛而息，息而盈，盈而消，消而虛，此必然之理數也。"天地盈虛，與時消息"，天地且不常盈不虛，而況于人與鬼神乎？可見國家無常豐之理，不可憂其宜日中，不宜本卦之日昃也。鬼神是天地之變化運動者，如風雲雷雨，凡陽噓陰吸之類皆是。

《象》曰：雷電皆至，豐。君子以折獄致刑。

始而問獄之時，法"電"之明以折其獄，是非曲直必得其情。終而定刑之時，法"雷"之威以定其刑，輕重大小必當其罪。

初九，遇其配主，雖旬无咎，往有尚。

"遇"字詳見噬嗑六三。"配主"者，初爲明之初，四爲動之初，故在初曰"配主"，在四曰"夷①主"也。因"宜日中"一句，故《爻辭》皆以日言。文王象豐，以一日象之，故曰"勿憂宜日中"。周公象豐，以十日象之，故曰"雖旬无咎"。十日爲旬，言初之豐以一月論，已一旬也，言正豐之時也。○當豐之初，明動相資，故有"遇其配主"之象。既遇其配，則足以濟其豐矣。故雖豐已一旬亦無災咎，可嘉之道也。故占者往則有尚。

《象》曰："雖旬无咎"，過旬災也。

"雖旬无咎"，周公許之之辭。"過旬災②"也，孔子戒之之辭。"過旬災"者，言盛極必衰也。

六二，豐其蔀，日中見斗，往得疑疾，有孚發若，吉。

蔀蔀，草名。中爻巽，"草"之象也。故大過下巽曰"白茅"，泰卦下③變巽曰"拔茅"，屯卦震錯巽曰"草昧"，皆以巽爲陰柔之木也。因王弼以"蔀"字爲"覆曖"，後人編《玉篇》即改"蔀，覆也"。"斗"，量名，應爻震，有"量"之象，故取諸斗。南斗、北斗皆如量，所以名斗。《易》止有此象，無此事，亦無此理，如"金車""玉鉉"之類是也。又如"刲羊無血"，天下豈有殺羊無血之理？所以《易》止有此象。本卦離日在下，雷在上，震爲蕃草，蕃盛之象也。言草在上蕃盛，日在下不見其日，而惟見其斗也。"疑"者，援其所不及，煩其所不知，必致猜疑也。"疾"者，持方柄以內圓鑿，反見疾惡也。"有孚"者，誠信也。離中虛，"有孚"之象也。"發"者，感發開導之也。"若"，助語辭。"吉"者，至誠足以動人，彼之昏暗可開而豐亨可保也。"貞"字、"誠"字乃六十四卦之樞紐，聖人于事難行處，不教人以貞，則教人以有孚。○六二居豐之時，爲離之主，至明者也。而上應六五之柔暗，故有"豐其

---

①夷：原作"彝"，據虎林本改，以下不再出校。
②災：原作"咎"，史念冲本、朝爽堂本、鄭燦本作"災"，據改。
③下：虎林本、朝爽堂本、鄭燦本亦作"下"，史念冲本作"初"。

蔀"、不見其日惟見其斗之象。以是昏暗之主，往而從之，彼必見疑疾，有何益哉？惟在積誠信以感發之，則吉。占者當如是也。

《象》曰："有孚發若"，信以發志也。

"志"者，君之心志也。"信以發志"者，盡一己之誠信，以感發其君之心志也。能發其君之志，則己之心與君之心相爲流通矣。伊尹之于太甲，孔明之于後主，郭子儀之于肅宗、代宗，用此道也。

九三，豐其沛，日中見沫，折其右肱，无咎。沫，音未。

"沛"，澤也，沛然下雨是也，乃雨貌。"沫"者，水源也，故曰涎沫、濡沫、跳沫、流沫，乃霖霂細雨不成水之意。此爻未變，中爻兌爲澤，"沛"之象也。既變，中爻成坎水矣，"沫"之象也。二爻巽木，故以草象之。三爻澤水，故以沫象之。周公《爻辭》精極至此。王弼不知象，以蔀爲覆暧，後儒從之，即以爲障蔽。王弼以沛爲旆，後儒亦以爲旆，殊不知雷在上，中爻有澤有風方取此沛沫之象，何曾有旆之象哉？相傳之謬，有自來矣。"肱"者，手臂也。震綜艮，中爻兌錯艮，艮爲手，"肱"之象也。又兌爲毀折，"折其肱"之象也。曰"右"者，陽爻爲右，陰爻爲左，故師之"左次"，明夷之"左股"、"左腹"，皆陰爻也。此陽爻，故以"右"言之。右肱至便于用，而人不可少者，折右肱則三無所用矣。"无咎"者，德在我，其用與不用在人，以義揆之，无咎也。○九三處明之極，而應上六之柔暗，則明有所蔽，故有"豐其沛不見日而見沫"之象。夫明既有所蔽，則以有用之才置之無用之地，故又有"折其右肱"之象。雖不見用，乃上六之咎也，于三何尤哉？故"无咎"。

《象》曰："豐其沛"，不可大事也。"折其右肱"，終不可用也。

"不可大事"，與遯卦九三同，皆言艮止也。蓋建立大事以保豐亨之人，必明與動相資，今三爻變，中爻成艮止①，雖動而不明矣。動而又止，安能大事哉？其不可濟豐也必矣。周公《爻辭》以本爻未變言，孔子《象辭》以本爻既變言。人之所賴以作事者，在右肱也，今三爲時所廢，是有用之才而置無用之地，如人折右肱矣，所以終不可用。

---

①止：原作"上"，史念冲本、朝爽堂本、鄭燦本作"止"，據改。

九四，豐其蔀，日中見斗，遇其夷主，吉。

"夷"者，等夷也，指初也，與四同德者也。二之豐蔀見斗者，應乎其昏暗也；四之豐蔀見斗者，比乎其昏暗也。若以象論，二居中爻巽木之下，四居中爻巽木之上，巽，陰木，蔀之類也，所以《爻辭》同。"吉"者，明動相資，共濟其豐之事也。○當豐之時，比乎昏暗，故亦有"豐蔀見斗"之象。然四與初同德相應，共濟其豐，又有"遇其夷主"之象，吉之道也。故其象占如此。

《象》曰："豐其蔀"，位不當也。"日中見斗"，幽不明也。"遇其夷主"，吉行也。

"幽不明"者，初二①日中見斗，是明在下而幽在上，二之身猶明也。若四之身原是蔀位，則純是幽而不明矣。"行"者，動也。震性動，動而應乎初也。

六五，來章，有慶譽，吉。

凡卦自下而上者謂之"往"，自上而下者謂之"來"。此"來"字非各卦之來，乃召來之來也，謂屈己下賢以召來之也。"章"者，六二離本章明，而又居中得正，本卦明以動，故豐，非明則動無所之，非動則明無所用。二、五居兩卦之中，明動相資，又非"豐蔀見斗"之說矣。此《易》不可爲典要也。"慶"者，福慶集于己也。"譽"者，聲譽聞于人也。此爻變兌，兌爲口，有譽象。"吉"者，可以保豐亨之治也。○六五爲豐之主，六二爲之正應，有章明之才者，若能求而致之，則明動相資，有慶譽而吉矣。占者能如是，斯應是占也。

《象》曰：六五之吉，有慶也。

有慶方有譽，未有無福慶而有譽者，舉慶則譽在其中矣。

上六，豐其屋，蔀其家，窺其戶，闃其无人，三歲不覿，凶。

此爻與明夷"初登于天，後入于地"相同。以屋言者，凡豐亨富貴，未有不潤其屋者。"豐其屋"者，"初登于天"也；"蔀其家"以下，"後入于地"也。"蔀其家"者，草生于屋，非復前日之炫耀而豐矣。"豐其蔀"，本周公《爻辭》。今將豐、蔀二字分開，則知上豐字乃豐之極，下蔀字乃豐之反矣，故《小象》上句以爲"天際翔也"。"窺"者，窺視也。離爲目，"窺"之象也。

---

①初二：諸本皆同，據文意，疑當作"六二"。

"闚"者，寂静也。"闚其无人"者，户庭寂静而无人也。"三歲不覿"者，變離，離居三也。言窺其户寂静無人，至于三年之久，猶未見其人也。"凶"者，殺身亡家也。泰之後而"城復于隍"，豐之後而"闚寂其户"，處承平豈易哉！○上六以柔暗之質，居明動豐亨之極，承平既久，奢侈日盛，故有"豐其屋"之象。然勢極則反者，理數也。故離之明極必反其暗，有"草塞其家而暗"之象；震之動極必反其静，有"闚其①无人三年不覿"之象。占者得此，凶可知矣。

《象》曰："豐其屋"，天際翔也。"窺其户，闚其无人"，自藏也。

言豐極之時，其勢位炙手可熱，如翱翔于天際雲霄之上，人可仰而不可即。上六天位，故曰天。及爾敗壞之後，昔之光彩氣焰，不期掩藏而自掩藏矣。權臣得罪披離之後，多有此氣象。

䷷ 艮下離上 （旅）

"旅"，羈旅也。爲卦山内②火外，内爲主，外爲客。山止而不動，猶舍館也；火動而不止，猶行人也，故曰"旅"。《序卦》："豐，大也。窮大者必失其居，故受之以旅。"所以次豐。唐玄宗開元初，海内富安，行者雖萬里不持寸兵。及其天寶以後，自恃承平，以爲天下無復可憂，遂深居禁中，以聲色自娱，悉以政事委之李林甫，及禄山陷京師乃幸蜀，遂有馬嵬之慘。此窮極于大者必失其居之驗也。"旅"非專指商賈，凡客于外者皆是。

旅，小亨，旅貞吉。

小亨者，亨之小也。旅途親寡，勢涣情疏，縱有亨通之事，亦必微小，故其占爲小亨。然其亨者，以其正也。道無往而不在，理無微而可忽，旅途之間能守此正，則吉而亨矣。"小亨"者，占之亨也。"旅貞吉"者，聖人教占者處

---

①其：史念冲本亦作"其"，虎林本作"寂"，朝爽堂本、鄭燦本無此字。
②內：史念冲本亦作"內"，虎林本作"而內"，朝爽堂本、鄭燦本作"內而"。

旅之道也。

《彖》曰："旅小亨"，柔得中乎外而順乎剛，止而麗乎明，是以"小亨，旅貞吉"也。旅之時義大矣哉！

以卦綜、卦德釋《卦辭》而嘆其大。本卦綜豐，二卦同體，文王綜爲一卦，故《雜卦》曰："豐多故，親寡旅也。"豐下卦之離，進而爲旅之上卦，所以柔得中乎外卦，而又親比上下之剛也。"明"者，己之明也，非麗人之明也。"止而麗乎明"，與睽"說而麗乎明"同，只是內止外明也。羈旅之間，柔得中不取辱，順乎剛不招禍，止而不妄動，明而識時宜，此四者，處旅之正道也。有此正道，是以占者小亨。若占者能守此旅之正道，則吉而亨矣。"大"本贊辭，然乃嘆辭也。言旅本小事，必柔中順剛，止而麗明，方得小亨，則難處者旅之時，難盡者旅之義，人不可以其小事而忽之也。與豫、隨、姤同。

《象》曰：山上有火，旅。君子以明慎用刑而不留獄。

"明"其刑，以罪之輕重言；"慎"其刑，以罪之出入言。"不留"者，既決斷于明慎之後，當罪者即罪之，當宥者即宥之，不留滯淹禁也，非留于獄中也。因綜豐雷火，故亦言"用刑"。"明"者火之象，"慎"者止之象，"不留"者旅之象。

初六，旅瑣瑣，斯其所取災。

"瑣"者，細屑猥鄙貌。初變則兩離矣，故瑣而又瑣。"瑣"者，羈旅之間計財利得失之毫末也。"斯"者，此也。"取災"者，自取其災咎也。斯其所以取災者，因此瑣瑣，自取災咎，非由外來也。旅最下則瑣瑣取災，旅最上則焚巢致凶，必如彖之柔中順剛，止而麗明，方得盡善。○初六陰柔在下，蓋處旅而猥鄙細屑者也。占者如是，則召人之輕侮而自取災咎矣，故其象占如此。

《象》曰："旅瑣瑣"，志窮災也。

"志窮"者，心志窮促淺狹也。惟其志窮，所以瑣瑣取災。

六二，旅即次，懷其資，得童僕，貞。

"即"者，就也。"次"者，旅之舍。艮爲門，二居艮止之中，"即次"，得安之象也。"資"者，財也，旅之用也。中爻巽，巽爲近市利三倍，"懷資"之象也，故家人六四"富家大吉"。少曰童，長曰僕，旅之奔走服役者也。艮爲少男，綜震爲長男，"童僕"之象也。貞者，良善不欺也。陰爻中虛，有孚貞信之象也。〇六二當旅之時，有柔順中正之德，故有"即次懷資童僕貞"之象，蓋旅之最吉者也。占者有是德，斯應是占矣。

《象》曰："得童僕貞"，終无尤也。

羈旅之中，得即次懷資，可謂吉矣。若使童僕狡猾，則所居終不能安，而資亦難保其不盜矣，此心安得不至怨尤？所以"童僕貞，終无尤"。

九三，旅焚其次，喪其童僕貞，厲。

三近離火，"焚次"之象也。三變爲坤，則非艮之男矣，"喪童僕"之象也。"貞"者，童僕之貞信者，喪之也。"貞"字連"童僕"讀，蓋九三過剛不中，與六二柔順中正全相反，"焚次"與"即次"反，"喪童僕貞"與"得童僕貞"反。"得"字，對"喪"字看，故知"貞"字連"童僕"。〇九三居下之上，過剛不中。居下之上，則自高不能下人。過剛則衆莫之與，不中則所處失當，故有"焚次喪童僕貞"之象，危厲之道也。故其象占如此。

《象》曰："旅焚其次"，亦以傷矣。以旅與下，其義喪也。

"焚次"已傷困矣，況又"喪童僕貞"乎？但以義揆之，以旅之時而與下，過剛如此，宜乎喪童僕也，何足爲三惜哉？"下"字即童僕。

九四，旅于處，得其資斧，我心不快。

"處"者，居也，息也。"旅處"與"即次"不同。"即次"者，就其旅舍已得安者也；"旅處"者，行而方處暫栖息者也。艮土性止，離火性動，故"次"與"處"不同。"資"者，助也，即六二"懷資"之資，財貨金銀之類。"斧"則所以防身者也。得資足以自利，得斧足以自防，皆旅之不可無者。離爲戈兵，斧之象也。中爻，上兌金，下巽木，木貫乎金，亦斧之象也。"旅于處"，則有栖身之地，非三之"焚次"矣。"得資斧"，則有禦備之具，非三之"喪童僕"矣。離錯坎爲加憂，不快之象。此爻變，中爻成坎，亦不快之象。〇九四以陽居陰，處上之下，乃巽順以從人者也，故有"旅于處，得其資斧"之象。但下應陰柔，所托非人，故又有"我心不快"之象。占者亦如是也。

《象》曰："旅于處"，未得位也。"得其資斧"，心未快也。

以陽居陰，不得其位，故旅于暫處之地，況陰柔相應，難與共事，資斧外必有不得者矣，心安得快乎？①

六五，射雉一矢亡，終以譽命。

離爲雉，"雉"之象也。錯坎，"矢"之象也。變乾，乾居一，"一"之象也。始而離，則有雉、矢二象。及變乾，則不見雉與矢矣。故有"雉飛矢亡"之象。"譽"者，兌也，兌悅體，又爲口，以口悅人，譽之象也。凡《易》中言譽者皆兌，如蠱卦"用譽"，中爻兌也；蹇卦"來譽"，下體錯兌也；豐卦"慶譽"，中爻兌也。"命"，命令也。"以"者，用也。言五用乎四與二也。本卦中爻乃兌與巽，兌爲譽，巽爲命，六五比四而順剛，又應乎二之中正。四乃兌，二乃巽，所以終得聲譽命令也。如玄宗幸蜀，及肅宗即位于外，德宗幸奉天，皆天子爲旅也，可謂雉飛矢亡矣。後得郭子儀諸臣恢復故物，終得其譽，又得命令于天下，如建中之詔是也。○六五當羈旅之時，以其陰柔，故有"射雉、雉飛、矢亡"之象。然文明得中，能順乎四而應乎二，故"終以譽命"也。占者凡事始凶終吉可知矣。

《象》曰：終以譽命，上逮也。

"上"者，五也。五居上體之中，故曰上，以四與二在下也。"逮"，及也。言順四應二，賴及于四、二，所以得"譽命"也。

上九，鳥焚其巢，旅人先笑後號咷。喪牛于易，凶。 易，音亦。

離，其爲木也科上稿②，"巢"之象也。離爲鳥，爲火。中爻巽，爲木，爲風。鳥居風木之上而遇火，火燃風烈，"焚巢"之象也。"旅人"者，九三也，乃上九之正應也。三爲人位。得稱"旅人先笑"者，上九未變，中爻兌悅，笑之象也，故與同行正應之旅人爲之相笑。及焚其巢，上九一變，則悅體變爲震，動成小過，災害之凶矣，豈不號咷？故"先笑後號咷"也。離爲牛，"牛"之

---

①旅卦九四爻象傳與來注原脱，虎林本亦脱。史念冲本作："《象》曰：'旅于處'，未得位也。'得其資斧'，心未快也。（以上是《象傳》內容）以陽（史念冲本原誤作'陰'）居陰（史念冲本原誤作'陽'），不得其位，故旅于蕃之地，況陰柔相應，難與共事，資斧外必有不得者矣，心安得快乎？"朝爽堂本、鄭燦本作："《象》曰：'旅于處'，未得位也。'得其資斧'，心未快也。（以上是《象傳》內容）旅以得位而安。二之'即次'，艮土之止也。四之'于處'，離火之燥也。資斧雖得，然處位不寧，應與非人，心焉得快？亦得暫息耳，未得位也。"按：史念冲本與朝爽堂本、鄭燦本此《象傳》所附來注各异，疑朝爽堂本、鄭燦本爲凌夫惇圈點內容，故據史念冲本補。

②稿：虎林本、史念冲本、朝爽堂本亦作"稿"，鄭燦本作"槁"。

象也。與大壯"喪羊于易"同。"易"，即場，田畔地也。震爲大塗，有此象。○上九當羈旅窮極之時，居卦之上則自高，當離之極則躁妄，與柔中順剛止而麗明者相反，故以之"即次"，則無栖身之地，有"鳥焚其巢一時變笑爲號咷"之象。以之懷資，則無守衛之人，有"喪牛于易"之象。欲止無地，欲行無資，何凶如之！故占者凶。

《象》曰：以旅在上，其義焚也。喪牛于易，終莫之聞也。

在上過于高亢，宜乎見惡于人而焚巢。既見惡于人，則人莫有指而聞之者，而牛不可獲矣。錯坎爲耳痛，故"莫之聞"。

巽下巽上（巽）

巽，入也。二陰伏于四陽之下，能巽順乎陽，故名爲巽。其象爲風，風亦取"入"義，亦巽之義也。《序卦》："旅而無所容，故受之以巽。"旅途親寡，非巽順何以取容？所以次旅。

巽，小亨，利有攸往，利見大人。

"小亨"者，以卦本屬陰，又卑巽也。惟其如是，則才智不足以識遠任重，僅可小亨。雖小亨，然利有所往，蓋巽以從人，人無不悅，所以"利有攸往"。然使失其所從，未必利往；縱使利往，失其正矣，故利見大德之人。此則因其從陽，而教之以所從之人也。

《彖》曰：重巽以申命。剛巽乎中正而志行，柔皆順乎剛，是以"小亨，利有攸往，利見大人"。

釋卦義，又以卦體釋《卦辭》。"重巽"者，上下皆巽也。"申命"者，丁寧重復也，非兩番降命也。風之吹物，無處不入，無物不鼓動，詔令之入人，亦如風之動物也。陸贄從狩奉天，所下制書，日以百計，雖勇夫悍卒，無不感動流涕，則申命之係于人君亦大矣。"剛巽乎中正"，指九五。"巽乎中正"者，居巽卦之中正也。"志行"者，能行其志也。蓋剛居中正，則所行當其理而無過中失正之弊。凡出身加民，皆建中表正而志以行矣，此大人之象也。柔指初與四，剛指二、三、五、六。惟柔能順乎剛，是以"小亨，利有攸往"。惟剛巽乎中正，故利見大人。

《象》曰：隨風，巽。君子以申命行事。

前風去而後風隨之，故曰"隨風"。"申命"者，隨風之象也。"申命"者，所以曉諭于行事之先，"行事"者，所以踐言于申命之後，其實一事也。商之《盤庚》，周之《洛誥》，諄諄于言語之間者，欲民曉知君上之心事，所以申命行事也。故建中之詔雖不及商、周，而隨時救弊，亦未必無小補云。

初六，進退，利武人之貞。

巽爲進退，"進退"之象也。變乾，純剛，故曰"武人"。故履六三變乾，亦曰"武人"，皆陰居陽位，變陽得稱武人也。蓋陰居陽位則不正，變乾則貞矣，故曰"利武人之貞"。曰"利武人之貞"，如云利陽剛之正也。○初六陰柔居下，又爲巽之主，乃卑巽之過者也，是以持狐疑之心，凡事是非可否莫之適從，故有"進退"之象。若此者，以剛果之不足也，苟能如武人之貞，則有以矯其柔懦之偏，不至于過巽矣。故教占者如此。

《象》曰："進退"，志疑也。"利武人之貞"，志治也。

"進退"者，以陰柔居巽下，是非可否莫之適從，"志疑"故也。惟疑則方寸已亂，不能決進退矣。若柔而濟之以剛，則心之所之者有定見，事之所行者有定守，可進則決于進，可退則決于退，不持疑于兩可，治而不亂矣。

九二，巽在床下，用史巫紛若，吉，无咎。

一陰在下，二陽在上，"床"之象，故剝以床言。巽性伏，二無應于上，退而比初，心在于下，故曰"床下"。中爻爲兌，又巽綜兌，兌爲巫史，"巫"之象也。又爲口舌，爲毀，爲附，"紛若"之象也。史掌卜筮，曰"史巫"者，善于卜吉凶之巫也，故曰史巫，非兩人也。《周禮》女巫有府一人，史四人，胥四人。①《離騷》云："巫咸將夕降兮，懷椒糈而要之。"注："巫咸，古之神巫。"善于筮吉凶者。"紛"者，繽紛雜亂貌。"若"，助語辭。巫者擊鼓擊缶，

---

①《周禮·春官》原文爲："男巫無數。女巫無數。其師中士四人，府二人，史四人，胥四人，徒四十人。"

婆娑其舞，手舞足蹈，不安寧之事也。必曰"巫"者，男曰覡，女曰巫，巽爲長女①，故以巫言之。初乃陰爻居于陽位，二乃陽爻居于陰位，均之過于卑巽者也。初敎之以武人之貞，敎之以直前勇敢也。二敎之以巫之紛若，敎之以抖擻奮發也。初陰據陽位，故敎之以男子之武。二陽據陰位，故敎以女人之紛。《爻辭》之精如②此。○二以陽處陰，而居下無應，乃比乎初，故有"巽在牀下"之象。然居下體亦過于卑巽者，必不自安寧，如史巫之紛若，鼓舞動作，則有以矯其柔懦之偏，不惟得其吉，而在我亦無過咎矣。敎占者當如是也。

《象》曰：紛若之吉，得中也。

"得中"者，得中而不過于卑巽也。凡《小象》二、五言"中"字，皆因中位又兼人事。

九三，頻巽，吝。

"頻"者，數也。三居兩巽之間，一巽既盡，一巽復來，"頻巽"之象。曰頻巽，則頻失可知矣。頻巽與頻復不同：頻復者，終于能復也；頻巽者，終于不巽也。○九三過剛不中，又居下體之上，本不能巽，但當巽之時，不容不巽矣。然屢巽屢失，吝之道也，故其象占如此。

《象》曰：頻巽之吝，志窮也。

三本剛而位又剛，已不能巽矣，又乘剛，安能巽？曰"志窮"者，言心雖欲巽而不得巽也。

六四，悔亡，田獲三品。

中爻離爲戈兵，巽錯震，戈兵震動，"田"之象也。離居三，"三品"之象也。"三品"者，初巽爲鷄，二兌爲羊，三離爲雉也。○六四當巽之時，陰柔無應，承乘皆剛，宜有悔矣。然以陰居陰，得巽之正，又居上體之下，蓋居上而能下者也。故不惟"悔亡"，而且有"田獲三品"之象。占者能如是，則所求必得而有功矣。

《象》曰："田獲三品"，有功也。

---

①長女：原誤作"少女"，據文意改。按：朝爽堂本、鄭燦本無"巫者擊鼓擊缶，婆娑其舞，手舞足蹈，不安寧之事也。必曰'巫'者，男曰覡，女曰巫，巽爲長女，故以巫言之"一段。

②如：虎林本、史念冲本、朝爽堂本、鄭燦本皆作"至"。

八卦正位巽在四，所以獲三品而有功。

九五，貞吉，悔亡，无不利。无初有終。先庚三日，後庚三日，吉。

先庚後庚，詳見蠱卦。五變，則外卦爲艮，成蠱矣。先庚丁，後庚癸，其說始于鄭玄，不成其說。○九五居尊，爲巽之主，命令之所由出者也。以其剛健中正，故正而又吉。然巽順之體，初時不免有悔，至此則悔亡而无不利矣。惟其悔亡而无不利，故"无初有終"也。然命令之出，所係匪輕，必原其所以始，慮其所以終。"先庚三日，後庚三日"，庶乎命令之出，如風之吹物，無處不入，無物不鼓動矣。占者必如是而吉也。

《象》曰：九五之吉，位中正也。

剛健中正，未有不吉者。曰"悔亡"者，巽累之也，故孔子止言"九五之吉"。

上九，巽在床下，喪其資斧，貞凶。

本卦巽木綜兌金，又中爻兌金，"斧"之象也。又中爻離爲戈兵，亦"斧"之象也。陰乃巽之主，陰在下四爻，上亦欲比乎四，故與二之"巽在床下"同。九三、九五不言"床下"者，三過剛，五居中得正也。巽近市利三倍，本有其資，此爻變坎，爲盜，則喪其資矣。且中爻離兌，斧象，皆在下爻，不相管攝，是喪其斧矣。貞者，巽本美德也。○上九居巽之終，而陰居于下，當巽之時，故亦有"巽在床下"之象。但不中不正，窮之極矣，故又有"喪其資斧"之象。占者得此，雖正亦凶也。

《象》曰："巽在床下"，上窮也。"喪其資斧"，正乎凶也。

"上窮"者，言上九之時勢也，非釋"巽在床下"也。"巽在床下"，乃本卦之事，當巽之時，不容不巽者也。正乎凶，即《爻辭》"貞凶"。

䷹ 兌下兌上 （兌）

兌，悅也。一陰進于二陽之上，喜悅之見于外也，故爲兌。《序卦》："巽者，入也。入而後悅之，故受之以兌。"所以次巽。

兌，亨，利貞。

"亨"者，因卦之所有而與之也。"貞"者，因卦之不足而戒之也。說則亨矣。但陰陽相說，易流于不正，故戒以利貞。

《彖》曰：兌，說也。剛中而柔外，說以利貞，是以順乎天而應乎人。說以先民，民忘其勞。說以犯難，民忘其死。說之大，民勸矣哉。先，西薦反。難，乃旦反。

釋卦名，又以卦體釋《卦辭》而極言之。兌，說也，與"咸，感也"同。咸去其心，說去其言，故咸則無心之感，兌則無言之說也。剛中，指二、五。柔外，指三、上。陽剛居中，中心誠實之象。柔爻在外，接物和柔之象。外雖柔說，中實剛介，是之謂說而貞，故"利貞"。《易》有天道焉，順天者上兌也；有人道焉，應人者下兌也。揆之天理而順，故順天；即之人心而安，故應人。天理人心，正而已矣。若說之不以正，則不能順應矣。"民忘其勞"，如禹之隨山浚川，周宣之城朔方是也。"民忘其死"，如湯之東征西怨，岳飛蔡州朱仙鎮之戰是也。○說本有亨，而又"利貞"者，蓋卦體剛中，則所存者誠，固無不亨。柔外恐說之不正，故必正而後利也。說得其正，是以順天應人。以之先民，民忘其勞；以之犯難，民忘其死。夫好逸惡死，人情之常，今忘勞忘死，非人情也，而忘之者，以說而不自知其勞且死也。曷爲而說也？知聖人勞我以逸我，死我以生我也，是以說而自勸也。夫勸民與民自勸，相去遠矣。是以聖人大之曰："說之大，民勸矣哉！"此正之所以利也。

《象》曰：麗澤，兌。君子以朋友講習。

"麗"者，附麗也。兩澤相麗，交相浸潤，互有滋益。水就濕，各以類而相從，朋友之道，不出乎此。"習"者，鳥數飛也，其字從羽。《月令》"鷹乃學習"，借鳥以明學，蓋習行所傳之業，爲之習熟不已也。"講"者，資友講之，以究其理；"習"者，我自習之，以踐其事。朋友之間，從容論說以講之于先，我又切實體驗以習之于後，則心與理相涵，而所知者益精，身與事相安，而所能者益固，欲罷不能，而真說在我矣。

初九，和兌，吉。

"和"，與《中庸》"發而皆中節謂之和""和"字同，謂其所悅者無乖戾之私，皆情性之正，道義之公也。"吉"者，無惡無射，家邦必達之意。蓋悅能和，即順天應人，豈不吉！○初九以陽爻居説體，而處最下，又無應與之係，説得其正者也。故其象占如此。

《象》曰：和兑之吉，行未疑也。

本卦説體，不當陰陽相比。二比三，三比四，五比六，陰陽相比，則不能無疑。故夬卦上説體，《小象》曰"中未光也"，萃卦曰"志未光也"，未光者，因可疑而未光也。故上六引兑亦曰"未光"。本卦獨初爻無比，無比則無所疑矣，故曰"行未疑也"。行者，與人和悦也。變坎爲狐疑，"疑"之象也。

九二，孚兑，吉，悔亡。

本卦無應與，專以陰陽相比言。剛中爲孚，居陰爲悔，蓋來兑在前，私係相近，因居陰不正，所以不免悔也。○九二當兑之時，承比陰柔，説之當有悔矣。然剛中之德，孚信内充，雖比小人，自守不失正，所謂"和而不同"也。占者能如是以孚而説，則吉而悔亡矣。

《象》曰：孚兑之吉，信志也。

心之所存爲志，"信志"即誠心二字。二剛實居中，誠信出于剛中之志，豈又悦小人而自失？革九四辭同義異，革則人信，孚則己信。

六三，來兑，凶。

自内至外爲往，自外至内爲來。"凶"者，非惟不足以得人之與，且有以取人之惡，所以凶也。何也？蓋初剛正，二剛中，乃君子也。説之不以道，豈能説哉？求親而反疏矣。如弘霸嘗元忠之糞，彭孫濯李憲之足，丁謂拂萊公之鬚，皆爲人所賤，而至今猶有遺羞焉，豈不凶？○三陰柔不中正，上無應與，近比于初與二之陽，乃來求而悦之，是自卑以求悦于人，不知有禮義者矣，故其占凶。

《象》曰：來兑之凶，位不當也。

陰柔不中正。

九四，商兑未寧，介疾有喜。

"商"者，商度也。中爻巽，巽爲不果，"商"之象也。"寧"者，安寧也。兩間謂之"介"，分限也，故人守節亦謂之介。四與三上下異體，猶疆介然，故以介言之。比乎五者，公也，理也，故不敢舍公而從私。比乎三者，私也，情也，故不能割情而就理。此其所以商度未寧也。商者四，介者九。○四承九五之中正，而下比六三之柔邪，故有"商度未寧"之象。然質本陽剛，若能介然守正，疾惡柔邪，而相悅乎同體之五，如此則有喜矣。故戒占者如此。

《象》曰：九四之喜，有慶也。

與君相悅，則得行其陽剛之正道而有福慶矣。

九五，孚于剝，有厲。

"剝"謂陰能剝陽，指上六也。"剝"即剝卦，消陽之名。兌之九五正當剝之六五，故言剝。以人事論，如明皇之李林甫，德宗之盧杞，皆以陰柔容悅，剝乎陽者也。"孚"者，憑國家之承平，恃一己之聰明，以小人不足畏而孚信之，則內而蠱惑其心志，外而壅蔽其政令，國事日爲之紊亂矣，所以"有厲"。因悅體，人易孚之，所以設此"有厲"之戒。不然，九五中正，安得有厲？○九五陽剛中正，當悅之時而居尊位，密近上六。上六陰柔，爲悅之主，處悅之極，乃妄悅以剝陽者也。故戒占者：若信上六，則有危矣。

《象》曰：孚于剝，位正當也。

與履九五同。

上六，引兌。

"引"者，開弓也，心志專一之意，與萃"引吉"之"引"同。中爻離，錯坎，坎爲弓，故用"引"字。萃六二變坎，故亦用"引"字。本卦二陰，三曰"來兌"，止來于下，其孚①猶緩，其爲害淺。至上六，則悅之極矣，故"引兌"。開弓發矢，其情甚急，其爲害深，故九五"有厲"。○上六陰柔，居悅之極，爲悅之主，專于悅五之陽者也，故有"引兌"之象。不言吉凶者，五已有危厲之戒矣。

《象》曰：上六引兌，未光也。

"未光"者，私而不公也。蓋悅至于極，則所悅者必暗昧之事，不光明矣。故萃卦上體乃悅，亦曰"未光"。

---

①孚：原作"字"，朝爽堂本、鄭燦本作"孚"，據改。

梁山來知德先生易經集注卷之十二

平山後學崔華重訂　男巒齊、岱齊、囍齊同校

䷺ 坎下巽上（渙）

渙者，離散也。其卦坎下巽上。風行水上，有披離解散之意，故爲渙。《序卦》："兌者，說也。說而後散之，故受之以渙。"所以次兌。

渙，亨。王假有廟，利涉大川，利貞。

坎錯離，離爲日，"王"之象也。中爻艮，艮爲門闕，又坎爲宮，"廟"之象也。又坎爲隱伏，"人鬼"之象也。木在水上，"利涉大川"之象也。"王假有廟"者，王至于廟以聚之也。此二句皆以象言，非真假廟、涉川也。"假有廟"者，至誠以感之，聚天下之心之象也。"涉大川"者，冒險以圖之，濟天下之艱之象也。如沛公約法三章以聚天下之心，即"假有廟"之象也。沛公當天下土崩瓦解，正渙之時，使不約法三章，雖立千萬廟以聚祖之精神，亦何益哉？且當時太公留于項羽，況祖考乎？《易》蓋有此象，而無此事、無此理也。"利貞"者，戒之也。

《彖》曰："渙亨"，剛來而不窮，柔得位乎外而上同。"王假有廟"，王乃在中也。"利涉大川"，乘木有功也。

以卦綜釋《卦辭》。本卦綜節，二卦同體，文王綜爲一卦，故《雜卦》曰："渙，離也。節，止也。""剛來不窮"者，言節上卦坎中之陽，來居于渙之二也，言剛來亦在下之中，不至于窮極也。"柔得位乎外而上同"者，節下卦兌三之柔，上行而爲巽之四，與五同德，以輔佐乎五也。八卦正位，乾在五，巽

在四，故曰"得位"，故曰"上同"。"王乃在中"者，中爻艮爲門闕，門闕之內即廟矣。今九五居上卦之中，是在門闕之內矣，故曰"王乃在中"也。"乘木"者，上卦巽木，乘下坎水也。"有功"者，即利涉也。因有此卦綜之德，故能"王乃在中"，至誠以感之，以聚天下之心；"乘木有功"，冒險以圖之，以濟天下之難。此涣之所以亨也。

《象》曰：風行水上，涣。先王以享于帝立廟。

"享帝立廟"，在國家盛時說，非土崩瓦解之時也，與"王假有廟"不同。孔子在"涣"字上生出此意來，言王者"享帝"而與天神接，"立廟"而與祖考接，皆聚己之精神以合天人之涣也。風在天上，天神之象；水在地下，人鬼之象。享帝則天人感通，立廟則幽明感通。

初六，用拯馬壯，吉。

坎爲亟心之馬，"馬壯"之象也。陳平交歡太尉而易吕爲劉，仁傑潛授五龍而反周爲唐，皆拯急難而得馬壯者也。○初六當涣之初，未至披離之甚，猶易于拯者也。但初六陰柔，才不足以濟之。幸九二剛中，有能濟之具者。初能順之，托之以濟難，是猶拯急難而得馬壯也，故有此象。占者如是則吉也。

《象》曰：初六之吉，順也。

順二也。

九二，涣奔其机，悔亡。

"奔"者，疾走也。中爻震足，坎本亟心，"奔"之象也。又當世道涣散，中爻震動不已，皆有出奔之象。"机"，木也，出蜀中，似榆，可燒以糞稻田。《山海經》云大堯之上"多松柏、多机"是也。中爻震木，應爻巽木，"机"之象也，指五也。○當涣之時，二居坎陷之中，本不可以濟涣而有悔也。然應九五中正之君，君臣同德，故出險以就五，有"奔于其机"之象。當天下涣散之時，汲汲出奔以就君，得遂其濟涣之願矣，有何悔焉？故占者悔亡。

《象》曰："涣奔其机"，得願也。

得遂其濟涣之願。

六三，涣其躬，无悔。

六三居坎體之上，險將出矣，且諸爻獨六三有應援，故"无悔"。"涣其躬"者，奮不顧身，求援于上也。○六三陰柔，本不可以濟渙，然與上九爲正應，乃親自求援于上九，雖以陰求陽，宜若有悔，然志在濟時，故无悔也。教占者必如此。

《象》曰：渙其躬，志在外也。

"在外"者，志在外卦之上九也。

六四，渙其群，元吉。渙有丘，匪夷所思。

"渙其群"者，渙其人也。當渙之時，土崩瓦解，人各植黨，如六國之争衡，田横之海島，隗囂之天水，公孫述之于蜀，唐之藩鎮尾大不掉，皆所謂"群"也。政無多門，勢無兩大。脛大于股則難步，指大于臂則難把，故當"渙其群"也。六四能渙小人之私群，成天下之公道，所以"元吉"。柔得位乎外而上同，豈不元吉？"渙丘"者，渙其土也。艮爲土，丘之象也。頤上卦艮，故曰"丘頤"，此卦中爻艮，故亦以丘言之。"渙其丘"，如漢高祖封韓信爲齊王，又爲楚王，及陳豨反，以四千户封趙將是也。"夷"者，平常也，言非平常之人思慮所能及也。如高祖以四千户封趙將，左右諫曰："封此何功？"高祖曰："非汝所知。陳豨反，趙地皆豨有，吾羽檄天下兵，未有至者，今計獨邯鄲兵耳，吾何愛四千户？"蓋左右諫者乃平常之人，"匪夷所思"，于此見矣。○六四上承九五，當濟渙之任者也。所居得正而下無應與，則外無私交，故有"渙其群"之象。占者如是，則正大光明，無比黨攜貳之私，固大善而"元吉"矣。然所渙者特其人耳，若并其土而渙之，則其元吉猶不殊于渙群。但"渙其群"者，人皆可能；而"渙其丘"者，必才智出衆之人方可能之，殆非平常思慮之所能及也，故又教占者以此。

《象》曰："渙其群，元吉"，光大也。

凡樹私黨者，皆心之暗昧狹小者也。惟無一毫之私，則光明正大，自能"渙其群"矣，故曰"光大"也。

九五，渙汗其大號，渙王居，无咎。

上卦風以散之，下卦坎水，"汗"之象也。巽綜兑，兑爲口，"號"之象也。五爲君，又陽爻，"大號"之象也。散人之疾而使之愈者，汗也。解天下之難而使之安者，號令也。大號如武王克商《武成》諸篇，及唐德宗罪己之詔皆是也。"王居"者，帝都也。如赤眉入長安，正渙之時矣，光武乃封更始爲淮陽王，而定都洛陽是也。又如徽、欽如金，正渙之時矣，建炎元年，皇后降書中外，乃曰："歷年二百，人不知兵，傳世九君，世無失德。雖舉族有比轅之釁，而敷天同左袒之心。乃眷賢王，越居舊服。"高宗乃即位于南京應天府，皆所謂"渙王居"也。益卦中爻爲坤，"利用爲依遷國"，此爻一變，亦中爻成坤，故"渙王居"。坎錯離，離爲日，王之象，五乃君位，亦有王之象。孔子恐人不知"王居"二字，故《小象》曰"正位也"。曰正位，義自顯明。○九五陽剛中正，以居尊位，當渙之時，爲臣民者"渙其躬"，"渙其群"，濟渙之功成矣，乃誕告多方，遷居正位，故有"渙汗其大號，渙王居"之象。雖其始也不免有土崩瓦解之虞，至此則恢復舊物，大一統宇矣。以義揆之，則"无咎"也。故其占爲无咎。

《象》曰："王居无咎"，正位也。

光武諸將于中山上尊號，不聽，耿純進曰："天下士大夫捐親戚，弃土壤，從大王于矢石之間者，其計固望攀龍鱗、附鳳翼以成其志耳。今大王留時逆衆，不正號位，恐士夫絕望計窮，有去歸之思，無爲久自苦也。"此即"正位"之意。蓋京師天下根本，當渙之時，王者必定其所居之地以正其位。位既正，則人心無攜貳，昔之渙者，今統于一矣。故"渙王居"者乃所以"正位"也。

上九，渙其血，句。去逖出，无咎。去，去聲。

依《小象》，"渙其血"作句。血者，傷害也。"渙其血"者，渙散其傷害也。"逖"者，遠也。當渙之之時，干戈擾攘，生民塗炭，民之逃移而去鄉土者多矣。"去逖出"者，言去遠方者，得出離其遠方而還也。此爻變坎，下應坎，坎爲血，血之象也。又爲隱伏，遠方竄伏之象也。○上九以陽剛當渙之極，方其始而渙散之時，其傷害，其遠遁，二者所不免也。今九五誕告多方，遷居正位，歸于一統，非復前日之離散，則傷害者得渙散矣，遠遁者得出離矣，故有"渙血去逖出"之象。而其占則"无咎"也。

《象》曰："渙其血"，遠害也。

"渙其血，去逖出"，則危者已安，否者已泰，其渙之害遠矣，故曰"遠害"也。

䷻ 兑下坎上（節）

節者，有限而止也。爲卦下兑上坎。澤上有水，其容有限，若增之則溢矣，故爲節。《序卦》："涣者，離也。物不可以終離，故受之以節。"所以次涣。

節，亨。苦節，不可貞。

五行以甘爲正味。稼穡作甘者，以中央土也；若火炎上則焦枯，所以作苦。"不可貞"者，不可固守以爲常也。凡人用財修己，皆有中道，如天地之牛角繭栗，賓客之牛角尺，損則用"二簋"，萃則用"大牲"，此中道也。若晏子之豚肩不掩豆，梁武帝以麵爲犧牲，則非經常而不可久矣。仕止久速，各有攸當，或遠或近，或去或不去，歸潔其身，如屈原、申屠狄之投河，陳仲子之三日不食，許行之并耕，泄柳之閉門，皆非經常而不可久者也。

《彖》曰："節亨"，剛柔分而剛得中。"苦節不可貞"，其道窮也。説以行險，當位以節，中正以通。天地節而四時成。節以制度，不傷財，不害民。

以卦綜釋《卦辭》，又以卦德、卦體釋"亨"之義而極言之。坎剛卦，兑柔卦。節、涣相綜，在涣則柔外而剛内，在節則剛外而柔内，則剛柔分也。剛得中者，二、五也，二、五皆剛居中也，言剛柔雖分内分外，而剛皆得中，此其所以亨也。惟其"中"，所以亨，若"苦節"，則不中①矣。不中則天理不順，人情不堪，難于其行，所以窮也。蓋"窮"者，亨之反，亨則不窮，窮則不亨。"當位"，指九五，八卦正位坎在五，故以當位言之。"中正"者，五中正也。"通"者，推行不滯而通之天下也。坎爲通，故以通言之。蓋所謂節者，以其説而行險也，蓋説則易流，遇險則止，説而不流，所以爲節。且陽剛當九五之位，有行節之勢，以是位而節之。九五具中正之全，有體節之德，以是德而通之。此所以爲節之善，故占者亨。若以其極言之，陽極陰生，陰極陽生，柔節之以剛，剛節之以柔，皆有所制而不過，天地之節也。天地有節，則分至

---

① 中：原作"貞"，虎林本、史念冲本、朝爽堂本、鄭燦本皆作"中"，據改。

啓閉，晦朔弦望，四時不差而歲功成矣。"制"者，法禁也，故天子之言曰制書。"度"者，則也。分寸尺丈，引爲五度，十分爲寸，十寸爲尺，十尺爲丈，十丈爲引，皆有所限制而不過。"節以制度"，是量入爲出，如《周禮》九賦、九式有常數常規是也。"不傷"者，財不至于匱乏。"不害"者，民不苦于誅求。桀過乎節，貊不及乎節，不傷不害，惟聖人能之。

《象》曰：澤上有水，節。君子以制數度，議德行。行，下孟反。

古者之制器用，宮室衣服，莫不有多寡之數、隆殺之度，使賤不逾貴，下不侵上，是之謂"制數度"，如繁纓一就、三就之類是也。得于中爲"德"，發于外爲"行"。"議"之者，商度其無過不及而求歸于中，如直溫寬栗之類是也。坎爲矯輮，制之象。兌爲口舌，議之象。制者節民于中，議者節身于中。

初九，不出戶庭，无咎。

中爻艮爲門，門在外，戶在內，故二爻取門象，此爻取戶象。前有陽爻蔽塞，"閉戶不出"之象也。又應四，險難在前，亦不當出，亦"不出"之象也。此象所該者廣，在爲學爲含章，在處事爲括囊，在言語爲簡默，在用財爲儉約，在立身爲隱居，在戰陣爲堅壁，《繫辭》止以言語一事言之。"无咎"者，不失身、不失時也。○初九陽剛得正，居節之初，知前爻蔽塞，又所應險難，不可以行，故有"不出戶庭"之象。此則知節之時者也，故占者"无咎"。

《象》曰："不出戶庭"，知通塞也。

道有行止，時有通塞。"不出戶庭"者，知其時之塞而不通也。此"塞"字，乃孔子取內卦之象。

九二，不出門庭，凶。

聖賢之道，以中爲貴。故邦有道，其言足以興；邦無道，其默足以容。九二當禹、稷之位，守顏子之節。初之"无咎"，二之"凶"，可知矣。○九二前無蔽塞，可以出門庭矣。但陽德不正，又無應與，故有"不出門庭"之象。此則惟知有節而不知通其節，節之失時者也，故凶。

《象》曰："不出門庭"，失時極也。

"極"，至也。言失時之至，惜之也。初與二《小象》皆一意，惟觀時之通塞而已。初，時之塞矣，故"不出戶庭，无咎"。二，時之通矣，故"不出門庭，凶"。所以可仕則仕，可止則止，孔子爲聖之時，而禹、稷、顏回同道者，皆一①意也。

六三，不節若，則嗟若，无咎。

兌爲口舌，又坎爲加憂，又兌悅之極則生悲嘆，皆嗟嘆之象也。用財恣情妄費則不節矣，修身縱情肆欲則不節矣。"嗟"者，財以費而傷，德以縱而敗，豈不自嗟？"若"，助語辭。自作之孽，何所歸咎？○六三當節之時，本不容不節者也。但陰柔不正，無能節之德，不節之後，自取窮困，惟嗟嘆而已，此則不能節者也。占者至此，將何咎哉？故無所歸咎。

《象》曰：不節之嗟，又誰咎也？

此與解卦小异，詳見解卦。

六四，安節，亨。

"安"者，順也。上承君之節，順而奉行之也。九五爲節之主，當位以節，中正以通，乃節之極美者。四最近君，先受其節。不節之節，以修身用財言者，舉其大者而言耳。若臣安君之節，則非止二者。蓋節者中其節之義，在學爲"不陵節"之節，在禮爲"節文"之節，在財爲"撙節"之節，在信爲"符節"之節，在臣爲"名節"之節，在君師爲"節制"之節，故不止于修身用財。○六四柔順得正，上承九五，乃順其君而奉②行其節者也。故其象爲"安"，其占爲"亨"。

《象》曰：安節之亨，承上道也。

"承上道"，即遵王之道。

九五，甘節，吉，往有尚。

"甘"者，樂易而無艱苦之謂。坎變坤，坤爲土，其數五，其味甘，甘之象也。凡味之甘者，人皆嗜之。下卦乃悅體，又兌爲口舌，"甘節"之象也。諸爻之節，節其在我者。九五之節，以節節人者也。臨卦六三居悅體之極，則求悅乎人，故无攸利。節之九五居悅體之上，則人悅乎我，故"往有尚"。"吉"者，節之盡善盡美也。"往有尚"者，立法于今而可以垂範于後也。蓋

---

① 一：虎林本亦作"一"，史念冲本、朝爽堂本、鄭燦本作"此"。
② 奉：原作"未"，史念冲本、朝爽堂本、鄭燦本作"奉"，據改。

"甘節"者，中正也。"往有尚"者，通也。"數度""德行"，皆有制議而通之天下矣，正所謂當位以節中正以通也。〇九五爲節之主，節之甘美者也，故占者不惟吉，而且"往有尚"。

《象》曰：甘節之吉，居位中也。

中可以兼正，故止言"中"。

上六，苦節，貞凶，悔亡。

"苦節"雖本文王《卦辭》，然坎錯離，上正居炎上之地，炎上作苦，亦有苦象。"貞凶"者，雖無越理犯分之失，而終非天理人情之安也。蓋以事言，無甘節之吉，故"貞凶"；以理言，無不節之嗟，故"悔亡"。《易》以禍福配道義，而道義重于禍福，故大過上六"過涉滅頂，无咎"，而此曰"悔亡"，見理之得失重于事之吉凶也。〇上六居節之極，蓋節之苦者也。故有《卦辭》"苦節"之象。節既苦矣，故雖正不免于凶。然禮奢寧儉，而悔終得亡也。

《象》曰："苦節貞凶"，其道窮也。

"道窮"，見《彖辭》。

兌下巽上（中孚）

孚，信也。爲卦二陰在内，四陽在外，而二、五之陽皆得其中，以一卦六爻言之爲中虛，以二體之二、五言之爲中實，皆孚之象也。又下說以應上，上巽以順下，亦有孚義。《序卦》："節而信之，故受之以中孚。"所以次節。

中孚，豚魚吉，利涉大川，利貞。

豚魚生于大澤之中，將生風則先出拜，乃信之自然，無所勉強者也，唐詩云"河豚吹浪夜還風"是也。信如豚魚，則吉矣。本卦上風下澤，豚魚生于澤，知風，故象之。鶴知秋，鷄知旦。三物皆信，故卦爻皆象之。"利貞"者，利于正也。若盜賊相約，男女相私，豈不彼此有孚？然非天理之正矣，故"利貞"。

《彖》曰："中孚"，柔在内而剛得中，説而巽，孚乃化邦也。"豚魚吉"，信及豚魚也。"利涉大川"，乘木舟虚也。中孚以利貞，乃應乎天也。

以卦體、卦德、卦象釋卦名、《卦辭》。二柔在内而中虚，二剛居中而中實，虚則内欲不萌，實則外誘不入，此中孚之本體也。而又下説上順，上下交孚，所以"孚乃化邦"也。若徒木立信，乃出于矯強矣，安能化邦？《易舉正》止有"信及也"三字，無"豚魚"二字。"及"者，至也，言信至于豚魚，則信出自然矣。如此信，此所以吉也。"乘木舟虚"者，本卦外實中虚，有舟虚之象。至誠以涉險，如乘巽木之空以行乎兑澤之上，又豈有沉溺之患？所以"利涉大川"。"應乎天"者，信能正，則事事皆天理，所謂"誠者天之道"也。貞應乎天，所以"利貞"。

《象》曰：澤上有風，中孚。君子以議獄緩死。

聖人之于卦，以八卦爲之體，其所變六十四卦中，錯之綜之，上之下之，皆其卦也。如火雷噬嗑，文王之意以有火之明，有雷之威，方可用獄。孔子《大象》言用獄者五，皆取雷火之意：豐取其雷火也；旅與賁，艮綜震，亦雷火也；解則上雷而中爻爲火也，下體錯離亦火也；此爻則大象爲火，而中爻爲雷也。蓋孔子于《易》，"韋編三絶"，胸中之義理無窮，所以無往而非其八卦。不然風澤之與議獄緩死何相干涉哉？《易經》一錯一綜，大象中爻，觀此五卦，自然默悟。兑爲口舌，"議"之象。巽爲不果，"緩"之象。〇"議獄緩死"者，議獄罪當死矣，乃緩其死而欲求其生也。風入水受者，中孚之象也。議獄緩死，則至誠惻怛之意，溢于用刑之間矣。

初九，虞吉，有他不燕。

"虞"者，樂也，安也。"燕"者，喜也，安也。二字之義相近。"有他"者，其志不定而他求其所應也。本卦三、四皆陰爻，六三則陰柔不正，六四則得八卦之正位者，因有此陰柔不正者隔于其中，故周公方設此"有他"之戒。若論本爻應爻，則不容戒也。〇初九陽剛得正，而上應六四，四蓋柔上得正者也。當中孚之初，其志未變，故有與六四相信而安樂之象，占者如是則吉。若不信于六四而別信于他，則是不能安樂其中孚矣。故戒占者如此。

《象》曰：初九"虞吉"，志未變也。

方初，中孚之志未變。

九二，鳴鶴在陰，其子和之，我有好爵，吾與爾靡之。和，去聲。

大象離，雉象；變震，鵠象，皆飛鳥之象也。不言雉鵠而言鶴者，鶴信故也。鶴八月霜降則鳴，兌乃正秋，故以鶴言之。中孚錯小過之遺音，又兌爲口舌，"鳴"之象也，故謙、豫二卦象小過，皆言"鳴"。"在陰"者，鶴行依洲嶼，不集林木，九居陰爻，在陰之象也。巽爲長女，兌爲少女，子母之象也。"好爵"者，懿德也，陽德居中，故曰好爵。"子"與"爾"皆指五，因中孚感應極至而無以加，所以不論君臣皆呼子、爾也。言懿德人之所好，故好爵雖我之所有，而彼亦繫戀之也。物之相愛者，莫如子母之同心；人之所慕者，莫如好爵之可貴。"鶴鳴子和"者，天機之自動也；"好爵爾靡"者，天理之自孚也。"靡"與縻同，繫戀也。巽爲繩，繫之象也。○九二以剛中居下，有中孚之實，而九五剛中居上，亦以中孚之實應之，故有此象。占者有是德，方有是感應也。

《象》曰："其子和之"，中心願也。

誠意所願，非九二求于九五也。

六三，得敵，或鼓或罷，或泣或歌。

"得敵"者，得對敵也，指上九之應也。言六三不正，上九亦不正也，陰陽皆位不當，所以曰"得敵"。巽爲進退，爲不果，作止之象。又中爻震爲鼓，"鼓"之象。艮爲止，"罷之"之象。本卦大象離錯坎，坎爲加憂，"泣"之象。兌爲口舌，爲巫，"歌"之象。○六三陰柔不正，而上應九之不正，此爲悦之極，彼爲信之窮，皆相敵矣。是以"或鼓或罷"而作止不定，"或泣或歌"而哀樂無常，其象如此，占者不能孚信可知矣。

《象》曰："或鼓或罷"，位不當也。

陰居陽位。

六四，月幾望，馬匹亡，无咎。

"月幾望"者，月與日對而從乎陽也。本卦下體兌，中爻震，震東兌西，日月相對，故"幾望"。曰"幾"者，將望而猶未望也。因四陰爻近五陽爻，故有此日月之象。"馬匹亡"者，震爲馬，馬之象也。此爻變中爻成離牛，不成震馬矣，"馬匹亡"之象也。"匹"者，配也，指初九也。曰"亡"者，不與之交而絕其類也。"无咎"者，心事光明也。〇六四當中孚之時，近君之位，柔順得正，而中孚之實德，惟精白以事君，不係戀其黨與者也，故有"月幾望、馬匹亡"之象。占者能是，則无咎矣。

《象》曰："馬匹亡"，絕類上也。

絕其類應，而上從五也。

九五，有孚攣如，无咎。

"攣如"，即"鶴鳴子和""我爵爾靡"也。"靡"字與"攣"字皆有固結而不可解之意。靡者繫戀也，攣者相連也，如合九二共成一體，包二陰以成中孚，故有此象。若以人事論，乃委用專而信任篤，虞庭之賡歌，有商之一德是也。"无咎"者，上下交而德業成也。〇九五居尊位，爲中孚之主，剛健中正，有中孚之實德，而下應九二，與之同德相信，故其象占如此。

《象》曰："有孚攣如"，位正當也。

與履不同。履，周公《爻辭》乃"貞厲"，此則"无咎"。

上九，翰音登于天，貞凶。

《禮記》"雞曰翰音"，而此亦曰"翰音"者，以巽爲雞也。因錯小過"飛鳥遺之音"，故九二曰"鶴鳴"，而此曰"翰音"也。雞，信物，天將明則鳴，有中孚之意。巽爲高，登天之象也；又居天位，亦登天之象也。《禮記》注："翰，長也，雞肥則音長。"考諸韻，無"長"字之義，蓋"翰，羽也"，雞鳴則振拍其羽，故曰"翰音"。則"翰音"即"雞鳴"二字也。"登"者，升也，言雞鳴之聲登聞于天也。雞鳴本信，但鳴未幾而天明，不能信之長久，巽進退不果，不長久之象也。九二上孚于五，在陰而子和。上九不下孚于三，翰音反登天，其道蓋相反矣。貞者，信本正理也。〇上九居中孚之極，極則中孚變矣。蓋聲聞過情，不能長久于中孚者也，故有此象。占者得此，貞亦凶矣。

《象》曰："翰音登于天"，何可長也？

言不能鳴之長登于天，不過天將明一時而已。

艮下震上 （小過）

小謂陰也。爲卦四陰二陽，陰多于陽，小者過也，故曰小過。《序卦》："有其信者必行之，故受之以小過。"所以次中孚。

小過，亨，利貞。可小事，不可大事。飛鳥遺之音，不宜上宜下，大吉。

小過錯中孚，象離，離爲雉，乃"飛鳥"也。既錯，變爲小過，則象坎矣，見坎不見離，則鳥已飛過，微有"遺音"也。《易經》錯綜之妙至此。若以卦體論，二陽象鳥身，上下四陰象鳥翼，中爻兌爲口舌，"遺音"之象也。"遺音"人得而聽之，則鳥低飛，在下不在上，與上六"飛鳥離之"者不同矣。大過曰"棟橈①"，棟，重物也，故曰大過。飛鳥輕物，而又曰"遺音"，故曰小過。"不宜上宜下"，又就小事言也，如坤之居後不居先是也。《上經》終之以坎、離，坎、離之上，頤與大過。頤有離象，大過有坎象，方繼之以坎、離。《下經》終之以既濟、未濟，既濟、未濟之上，中孚與小過。中孚有離象，小過有坎象，方繼之既濟、未濟。文王之《序卦》精矣。〇陰柔于人無所逆，于事無所拂，故亨。然利于正也。蓋大過則以大者爲貞，小過則以小者爲貞，故可小事，不可大事。然卦體有飛鳥遺音，其過如是，其小之象，故雖小事亦宜收斂，謙退居下方得大吉。惟小事而又居下，斯得時宜而貞矣。"可小事，不可大事"者，當小過之時。宜下不宜上者，行小過之事。

《彖》曰：小過，小者過而亨也。過以利貞，與時行也。柔得中，是以小事吉也。剛失位而不中，是以不可大事也。有飛鳥之象焉，飛鳥遺之音，不宜上，宜下，大吉，上逆而下順也。

以卦體、卦象釋卦名、《卦辭》。陽大陰小，本卦四陰二陽，是小者過也，此原立卦名之義。"過而亨"者，言當小過之時，不容不小過，不小過則不能順時，豈得亨？惟"小者過"，所以亨也。"時"者，理之當可也。時當小過而

---

① 棟橈：原作"棟撓"，虎林本、史念冲本作"橈棟"，朝爽堂本、鄭燦本作"撓棟"。按：諸本疑似皆有誤，聯繫大過卦，當作"棟橈"。

小過，非有意必之私也，時之宜也，乃所謂正也。亦如當大過之時，理在于大過，不得不大過，則以大過爲正也。故"過以利貞"者，"與時行也"。以二、五言，柔順得中，則處一身之小事，能與時行矣，所以小事吉。以三、四言，凡天下之大事，必剛健中正之君子方可爲之。今失位不中，則陽剛不得志矣，所以不可大事。卦體內實外虛，"有飛鳥之象焉"，故《卦辭》曰"飛鳥遺之音"。"不宜上"者，上卦乘陽，且四五失位，逆也。"宜下大吉"者，下卦承陽，且二、三得正，順也。惟"上逆而下順"，所以雖小事亦宜下也，無非"與時行"之意。

《象》曰：山上有雷，小過，君子以行過乎恭，喪過乎哀，用過乎儉。 行，下孟反。

"山上有雷"，其聲漸遠，故爲"小過"。當小過之時，可小者過而不可大者過，可以小過而不可甚過。三者之過，皆小者之過，小過之善者也。蓋當小過之時，不容不過。行不過乎恭則傲，過甚則足恭；喪不過乎哀則易，過甚則滅性；用不過乎儉則奢，過甚則廢禮。惟過恭，過哀，過儉，則"與時行"矣。

初六，飛鳥以凶。

因本卦有"飛鳥"之象，故就飛鳥言之。飛鳥在兩翼，而初六、上六又翼之銳者也，故初與上皆言"飛"言"凶"。"以"者，因也，因飛而致凶也。〇居小過之時，"宜下不宜上"。初六陰柔不正，而上從九四陽剛之動，故有飛鳥之象。蓋惟知飛于上，而不知其下者也，凶可知矣。故占者凶。

《象》曰："飛鳥以凶"，不可如何也。

"不可如何"，莫能解救之意。

六二，過其祖，遇其妣。不及其君，遇其臣。无咎。

"遇"字詳見噬嗑六三。陽爲父，陰爲母，"祖妣"之象。震、艮皆一君二民，"君臣"之象。三、四陽爻，皆居二之上，有祖象，有君象；初在下，有妣象，有臣象。陰四，故曰"過"；陽二，故曰"不及"。本卦初之與四，上之與三，皆陰陽相應，陰多陽少，又陽失位，似陰有抗陽之意，故二陽爻皆言"弗過"。此爻不應乎陽，惟與初之陰相遇，故曰"遇妣""遇臣"也。觀九四遇五曰"遇"，上六隔五曰"弗遇"，可見矣。蓋"遇"者，非正應而卒然相逢之辭。言以陰論，四陰二陽，若孫過其祖矣，然所遇者乃妣也，非遇而抗乎祖也；以陽論，二陽四陰，若不及在君，過在臣矣，然所遇者乃臣也，非過而抗乎君也。若初之于四，上之于三，則祖孫君臣相爲應與，對敵而抗矣，所以初與上皆凶。此爻因柔順中正，所以過而不過。○本卦陰過乎陽，陰陽不可相應，六爻以陽應陰者皆曰"弗過"，以陰應陽者則曰"過之"。六二柔順中正，以陰遇陰，不抗乎陽，是當過而不過，"无咎"之道也，故其象占如此。

《象》曰："不及其君"，臣不可過也。

臣不可過乎君，故陰多陽少，不可相應。

九三，弗過，句。防之，從或戕之，凶。

"弗過"者，陽不能過乎陰也。兩字絕句。本卦陰過乎陽，故二陽皆稱"弗過"。"防之"者，當備懼防乎其陰也。"從"者，從乎其陰也。何以衆陰欲害九三？蓋九三剛正，邪正不兩立，況陰多乎陽？○九三當小過之時，陽不能過陰，故言"弗過"。然陽剛居正，乃群陰之所欲害者，故當防之。若不防之而反從之，則彼必戕害乎我而凶矣，故戒占者如此。

《象》曰："從或戕之"，凶如何也。

"如何"者，言其凶之甚也。

九四，无咎，弗過，句。遇之，往厲必戒，勿用永貞。

九四與九三不同，九三位當，九四位不當，故言咎。"弗過"者，弗過乎陰也。"遇之"者，反遇乎陰也。三之陰在下，其性止，故惟當防。四之陰在上，陽性上行，且其性動，與之相比，故"遇"也。"往"者，往從乎陰也。"永貞"者，貞實之心，長相從也。○九四以剛居柔，若有咎矣。然當小過之時，剛而又柔，正即所謂小過也，故"无咎"。若其陽弗過乎陰，亦如其三①。但四弗過乎陰而反遇乎陰，不當往從之。若往從乎彼，與之相隨，則必危厲，所當深戒，況相從而與之長永貞固乎？故又戒占者如此。

---

①其三：原作"其二"，據史念冲本改。

《象》曰："弗過遇之"，位不當也。"往厲必戒"，終不可長也。

"位不當"者，剛居柔位。終不可長者，終不可相隨而長久也。所以有往厲勿用之戒。舊注因不知三爻、四爻"弗過"二字絶句，所以失旨。

六五，密雲不雨，自我西郊。公弋，取彼在穴。

本卦大象坎，"雲"之象也。中爻兌，"雨"之象也。又兌西巽東，自西向東之象也。以絲繫矢而射曰弋，坎爲弓，"弋"之象也。又巽爲繩，亦"弋"之象也。坎爲隱伏，又坎出自穴，入于穴，皆"穴"之象也。鳥之巢穴多在高處，今至五，則已高而在上矣，故不言飛而言穴。本卦以飛鳥遺音象卦體，今五變成兌，不成震，鳥不動，在于穴之象也。"公"者，陽失位在四，五居四之上，故得稱公也。"取彼"者，取彼鳥也。鳥既在穴則有遮避，弋豈能取之？雲自西而東者，不能成其雨；弋取彼在穴者，不能取其鳥，皆不能小過者也。蓋雨之事，大則雷雨，小則微雨；射之事，大則狩，小則弋。如有微雨，是雨之小過矣；能取在穴，是弋之小過矣。今不雨，不能取，是不能小過也。小畜以小畜大，小過以小過大，畜與過，皆陰之得志也。故周公小過之《爻辭》同文王小畜之《卦辭》。○本卦宜下不宜上，至外卦則上矣。五以柔居尊而不正，不能成小過之事，故有此象。占者亦如是也。

《象》曰："密雲不雨"，已上也。

本卦上逆下順，宜下不宜上，今已高在上矣，故曰"已上"也。

上六，弗遇。句。**過之，飛鳥離之凶，是謂災眚。**

此爻正與四爻相反。四曰"弗過遇之"者，言陽不能過乎陰而與五相比，是弗過乎陰而適遇乎陰也；此曰"弗遇過之"者，言上六隔五不能遇乎陽而居于上位反過乎陽也。因相反，所以曰"弗過遇之"，曰"弗遇過之"，顛倒其辭者以此。"離之"者，高飛遠舉，不能聞其音聲，正與"飛鳥遺之音"相反。凡陰多于①陽者，聖人皆曰有"災眚"，故復卦上六亦言之。○六以陰居動體之上，處小過之極，蓋過之高而亢者也。陰過如此，非陰之福也，天災人眚薦至，凶孰甚焉！故其象占如此。

---

①于：原作"與"，史念冲本、朝爽堂本、鄭燦本作"于"，據改。

《象》曰："弗遇過之"，已亢也。

亢則更在上矣。

離下坎上 （既濟）

既濟者，事之已成也。爲卦水火相交，各得其用，又六爻之位，各得其位，故爲既濟。《序卦》："有過物者必濟，故受之以既濟。"所以次小過。

既濟，亨小，利貞，初吉，終亂。

"亨小"者，言不如方濟之時亨通之盛大也，譬如日之既昃不如日中之盛，所以亨小而不能大也。"利貞"者，即泰之"艱貞"也。日中則昃，月盈則食，無平不陂，無往不復，一治一亂，乃理數之常。方濟之時，人心儆戒，固無不吉矣。及既濟之後，人心恃其既濟，般樂怠敖，未有不亂者。此雖氣數之使然，亦人事之必然也，故利于貞。

《彖》曰："既濟亨小"者，句。**亨也。"利貞"，剛柔正而位當也。"初吉"，柔得中也。終止則亂，其道窮也。**

釋卦名"亨小"義，又以卦體釋《卦辭》。言"既濟亨小"者，非不亨也，正當亨通之時也。但濟曰既，則亨小，不如方濟之時亨通之盛大矣，故曰"既濟亨小者，亨也"，非不亨也，特小耳。"小"字生于"既"字。初、三、五，陽居陽位，二、四、六，陰居陰位，"剛柔正而位當也"。剛柔正，即是位當。有貞之義，故曰"利貞"。"初"指六二，二居內卦方濟之初，而能柔順得中，則思患深而豫防密，所以吉也。"終止則亂"者，人之常情。處平常無事之時，則止心生，止則心有所怠而不復進，亂之所由起也；處艱難多事之時，則戒心生，戒則心有所畏而不敢肆，此治之所由興也。可見非終之爲亂也，於其終而有止心，此亂之所由生也。不止，亂安從生？文王曰"終亂"，孔子曰"終止則亂"，聖人贊《易》之旨深矣。"其道窮"者，以人事言之，怠勝敬則凶，此人道以理而窮也；以天運言之，盛極則必衰，此天道以數而窮也；以卦體言之，水在上終必潤下，火在下終必炎上，此卦體以勢而窮也。今當既濟之後，止心既生，豈不終亂？故曰"其道窮"。

《象》曰：水在火上，既濟。君子以思患而豫防之。

"患"者，塞難之事，象坎險；"防"者，見幾之事，象離明。"思"以心言，"豫"以事言。"思患"者慮乎其後，"豫防"者圖之于先。能如此，則未雨而徹桑土，未火而徙積薪。天下之事莫不皆然，非但既濟當如此也。

初九，曳其輪，濡其尾，无咎。

坎為輪，為狐，為曳，"輪狐曳"之象也。初在狐之後，尾象；在水之下，濡象。若專以初論，輪在下，尾在後，皆初之象。"濡其尾"者，垂其尾于後而沾濡其水也。輿賴輪以行，"曳其輪"則不前；獸必揭其尾而後涉，"濡其尾"則不濟，皆不輕舉妄動之象也。"无咎"者，能保其既濟也。○初①九當既濟之時，尚在既濟之初，可以謹戒而守成者。然初剛得其正，不輕于動，故有"曳輪濡尾"之象。以此守成，无咎之道，故其象占如此。

《象》曰："曳其輪"，義无咎也。

以此守成，理當无咎。

六二，婦喪其茀，勿逐，七日得。

二乃陰爻，離為中女，"婦"之象也。又應爻中男，乃五之婦也。"茀"者，車後茀也，即今舟中篷之類，所以從竹。坎為輿，離中虛，"茀"之象也。近日書房皆寫"莆"，莆者草多也，去"茀"遠矣。坎為盜，離持戈兵，"喪茀"之象也。此與屯卦六二相同。屯乘剛，故"邅如班如"；此則乘、承皆剛，故"喪其茀"矣。婦人喪其茀則無遮蔽，不能行矣。變乾居一，前坎居六，離為日，"七日"之象也。"勿逐自得"者，六二中正，久則妄求，去正應合，所以勿逐自得也。又詳見睽卦初九。若以理數論，陰陽極于六，七則變矣。時變則自得，蓋變則通之意。○二以中正之德而上應中正之君，本五之婦也。但乘、承皆剛，與五不得相合，故有"婦喪茀不能行"之象。然上下中正，豈有不得相合之理？但俟其時耳。故又戒占者：勿可追逐，宜令其自得也。又有此象。

---

①初：原本脫，據朝爽堂本、鄭燦本補。

《象》曰："七日得"，以中道也。

"中道"者，居下卦之中，此六二之德也。濟世之具在我，故不求自得。

九三，高宗伐鬼方，三年克之，小人勿用。

離爲戈兵，變爻爲震，戈兵震動，伐國之象也。"鬼方"者，北方國也，夏曰獯鬻，商曰鬼方，周曰獫狁，漢曰匈奴，魏曰突厥。① 三與上六爲應，坎居北，故曰鬼方。坎爲隱伏，"鬼"之象也；變坤中爻爲方，"方"之象也，周公非空取"鬼方"二字也。離居三，"三年"之象也。既變坤，陽大陰小，"小"之象也。三居人位，"小人"之象也。變坤中爻成艮止，"勿用"之象也。周公爻象，一字不空，此所以爲聖人之筆也。○既濟之時，天下無事矣。三以剛居剛，故有"伐國"之象，然險陷在前，難以驟克，故又有"三年方克"之象。夫以高宗之賢，其用兵之難如此，而況既濟無事之世，任用小人，捨內治而幸邊功，未免窮兵黷民矣。故既言用兵之難，不可輕動，而又言任人不可不審也。教占者處既濟之時當如此，戒之深矣。

《象》曰："三年克之"，憊也。憊，蒲敗反。

"憊"者，病也。時久師老，財匱力困也，甚言兵不可輕用。

六四，繻有，句。衣袽，終日戒。

細密之羅曰"繻"，凡帛皆可言，故過關之帛曰繻。"袽"者，敝衣也。四變中爻爲乾，"衣"之象也。錯坤爲帛，"繻"之象也。又成兌，爲毀折，"敝衣"之象也。成②卦爲既濟，本爻又得位，猶人服飾之盛也。濟道將革，不敢恃其服飾之盛，雖有繻不衣之，而乃衣其敝衣也。"終日"，盡日也，居離日之上，離日已盡之象也。"戒"者，戒懼不安也，四多懼，戒之象也。"衣袽"以在外言，"終日戒"以心言。○六四，當出離入坎之時，陰柔得正，知濟道將革，坎陷臨前，有所疑懼，故有"有繻不衣、乃衣其袽、終日戒懼"之象。占者必如是，方可保既濟也。

《象》曰："終日戒"，有所疑也。

"疑"者，疑禍患之將至也。

---

① 以上"獯鬻""獫狁""匈奴""突厥"八字，原本皆爲"□□"，據虎林本補。
② 成：虎林本、朝爽堂本亦作"成"，史念冲本作"此"，鄭燦本作"本"。

九五，東鄰殺牛，不如西鄰之禴祭，實受其福。

"鄰"者，文王《圓圖》離居正南，坎居正北，震居正東，兌居正西，則東西者乃水火之鄰也，故有東西之象。觀震卦上六變離，《爻辭》曰"不于其躬于其鄰"，則震兌又以南北爲鄰矣。"殺牛不如禴祭"者，言當既濟之終，不當侈盛，當損約也。五變坤，"牛"之象。離爲戈兵，坎爲血，見戈兵而流血，"殺"之象。"禴"，夏祭。離爲夏，"禴"之象。坎爲隱伏，"人鬼"之象。又爲有孚，"誠心祭人鬼"之象。殺牛，盛祭；禴，薄祭。"實受其福"者，陽實陰虛，陽大陰小。《小象》曰"吉大來也"，"大"字即"實"字，"吉"字即"福"字，大與實皆指五也。言如此損約，則五吉而受其福矣。泰入否，聖人曰："勿恤其孚，于食有福。"既濟將終，聖人曰："不如禴祭，實受其福。"聖人之情見矣。六四不衣美衣而衣惡衣，九五①不尚盛祭而尚薄祭，皆善于②處終亂者也。○五居尊位，當既濟之終，正終亂之時也，故聖人戒占者曰：濟將終矣，與其侈盛，不如艱難菲薄以享③既濟之福，若侈盛，則止而亂矣。故其戒之之象如此。

《象》曰："東鄰殺牛"，不如西鄰之時也。"實受其福"，吉大來也。

"之"當作"知"，因與音同，寫時之誤。"時"即"二簋應有時"之"時"，言東鄰殺牛，不如西鄰知時也。蓋濟道終亂之時，此何時哉？能知其時，艱難菲薄以處之，則自有以享其既濟之福矣。"吉大來"者，言吉來于大也。"來"字與益卦"自外來也""來"字同。

上六，濡其首，厲。

初九卦之始，故言"濡尾"者，心有所畏懼而不敢遽涉也。上六卦之終，故言"濡首"者，志已盈滿而惟知其涉也。大過上六，澤水之深矣，故"滅頂"；既濟上六，坎水之深矣，故"濡首"。○既濟之極，正終亂之時也，故有"狐涉水而濡首"之象。既濡其首，已溺其身。占者如是，危可知矣。

---

① 九五：原作"九二"，虎林本、史念冲本、朝爽堂本、鄭燦本皆作"九五"，據改。
② 于：原作"與"，史念冲本、朝爽堂本、鄭燦本作"于"，據改。
③ 享：原作"亨"，據朝爽堂本、鄭燦本改。

《象》曰："濡其首厲"，何可久也。

言必死亡。

䷿ 坎下離上 （未濟）

未濟，事未成之時也。水火不交，不相爲用，其六爻皆失其位，故爲未濟。《序卦》："物不可窮也，故受之以未濟終焉。"所以次既濟。

未濟，亨。小狐汔濟，濡其尾，无攸利。

"亨"者，言時至則濟矣，特俟其時耳，故亨也。坎爲狐，坎居下卦，故曰"小狐"。坎爲水，爲隱伏，穴處而隱伏，往來于水間者，狐也。又爲心病，故多狐疑。既濟、未濟二卦皆以狐言者，此也。水涸曰汔，此指濟渡水邊水淺處言也。"濡其尾"者，言至中間深處，即濡其尾而不能涉矣，此未濟之象也。"无攸利"，戒占者之辭。○言未濟終于必濟，故亨，然豈輕于濟而得亨哉？如小狐不量水中之淺深，見水邊之淺涸，果于必濟，及濟于水之中，乃濡其尾，而不能濟矣，如此求濟，豈得濟哉？占者无攸利可知矣。故必識淺深之宜，持敬畏之心，方可濟而亨也。

《象》曰："未濟亨"，柔得中也。"小狐汔濟"，未出中也。"濡其尾，无攸利"，不續終也。雖不當位，剛柔應也。

釋《卦辭》。"柔得中"，指六五，陰居陽位。"得中"，則既不柔弱无爲，又不剛猛僨事，未濟終于必濟，所以"亨"。前卦既濟之"初吉"者，已然之亨也，柔中之善于守成者也。此卦未濟之"亨"者，未然之吉也，柔中之善于撥亂者也。"未出中"者，未出險中也，言止于水邊涸處濟之，而未能出其險陷之中也。濟而得濟謂之終，今"未出中"，則始雖濟而終不能濟，是不能繼續而成其終矣。然豈終于不濟哉？蓋六爻雖失位，故爲未濟，然剛柔相應，終有協力出險之功，是未濟終于必濟，此其所以亨也。

《象》曰：火在水上，未濟。君子以慎辨物居方。

44

火炎上，水潤下，"物"不同也。火居南，水居北，"方"不同也。君子以之"慎辨物"，使物以群分；"慎居方"，使方以類聚，則分定不亂，陽居陽位，陰居陰位，未濟而成既濟矣。

初六，濡其尾，吝。

獸之濟水，必揭其尾，尾濡則不能濟。"濡其尾"者，言不能濟也。○初六才柔，又無其位，當未濟之時，乃不量其才力，而冒險以進，不能濟矣，"吝"之道也，故其象占如此。

《象》曰："濡其尾"，亦不知極也。

"極"者，終也，即《彖辭》"濡其尾，无攸利，不續終也"。言不量其才力而進，以至"濡其尾"，亦不知其終之不濟者也。

九二，曳其輪，貞吉。

坎為輪，"曳其輪"者，不遽然而進也。凡濟渡必識其才力，量其淺深，不遽于進，方可得濟。不然，必"濡其尾"矣。"貞"者，得濟之正道也；"吉"者，終得以濟也。○二以陽剛之才，當未濟之時，居柔得中，能自止而不輕于進，故有"曳其輪"之象。占者如是，正而吉矣。

《象》曰：九二貞吉，中以行正也。

九居二，本非其正，以中，故得正也。

六三，未濟，征凶。利涉大川。

"未濟"者，言出坎險，可以濟矣，然猶未濟也，故曰"未濟"。"利涉大川"者，正卦為坎，變卦為巽，木在水上，乘木有功，故"利涉大川"。"征"者，行也。初濡其尾，行而未濟也；二曳其輪，不行也；坎至于三，則坎之極，水益深矣，故必賴木以渡之，方可濟也。若不賴木而直行，則濡其尾而凶矣。○陰柔不中，正當未濟之時，病于才德之不足，故"征凶"。然未濟有可濟之道，險終有出險之理，幸而上有陽剛之應，若能涉險而往賴之，則濟矣，故占者利于賴木以涉大川。"利涉大川"，又占中賴陽剛之象也。

《象》曰："未濟征凶"，位不當也。

以柔居剛。

九四，貞吉，悔亡。震用伐鬼方，三年有賞于大國。

"震"者，懼也。四多懼。四變中爻爲震，故以震言之。"伐鬼方三年"，詳見既濟。"大國"，對鬼方而言，則伐之者爲大國，鬼方爲小國也。"有賞于大國"者，三年鬼方自順服，故大國賞之。惟其有賞，故不言克之也。既濟言克之者，鬼方在上，仰關而攻，克之甚難，且水乃剋火之物，火又在下，所以三年方克，《小象》曰"憊"者，此也。此則鬼方在下，易于爲力，故自屈服，曰"有賞"者，如上之賞下也。未濟與既濟相綜，未濟九四即既濟九三，故爻辭同。亦如損、益相綜，損之六五即益之六二；夬、姤相綜，夬之九四即姤之九三，所以《爻辭》皆同也。綜卦之妙至此。○以九居四，不正而有悔也，能勉而貞則吉而悔亡矣。然以不貞之資，非臨事而懼，何以能濟天下之事哉？故必憂惕敬懼之久，則其志可行而有以賞其心志矣。故占者又有"震用伐鬼方，三年有賞于大國"之象。

《象》曰："貞吉悔亡"，志行也。

"志行"者，已出其險，濟之之志行也。履之九四，否之九四，睽之九四，皆言"志行"，以四多懼故也。

六五，貞吉，无悔。君子之光，有孚吉。

"貞"非戒辭，乃六五之所自有。"无悔"與"悔亡"不同。"无悔"者，自无悔也；"悔亡"者，有悔而亡也。未濟漸濟，故雖六五之陰，而亦有暉光；既濟漸不濟，故雖九五之陽，而必欲"如西鄰之禴祭"。凡天地間造化之事，富貴功名，類皆如此。○六五爲文明之主，居中應剛，虛心以求九二之共濟，"貞吉无悔"矣。故本之于身，則光輝發越；徵之于人，則誠意相孚，吉不必言矣。占者有是德，方應是占也。文明即"君子之光"，中虛即"有孚"。

《象》曰："君子之光"，其暉吉也。

日光曰暉，言如日光之盛。蓋六五承、乘、應皆陽剛，君子相助爲明，故"其暉吉"。

上九，有孚于飲酒，无咎。濡其首，有孚失是。

六爻皆有酒象，《易》中凡言"酒"者，皆坎也。上三①爻離錯坎，亦酒

---

①三：原作"二"，朝爽堂本、鄭燦本作"三"，據改。

也。"是"字，即"无咎"二字。濡其首者，三也。坎水至三，坎水極深矣，故涉之者"濡其首"。既濟之上六，即未濟之六三也，既濟言"濡其首"，故上九與六三爲正應，即以"濡其首"言之。○六五爲未濟之主，資九二之剛中，三涉川，四伐國，至于六五，光輝發越，已成克濟之功矣。上九負剛明之才，又無其位，果何所事哉？惟有孚于五，飲酒宴樂而已。此則近"君子之光"，所"有孚"者是矣，"无咎"之道也。若以"濡其首"之三爲我之正應，乃"有孚"于三①，與之飲酒則墜落于坎陷之中，與三同"濡其首"，所"有孚飲酒"者不是矣，安得无咎哉？故曰"有孚失是"。教占者必如此。

《象》曰：飲酒濡首，亦不知節也。

節者，事之界也。"濡首"同于六三，亦不知三在坎險之界而自罹其咎矣。

---

① 三：原作"二"，朝爽堂本、鄭燦本作"三"，據改。

梁山來知德先生易經集注卷之十三

平山後學崔華重訂　　男戀齊、岱齊、薑齊同校

繫辭上傳

　　天尊地卑，乾坤定矣。卑高以陳，貴賤位矣。動靜有常，剛柔斷矣。方以類聚，物以群分，吉凶生矣。在天成象，在地成形，變化見矣。

　　"天地"者，陰陽形氣之實體也。"乾坤"者，《易》中純陰純陽之卦名也。"卑高"者，天地萬物上下之位。"貴賤"者，《易》中卦爻上下之位也。"動"者陽之常，"靜"者陰之常。以天地論，天動地靜。以萬物論，男外而動，女內而靜，雄鳴而動，雌伏而靜也。"剛柔"者，《易》中卦爻陰陽之稱也。"斷"，判斷，乃自然分判，非由人也。"方"者，東南西北之四方也。"方以類聚"者，以中國①言之，冀州之類與冀州相聚，荊州之類與荊州相聚是也。以外夷②言之，南倭之類與南倭相聚③，北虜之類與北虜相聚是也④。"物"者，萬物也。"群分"者，角之群分別于毛，毛之群分別于羽，羽之群分別于裸是也。"吉凶"即善惡。以方言之，中國四夷有內華外夷方之善惡⑤，中國⑥九州有君子小人之善惡。以物言之，牛馬則善，虎狼則惡。此皆陰陽淑慝之分也，故吉

---

①中國：原作"天下"，據虎林本改。
②外夷：原作"職方"，據虎林本改。
③二"倭"字，原作"方"，據虎林本改。
④二"虜"字，原作"方"，據虎林本改。
⑤中國四夷有內華外夷方之善惡：原作"中土四邊有腹裏邊方之善惡"，據虎林本改。
⑥中國：原作"天下"，據虎林本改。

凶生矣。吉凶者，《易》中卦爻占决之辞也。此皆圣人仰观俯察列于兩間之表表可見者，故以一尊一卑、一卑一高、一動一靜、一類一群、一形一象言之。前儒以"方"謂事情所向，恐不然矣。"象"者，日月星辰之屬。"形"者，山川動植之屬。兩間形象，其中有往有來，有隱有見，有榮有枯，有生有死，千變萬化。《易》中變化，則陰之極者變乎陽，陽之極者化乎陰也。○此一條，言天地萬物，一對一待，《易》之象也。蓋未畫易之前，一部《易經》已列于兩間。故"天尊地卑"，未有《易》卦之乾坤而乾坤已定矣；"卑高以陳"，未有《易》卦之貴賤而貴賤已位矣；"動靜有常"，未有《易》卦之剛柔而剛柔已斷矣；"方以類聚，物以群分"，未有《易》卦之吉凶而吉凶已生矣；"在天成象，在地成形"，未有《易》卦之變化而變化已見矣。聖人之《易》，不過模寫其象數而已，非有心安排也。孔子因伏羲《圓圖》，陰陽一對一待，陰錯乎陽，陽錯乎陰，所以發此條。

是故剛柔相摩，八卦相蕩。鼓之以雷霆，潤之以風雨。日月運行，一寒一暑，乾道成男，坤道成女。乾知大始，坤作成物。

"八卦"以天、地、水、火、山、澤、雷、風八卦之象言，非乾、坎、艮、震、巽、離、坤、兌也。若舊注，以兩相摩而爲四，四相摩而爲八，則將下文"日月男女"說不通矣。"八卦"者，剛柔之體；"剛柔"者，八卦之性。總則剛柔，分則八卦。"摩蕩"者，兩儀配對，氣通乎間，交感相摩蕩也。惟兩間之氣交感摩蕩，而後生育不窮，得陽氣之健者爲男，得陰氣之順者爲女。然成男雖屬乾道，而男女所受之氣皆乾以之；成女雖屬坤道，而男女所生之形皆坤以成之。分之則乾男而坤女，合之則乾始而坤終。此造化一氣流行之妙，兩在不可測者也。"知"者，知此事也。"作"者，能此事也。蓋未成之物，無所造作，故言"知"；已成之物，曾經長養，故言"作"。言乾惟知始物，別無所知；坤惟能成物，別無所能，此所以易簡也。凡人之知屬氣屬魂，凡人之能屬形屬魄，故乾以知言，坤以能言也。"大"者，完全之意，譬之生人，止天一生水也，而二之火爲心，三之木爲肝，四之金爲肺，五之土爲脾，一身之骸骨臟腑皆完全備具矣，蓋不惟始而"大始"也。○此一條，言天地陰陽之流行，一施一受，易之氣也。言天地萬物惟有此對待，故剛柔八卦相爲摩蕩，于是鼓

雷霆、潤風雨、日月寒暑、運行往來、形交氣感、男女于是乎生矣。故乾所知者惟始物，坤所能者惟成物。無乾之施則不能成坤之終，無坤之受則不能成乾之始。惟知以施之，能以受之，所以生育不窮。孔子因文王《圓圖》"帝出乎震，成言乎艮"，又文王《序卦》陰綜乎陽，陽綜乎陰，所以發此條。

乾以易知，坤以簡能。易則易知，簡則易從。易知則有親，易從則有功。有親則可久，有功則可大。可久則賢人之德，可大則賢人之業。易簡，而天下之理得矣。天下之理得而成位乎其中矣。

"易知"者，一氣所到，生物更無凝滯，此則造化之良知，無一毫之私者也，故知之易。"簡能"者，乃順承天，不自作爲，此則造化之良能，無一毫之私者也，故能之簡。蓋乾始坤成者，乃天地之職司也，使爲乾者用力之難，爲坤者用力之煩，則天地亦勞矣。惟"易"乃造化之良知，故始物不難；惟"簡"乃造化之良能，故成物不煩也。人受天地之中以生，其性分之天理爲我良知良能者，本與天同其易，而乃險不可知，本與地同其簡，而乃阻不可從者，以其累于人欲之私耳。故"易則易知，簡則易從"。"易知"者，我易知乎此無私之理也；"易從"者，我易從乎此無私之理也，非人知人從也。下"易"字，"難易"之"易"。○此一條，言人成位乎中也。言乾惟"知大始"，是乾以易知矣；坤惟"能成物"，是坤以簡能矣。人之所知如乾之易，則所知者皆性分之所固有，而無一毫人欲之艱深，豈不易知？人之所能如坤之簡，則所能者皆職分之所當爲，而無一毫人欲之紛擾，豈不易從？"易知"，則此理之具于吾心者，常洽浹親就，不相支離疏隔，故有親；"易從"，則此理之踐于吾身者，常日積月累，無有作輟怠荒，故有功。"有親"則日新不已，是以"可久"；"有功"則富有盛大，是以"可大"。"可久"則賢人之德與天同其悠久矣，"可大"則賢人之業與地同其博大矣。夫以易簡而天下之理得，成賢人之德業，則是天有是易，吾之心亦有是易，地有是簡，吾之身亦有是簡，與天地參而爲三矣。《易》中三才成其六位者此也。"理得成位"，即"致中和、天地位、萬物育"之意。賢人即聖人，與天地并而爲三，非聖人而何？

右第一章。此章"天尊地卑"一條，言天地對待之體。"剛柔相摩"一條，言天地流行之用。"乾以易知"一條，則言人成位乎天地之中。"成位乎中"，則天地之體用模寫于《易》者，神而明之皆存乎其人矣。此三條，孔子原《易》之所由作，通未說到《易》上去。至第二章設卦觀象，方言《易》。

聖人設卦觀象，繫辭焉而明吉凶，剛柔相推而生變化。

"設卦"者，文王、周公將伏羲《圓圖》六十四卦陳列也。"象"者物之似，總之有一卦之象，析之有六爻之象，觀此象而繫之以辭，以明一卦一爻之吉凶。"剛柔相推"者，卦爻陰陽迭相爲推也。柔不一于柔，柔有時而窮，則自陰以推于陽而變生矣；剛不一于剛，剛有時而窮，則自陽以推于陰而化生矣。如乾之初九交于坤之初六則爲震，坤之初六交于乾之初九則爲巽，此類是也。又如夬極而乾矣，反下而又爲姤；剝極而坤矣，反下而又爲復，此類是也。《易》之爲道，不過辭、變、象、占四者而已。"吉凶"者，占也，占以辭而明，故"繫辭焉而明吉凶"。"剛柔相推"者，象也，變由象而出，故"剛柔相推而生變化"。

是故吉凶者，失得之象也。悔吝者，憂虞之象也。變化者，進退之象也。剛柔者，晝夜之象也。六爻之動，三極之道也。

"是故"者，因上文也。"吉凶""悔吝"，以《卦辭》言。"失得""憂虞"，以人事言。《易》言"吉凶"，在人爲"失得之象"；《易》言"悔吝"，在人爲"憂虞之象"。蓋人之行事，順理則得，逆理則失，故辭有吉凶，即人事失得之象。虞者，樂也。憂則困心衡慮，漸趨于吉，亦如悔之自凶而趨吉也；虞則志得意滿，漸向于凶，亦如吝之自吉而向凶也，所以悔吝即憂虞之象。所謂"觀象繫辭以明吉凶"者，此也。"變化""剛柔"以卦畫言，"進退""晝夜"以造化言。柔變乎剛，進之象；剛化乎柔，退之象。進者息而盈也，退者消而虛也。剛屬陽明，晝之象；柔屬陰暗，夜之象。進退無常，故"變化者進退之象"；晝夜一定，故"剛柔者晝夜之象"。"三"者，三才也，地位，人位，天位也。三才即六爻，分之則六爻，總之則三才。"極"，至也。爻不極則不變動，陽極則陰，陰極則陽，言六爻之變動者，乃三才極至之道理如此也。故曰道有變動曰爻，所謂"剛柔相推而生變化"者此也。"六爻之動"二句，言變化之故。

是故君子所居而安者，《易》之序也。所樂而玩者，爻之辭也。

上二節言聖人作《易》之事，此二節則教人之學《易》也。"居"者，處也。"安"者，處而不遷。"樂"者，悅樂也。"玩"者，悅樂而反覆玩味。

"序"者，文王《序卦》也。"所居而安"者，文王六十四卦之序。"所樂而玩"者，周公三百八十四爻之辭。文王《序卦》，有錯有綜，變化無窮，若可遷移矣。然文王本其自然之畫而定之，非有心安排也，故不可遷移。如乾止可與坤相錯，不可與別卦相錯，故孔子《雜卦》曰"乾剛坤柔"；屯止可與蒙相綜，不可與別卦相綜，故孔子《雜卦》曰"屯見而不失其居，蒙雜而著"，故處而不遷。此則教人學文王《序卦》，學周公《爻辭》。

是故君子居則觀其象而玩其辭，動則觀其變而玩其占，是以"自天祐之，吉无不利"。

辭因象而繫，占因變而決。静而未卜筮時，《易》之所有者象與辭也；動而方卜筮時，《易》之所有者變與占也。《易》之道，一陰一陽，即天道也。如此觀玩，則所趨皆吉，所避皆凶，静與天俱，動與天游，冥冥之中若或助之矣，故"自天祐之，吉无不利"。變即上變也，言變則化在其中。此則教人學文王、周公辭、變、象、占。

右第二章。此章言聖人作《易》，君子學《易》之事。

彖者，言乎象者也。爻者，言乎變者也。吉凶者，言乎其失得也。悔吝者，言乎其小疵也。无咎者，善補過也。

"彖"謂《卦辭》，文王所作者。"爻"謂《爻辭》，周公所作者。"象"指全體而言，乃一卦之所具者，如"元亨利貞"，則言一卦純陽之象。"變"指一節而言，乃一爻之所具者，如"潛龍勿用"，則言初陽在下之變。凡言動之間，盡善之謂"得"，不盡善之謂"失"。小不善之謂"疵"，不明乎善而誤于不善之謂"過"。覺其小不善，非不欲改，而彼時未改，于是乎有"悔"。覺其小不善，猶及于改，而不能改，或不肯改，于是乎有"吝"。悔未至于吉而猶有"小疵"，吝未至于凶而已有"小疵"。"善"者，嘉也，嘉其能"補過"也，即上文"言乎""言"字之例。本有過而能圖回改復謂之"補"，譬如衣有破處是過也，帛則用帛補之，布則用布補之，此之謂"補過"。吉凶失得之大，不如悔吝之小，悔吝疵病之小，又不如无咎之爲善。〇《彖》言象，《爻》言變，則吉凶、悔吝、无咎之辭皆備矣。故"吉凶"者，言乎卦爻中之失得也；"悔吝"者，言乎卦爻中之小疵也；"无咎"者，善乎卦爻中之能補過也。此釋彖、爻之名義，又釋吉凶、悔吝、无咎之名義也。

是故列貴賤者存乎位，齊大小者存乎卦，辯吉凶者存乎辭，憂悔吝者存乎介，震无咎者存乎悔。是故卦有小大，辭有險易。辭也者，各指其所之。

上文釋卦爻、吉凶、悔吝、无咎之名義矣，此則教人體卦爻、吉凶、悔吝、无咎之功夫也。五"存"應四"言"、一"善"，"列貴賤"句應"爻者言乎其變"，"齊大小"句應"彖者言乎其象"。"列"者，分列也，六爻上體爲貴，下體爲賤。"齊"者，等也，等分大小也。陽大陰小。陽大爲主者，復、臨、泰之類也；陰小爲主者，姤、遯、否之類也。"小往大來"，"大往小來"，皆其類也。"介"者，分也。"震"者，動也。"大小"即所齊之大小也。"險易"者即卦《爻辭》之險易也。險者暗昧而艱深，如文王《卦辭》"履虎尾""先甲""後甲"之類，周公《爻辭》"其人天且劓""入于左腹"之類是也。"易"者，明白而平易，如文王《卦辭》"謙君子有終""漸女歸吉"之類，周公《爻辭》"師左次""同人于門"之類是也。"之"者，往也。"各"者，吉、凶、悔、吝、无咎五者各不同也。"各指其所之"者，各指其所往之地也。○言《爻》固言乎其變矣，若"列貴賤"則存乎所變之位，不可貴賤混淆。《彖》固言乎其象矣，若"齊大小"則存乎所象之卦，不可大小紊亂。"吉凶"固言乎失得矣，若"辯吉凶"則存乎其辭，辭吉則趨之，辭凶則避之；"悔吝"固言乎小疵矣，然不可以小疵而自恕，必當于此心方動、善惡初分、幾微之時即憂之，則不至于悔吝矣；"无咎"固補過矣，然欲動補過之心者，必自悔中來也。是故卦與辭雖有大小、險易之不同，然皆各指于所往之地，如吉凶則趨之避之，如悔吝則憂乎其介，如无咎存乎悔也。此則教人觀玩體卦爻、吉凶、悔吝、无咎之功夫也。

右第三章。此章教人觀玩之事，故先釋卦爻并吉、凶、悔、吝、无咎五者之名義，而後教人體此卦爻并五者功夫也。

《易》與天地準，故能彌綸天地之道。

"準"者，均平也。言《易》之書與天地均平也。"彌"者，彌縫，包括周密、合萬爲一而渾然無欠，即下文範圍之意。"綸"者，絲綸，條理分明、析一爲萬而燦然有倫，即下文"曲成"之意。"彌綸天地"者，如以乾卦言，爲

天爲圜以至爲木果，即一卦而八卦可知矣；如以乾卦初爻"潛龍"言，在君得之則當傳位，在臣得之則當退休，在士得之則當靜修，在商賈得之則當待價，在女子得之則當愆期，在將帥得之則當左次，即一爻而三百八十四爻可知矣，豈不"彌綸天地"？

仰以觀於天文，俯以察於地理，是故知幽明之故。原始反終，故知死生之說。精氣爲物，游魂爲變，是故知鬼神之情狀。

天垂象有文章，地之山川原隰各有條理。陽極而陰生則漸幽，陰極而陽生則漸明。一日之天地如此，終古之天地亦如此。"故"者，所以然之理也。人物之始，此陰陽之氣；人物之終，此陰陽之氣。其始也，氣聚而理隨以完，故生；其終也，氣散而理隨以盡，故死。"說"者，死生乃人之常談也。人之陰神曰魄，耳目之聰明是也；人之陽神曰魂，口鼻之呼吸是也。死則謂之魂魄，生則謂之精氣，天地之所公共者謂之鬼神。陰精陽氣聚而成物，則自無而向于有，乃陰之變陽，神之伸也；魂游魄降，散而爲變，則自有而向于無，乃陽之變陰，鬼之歸也。"情狀"，猶言模樣。〇《易》與天地準者，非聖人安排穿鑿，強與之準也。蓋《易》以道陰陽，陰陽之道不過幽明、死生、鬼神之理而已。今作《易》聖人，仰觀俯察，知幽明之故；原始反終，知死生之說；知鬼神之所以爲鬼神者，乃精氣爲物、游魂爲變也，故能知其情狀。夫天地之道，不過一幽一明、一死一生、一鬼一神而已，而作《易》聖人皆有以知之，此所以《易》與天地準也。

與天地相似，故不違。知周乎萬物而道濟天下，故不過。旁行而不流，樂天知命，故不憂。安土敦乎仁，故能愛。 知周，音智。

"相似"即"不違"，下文"不過""不憂""能愛"皆"不違"之事。"知周乎萬物"者，聰明睿知足以有臨，所以"道濟天下"也。"不過"，雖指天地，若以聖人論，乃道濟天下，德澤無窮，舉天下不能過也。如言"天下莫能載焉"之意，與下文"不過"不同。"旁行"者，行權也；"不流"者，不失乎常經也。"天"以理言，仁義忠信是也；"命"以氣言，吉凶禍福是也。樂天理，則內重外輕；又知命，則惟修身以俟，所以不憂。如困于陳蔡，夢奠兩楹，援琴執杖而歌是也。隨寓而安乎土，胸中無爾我町畦，又隨寓而敦篤乎仁，所行者皆立人達人之事，所以"能愛"。不過、不憂、能愛，皆指天地言。至大不能過者，天地之體；"不憂"者，天地之性；"能愛"者，天地之情。天地之道不過如此而已，故以此三者言之。"萬物""天下"協"不過"二字，"樂"字協"不憂"二字，"仁"字協"愛"字。○此言聖人"與天地準"也。言聖人于天地之道，豈特如上文"知之"哉？聖人即與天地相似也。惟其與天地相似，故聖人之道皆不違乎天地矣。何也？天地至大無外，不能過者也，聖人則"知周乎萬物而道濟天下"，故與天地相似，同其"不過"；天地無心而成化，鼓萬物而不與聖人同憂，不憂者也，聖人則"旁行不流，樂天知命"，故與天地相似，同其"不憂"；天地以生物爲心，能愛者也，聖人則"安土敦仁"，故與天地相似，同其"能愛"。是三者，皆與天地相似者也。惟其相似，所以作《易》"與天地準"也。

範圍天地之化而不過，曲成萬物而不遺，通乎晝夜之道而知，故神无方而《易》无體。

"範"，如人範金使成形器；"圍"，如人墻圍使有界止。"化"者，天地之變化也。天地陰而陽，陽而陰，本無遮闌，本無窮盡，聖人則範圍之。範圍即裁成天地之道，治曆明時、體國經野之類是也。"不過"者，不使之過也。"曲成萬物"，如教之養之，大以成大，小以成小之類是也。"通"者，達也。通達乎晝夜之道而知之也。"晝夜"，即幽明、死生、鬼神也。"神"，指聖人，即"聖而不可知之謂神"。①《易》指《易》書。無方所，無形體，皆謂無形迹也。○聖人既與天地相似，故《易》能彌天地之道，聖人則範圍天地而不過，亦能彌之。《易》能綸天地之道，聖人則曲成萬物而不遺，亦能綸之。《易》書所具，不過幽明、死生、鬼神之理也。聖人則通乎晝夜之道而知，亦能知幽明、死生、鬼神，故聖則无方而《易》則无體。《易》與天地準者，因作《易》聖人亦與天地準也。

右第四章。此章言《易》與天地準者，因作《易》聖人亦與天地準也。

一陰一陽之謂道。

---

①《孟子·盡心下》原文作"聖而不可知之之謂神"。此處少一"之"字。

理乘氣機以出入，一陰一陽。氣之散殊，即太極之理各足而富有者也。氣之迭運，即太極之理流行而日新者也。故謂之道。

繼之者善也，成之者性也。仁者見之謂之仁，知者見之謂之知。百姓日用而不知，故君子之道鮮矣。 見，音現。知，音智。

"繼"，是接續不息之意。《書》言"帝降"，《中庸》言"天命"，氣之方行，正所降所命之時，人物之所公共之者也。此指人物未生、造化流行上言之。蓋靜之終，動之始，靜極復動，則貞而又繼之以元，元乃善之長，此繼之者所以善也。以其天命之本體，不雜于形氣之私，故曰善。"成"，是凝成有主之意。氣以成形而理亦賦焉，乃人物所各足之者也。因物物各得其太極無妄之理，不相假借，故曰"性"。"見"，發見也。"仁者""知者"即君子。○此一陰一陽之道，若以天人賦受之界言之，"繼之者善也，成之者性也"，此所以謂之道也。雖曰"善"曰"性"，然具于人身，渾然一理，無聲無臭，不可以名狀，惟仁者發見于惻隱則謂之仁，知者發見于是非則謂之知，而後所謂"善""性"者方有名狀也。故百姓雖與君子同具此善、性之理，但為形氣所拘，物欲所蔽，而知君子仁、知之道者鮮矣。

顯諸仁，藏諸用，鼓萬物而不與聖人同憂，盛德大業至矣哉。富有之謂大業，日新之謂盛德。

"仁"者造化之心，"用"者造化之功。仁本在內者也，如春夏之生長萬物，是顯諸仁；用本在外者也，如秋冬之收斂萬物，是藏諸用。春夏是顯秋冬所藏之仁，秋冬是藏春夏所顯之用。仁曰顯，用曰藏，互言之也。"不憂"者，乾以易知，坤以簡能，無心而成化，有何所憂？"富有"者，無物不有而無一毫之虧欠。"日新"者，無時不然而無一毫之間斷。天地以生物為德，以成物為業。○此一陰一陽之道，若以天地言之，自其氣之噓也，則自內而外顯諸其仁；自其氣之吸也，則自外而內藏諸其用。然天地無心而成化，雖鼓萬物出入之機，而不與聖人同憂，此所以盛德大業不可復加也。富有、日新，乃德業之實，此一陰一陽之道在天地者也。

生生之謂易，成象之謂乾，效法之謂坤，極數知來之謂占，通變之謂事，陰陽不測之謂神。

"效法"者，承天時行，惟效法之而已。"極數"者，方卜筮之時，究極其陰陽七八九六之數，觀其所值何卦，所值何爻，以斷天下之疑，故曰"占"。"通變"者，既卜筮之後，詳通其陰陽老少之變，吉則趨之，凶則避之，以定天下之業，故曰"事"。以其理之當然而言曰"道"，以其道之不測而言謂之"神"，非道外有神也。○此一陰一陽之道，若以《易》論之，陽生陰，陰生陽，消息盈虛，始終代謝，其變無窮。此則一陰一陽之道在《易》書，《易》之所由名者此也。聖人作《易》之初，不過此陰陽二畫。然乾本陽而名爲乾者，以其健而成象，故謂之乾；坤本陰而名爲坤者，以其順而效法，故謂之坤。此則一陰一陽之道在卦者也。故究極此一陰一陽之數以知來，則謂之"占"；詳通其一陰一陽之變以行事，則謂之"事"，此則一陰一陽之道在卜筮者也。若其兩在不測，則謂之"神"。蓋此一陰一陽之道，其見之于人則謂之仁知，見之于天地則謂之德業，見之于《易》則謂之乾坤。占事人皆得而測之，惟言陽矣，而陽之中未嘗無陰，言陰矣，而陰之中未嘗無陽。兩在不測，則非天下之至神不能與于此矣，故又以神贊之。

　　右第五章。此章言一陰一陽之道不可名狀，其在人則謂之仁知，在天地則謂之德業，在《易》則謂之乾坤，占事而終贊其神也。通章十一個"謂"字相同，一陰一陽貫到底。

夫《易》，廣矣大矣！以言乎遠則不禦，以言乎邇則靜而正，以言乎天地之間則備矣。

　　"廣"，言其中之所含；"大"，言其外之所包。"不禦"者，無遠不到而莫之止也。"靜"者，無安排布置之擾也。"正"者，六十四卦皆利于正也。"備"者，無所不有也。下三句正形容廣大。○"夫《易》廣矣大矣"，何也？蓋《易》道不外乎陰陽，而陰陽之理則遍體乎事物。以遠言其理則天高而莫禦，以邇言其理則地靜而不偏，以天地之間而言則萬事萬物之理無不備矣，此《易》所以廣大也。

夫乾，其靜也專，其動也直，是以大生焉。夫坤，其靜也翕，其動也闢，是以廣生焉。

　　天地者，乾坤之形體。乾坤者，天地之情性。"專"者，專一而不他；

"直"者，直遂而不撓。"翕"者，舉萬物之生意而收斂于內也；"闢"者，舉萬物之生意而發散于外也。乾之性健，一而實，故以質言而曰大，大者，天足以包乎地之形也；坤之性順，二而虛，故以量言而曰廣，廣者，地足以容乎天之氣也。"動"者，乾坤之相交也。○《易》之所以廣大者，一本于乾坤而得之也。蓋乾畫奇，不變則其靜也專，變則其動也直；坤畫偶，不變則其靜也翕，變則其動也闢。是以"大生""廣生"焉。《易》不過模寫乾坤之理，易道之廣大，其原蓋出于此。

廣大配天地，變通配四時，陰陽之義配日月，易簡之善配至德。

"配"者，相似也，非配合也。"變通"者，陰變而通于陽，陽變而通乎陰也。"義"者，名義也，卦爻中剛者稱陽，柔者稱陰，故曰義。"易簡"者，健順也。"至德"者，仁、義、禮、知，天所賦于人之理而我得之者也。仁、禮屬健，義、知屬順。○《易》之廣大得于乾坤，則《易》即乾坤矣。由此觀之，可見《易》之廣大亦如天地之廣大，《易》之變通亦如四時之變通，《易》所言陰陽之義與日月之陰陽相似，《易》所言易簡之善與聖人之至德相似。所謂"遠不禦而近靜正"，天地之間悉備者在是矣，此《易》所以廣大也。

右第六章。此章言《易》廣大配天地。

子曰：易其至矣乎！夫易，聖人所以崇德而廣業也。知崇禮卑，崇效天，卑法地。天地設位，而易行乎其中矣。成性存存，道義之門。

"子曰"二字，後人所加。窮理則知崇，如天而德崇；循理則禮卑，如地而業廣。蓋知識貴乎高明，踐履貴乎著實。崇效天，則與乾知太始者同其知，所謂"洋洋發育萬物，峻極于天"[1]者，皆其知之崇也。禮卑法地，則與坤作成物者同其能，所謂"優優大哉，三千三百"[2]者，皆其禮之卑也。天清地濁，知陽禮陰。天地設位，而知陽禮陰之道即行乎其中矣。"易"字即知、禮也。知、禮在人則謂之性，而所發則道義也。"門"者，言道義從此出也。○此言聖人以《易》而崇德廣業，見《易》之所以為至也。蓋六十四卦三百八十四爻，皆理之所在也。聖人以是理窮之于心，則識見超邁，日進于高明，而其知

---

[1]《中庸》："大哉聖人之道！洋洋乎，發育萬物，峻極于天。"
[2]《中庸》："優優大哉！禮儀三百，威儀三千。"

也崇；循是理而行，則功夫敦篤，日就于平實，而其禮也卑。崇效乎天，則崇之至矣，故德崇；卑法乎地，則卑之至矣，故業廣。所以然者，非聖人勉強效法乎天地也，蓋天地設位，而知陽禮陰之道已行乎其中矣。其在人也，則謂之成性，渾然天成，乃人之良知良能，非有所造作而然也，聖人特能存之耳。今聖人知崇如天，則成性之良知已存矣；禮卑如地，則成性之良能又存矣。存之又存，是以道義之得于心爲德，見于事爲業者，自然日新月盛，不期崇而自崇，不期廣而自廣矣。聖人崇德廣業以此。此《易》所以爲至也。

右第七章。此章言聖人以《易》崇德廣業，見《易》之所以至也。

聖人有以見天下之頤①，而擬諸其形容，象其物宜，是故謂之象。

"頤"者，口旁也，養也。人之飲食在口者，朝夕不可缺，則人事之至多者，莫多于口中日用之飲食也，故曰"聖人見天下之頤"。"賾②"蓋事物至多之象也，若以雜亂釋之，又犯了下面"亂"字，不如以口釋之，則于"厭惡"字親切。"擬諸形容"，乾爲圜，坤爲大輿之類；"象其物宜"，乾稱龍，坤稱牝馬之類。二"其"字皆指頤。

聖人有以見天下之動，而觀其會通，以行其典禮，繫辭焉以斷其吉凶，是故謂之爻。

"觀其會通"，全在"天下之動"上言，未著在《易》上去。"會"者，事勢之湊合難通者也，即"嘉會足以合禮""會"字。但嘉會乃嘉美之會，有善而無惡，此則有善惡于其間。"典禮"，即"合禮"之"禮"，蓋"通"即典禮所存，以事勢而言則曰"通"，以聖人常法而言則曰"典禮"。"典"者，常法也。"禮"即"天理"之節文也，如大禹揖遜與傳子，二者相湊合，此"會"也；然天下謳歌等皆歸之子，此"通"也。若復揖遜，不通矣，則傳子者乃"行其典禮"也。湯、武君與民二者相湊合，此"會"也；然生民塗炭，當救其民，順天應人，此"通"也。若順其君不救其民，不通矣，則誅君者乃"行其典禮"也。所以周公三百八十四爻，皆是"見天下之動，觀其會通以行其典

---

①頤：原作"賾"，虎林本、史念冲本作"頤"，據改。按：朝爽堂本于此節下有校語爲："頤字易作賾"，鄭燦本此節下有校語爲："賾字宜作頤"。考《繫辭》原文皆作"賾"，但據來氏《集註》文意，當做"頤"。後皆逕改，不出校。

②賾：據來氏上下文意，此處宜作"賾"。

禮",方繫辭以斷其吉凶。如剝卦五爻,陰欲剝陽,陰陽二者相湊合而難通者也,然本卦有"順而止之"之義,此"通"也,"合于典禮"者也,則繫"貫魚以宮人寵"之辭,無不利而吉矣。離卦四爻,兩火相接,下三爻炎上,上五爻又君位難犯,此二火湊合而難通者也,然本卦再無可通之處,此悖于典禮者也,則繫"死如棄如"之辭,無所容而凶矣。

言天下之至賾而不可惡也,言天下之至動而不可亂也。擬之而後言,議之而後動,擬議以成其變化。 惡,烏路反。

"言",助語辭。"惡",厭也。朝此飲食,暮此飲食,月此飲食,年此飲食,得之則生,不得則死,何嘗厭惡?既見天下之賾以立其象,是以不惟賾,雖"言天下之至賾而不可惡也";既見天下之動以立其爻,是以不惟動,雖"言天下之至動而不可亂也"。蓋事雖至賾而理則至一,事雖至動而理則至靜。故賾雖可惡,而象之理犁然當于心,則"不可惡"也;動雖可亂,而爻之理井然有條貫,則"不可亂"也。是以學《易》者比擬其所立之象以出言,則言之淺深詳略自各當其理;商議其所變之爻以制動,則動之仕止久速自各當其時。夫"變化"者,《易》之道也。既擬《易》後言,詳《易》後動,則語默動靜皆中于道,《易》之變化不在其《易》而成于吾身矣。故舉"鶴鳴"以下七爻皆"擬議"之事,以爲三百八十四爻之凡例云。

"鳴鶴在陰,其子和之。我有好爵,吾與爾靡之。"子曰:"君子居其室,出其言善,則千里之外應之,況其邇者乎?居其室,出其言不善,則千里之外違之,況其邇者乎?言出乎身,加乎民。行發乎邇,見乎遠。言行,君子之樞機,樞機之發,榮辱之主也。言行,君子之所以動天地也,可不慎乎?" 和,胡臥反。靡,音縻。行,下孟反。見,賢遍反。

釋中孚九二義。以此擬議于言行,亦如乾坤之《文言》也。但多錯簡,詳見後篇考定。"居室","在陰"之象。"出言","鶴鳴"之象。"千里之外應之","子和"之象。"言"者心之聲,"出乎身,加乎民"。"行"者心之迹,"發乎邇,見乎遠"。此四句,"好爵爾靡"之象。户以樞爲主,樞動而户之闢有明有暗,弩以機爲主,而弩之發或中或否,亦猶言之出、行之發有榮有辱也。應雖在人,而感召之者則在我,是彼爲賓而我爲主也,故曰"榮辱之主"。"動天地"者，言不特榮在我也，言行感召之和氣，足以致天地之祥；不特辱在我也，言行感召之乖氣，足以致天地之异。如景公發言善而熒惑退舍，東海孝婦含冤而三年不雨是也。言行一發，有榮有辱，推而極之，動天地者亦此，安得不慎？所以"擬議而後言動"者以此。

"同人，先號咷而後笑。"子曰："君子之道，或出或處，或默或語。二人同心，其利斷金。同心之言，其臭如蘭。"

釋同人九五爻義，以擬議于异同。《爻辭》本言始异終同，孔子則釋以迹异心同也。"斷金"者，物不能間也，言利刃斷物，雖堅金亦可斷，不能阻隔也。"如蘭"者，氣味之相投，言之相入，如蘭之馨香也。○同人以同爲貴，而乃言"號咷而後笑"者何也？蓋君子之出處語默，其迹迥乎不同矣。然自其心觀之，皆各適于義，成就一個是而已。迹雖不同而心則同，故物不能間，而言之有味，宜乎相信而笑也。

"初六，藉用白茅，无咎。"子曰："苟錯諸地而可矣，藉之用茅，何咎之有？慎之至也。夫茅之爲物薄，而用可重也。慎斯術也以往，其无所失矣。"

釋大過初六爻義，以擬議于敬慎錯置也。置物者不過求其安，今置之于地亦可以爲安矣，而又承藉之以茅，則益有憑藉，安得有傾覆之咎？故无咎者，以其慎之至也。夫茅之爲物，至薄之物也。今不以薄而忽之，以之而獲无咎之善，是其用則重矣。當大過之時，以至薄之物而有可用之重，此慎之之術也。慎得此術以往，百凡天下之事，又有何咎而失哉？孔子教人以慎術，即孟子教人以仁術。

"勞謙，君子有終，吉。"子曰："勞而不伐，有功而不德，厚之至也。語以其功下人者也。德言盛，禮言恭。謙也者，致恭以存其位者也。"

釋謙九三爻義，以擬議人之處功名。"勞"者，功之未成；"功"者，勞之已著。"不德"者，不以我有功而爲德也。"厚"者，渾厚不薄之意。"厚之至"，據其理而贊之，非言九三也。"語"者，言也。"以功下人"者，言厚之至不過以功下人也。以功下人，即勞而不伐，有功而不德也。"德"者，及人之德，即功勞也。德欲及人常有餘，禮欲視己常不足。"言"者，言從來如此説也。"勞謙"則兼此二者矣。○人臣以寵利居成功，所以鮮克有終。九三

"勞謙，君子有終，吉"者，何也？蓋人臣勞而不伐，有功而不德，此必器度識量有大過人者，故爲"厚之至"。夫"厚之至"者，不過言其以功下人耳，知此可以論九三矣。何也？蓋人之言德者必言盛，人之言禮者必言恭。今九三勞則德盛矣，謙則禮恭矣。德盛禮恭，本君子修身之事，非有心爲保其祿位而强爲乎此也。然"致恭"則人不與争勞争功，豈不永保斯位？所以"勞謙有終吉"者以此。

"亢龍有悔。"子曰："貴而无位，高而无民，賢人在下位而无輔，是以動而有悔也。"

重出。

"不出戶庭，无咎。"子曰："亂之所生也，則言語以爲階。君不密則失臣，臣不密則失身，幾事不密則害成，是以君子慎密而不出也。"

釋節初九爻義，以擬議人之慎言語。亂，即下文"失臣""失身""害成"也。"君不密"，如唐高宗告武后以"上官儀教我廢汝"是也。"臣不密"，如陳蕃乞宣臣章以示宦者是也。"幾"者事之始，"成"者事之終。始韓琦處任守忠之事，歐陽修曰"韓公必自有説"，此密幾事也。〇"不出戶庭，无咎"，何也？蓋亂之所生，皆言語以爲階。如君之言語不密則害及其臣，謀以弭禍而反以嫁禍于臣；臣之言語不密則害及于身，謀以除害而反得反噬之害。不特君臣爲然，凡天下之事，有關于成敗而不可告人者，一或不密則"害成"。言語者，一身之戶庭。"君子慎密""不出戶庭"者，以此。

子曰："作《易》者，其知盜乎？《易》曰：'負且乘，致寇至。'負也者，小人之事也。乘也者，君子之器也。小人而乘君子之器，盜思奪之矣。上慢下暴，盜思①伐之矣。慢藏誨盜，冶容誨淫。《易》曰：'負且乘，致寇至。'盜之招也。"

釋解六三爻義，以擬議小人竊高位。聖人作《易》以盡情僞，故言"知盜"。"思"者，雖未奪而思奪之也。"上慢"者，慢其上，不忠其君；"下暴"者，暴其下，不仁其民。四"盜"字皆言寇盜。"誨盜"之"盜"，活字，偷

---

①思：原作"斯"，史念冲本、朝爽堂本、鄭燦本作"思"，據改。

也；"冶"者，妖冶也，妝飾妖冶其容也。此二句皆指坎也。坎為盜，為淫，故蒙①卦言"見金夫不有躬"，又言"寇"也。"盜之招"，即"自我致戎②"。○作《易》者其知致盜之由乎？《易》曰："負且乘，致寇至。"夫負本小人之事，而乘則君子之名器，小人而乘君子之名器，盜必思奪之矣，何也？蓋小人竊位，必不忠不仁，盜豈不思奪而伐之？然奪伐雖由于盜，而致其奪伐者，實由自暴慢有以誨之，亦猶"慢藏誨盜、冶容誨淫"也。《易》之言，正招盜而誨之之意也。作《易》者不歸罪于盜，而歸罪于招盜之人，此所以知盜。

右第八章。此章自中孚至此，凡七，乃孔子擬議之辭，而為三百八十四爻之凡例，亦不外乎隨處以慎其言動而已，即七爻而三百八十四爻可類推矣。

天一，地二，天三，地四，天五，地六，天七，地八，天九，地十。

伏羲龍馬負圖，有一至十之數。人知《河圖》之數而不知天地之數，人知天地之數而不知何者屬天何者屬地，故孔子即是圖而分屬之。天陽，其數奇，故一、三、五、七、九屬天；地陰，其數偶，故二、四、六、八、十屬地。

天數五，地數五，五位相得而各有合。天數二十有五，地數三十，凡天地之數五十有五。此所以成變化而行鬼神也。

"天數五"者，一、三、五、七、九，其位有五也。"地數五"者，二、四、六、八、十，其位有五也。"五位"者，即五數也，言此數在《河圖》上下、左右、中央，天地各五處之位也。"相得"者，一對二，三對四，六對七，八對九，五與十對乎中央，如賓主對待相得也。"有合"者，一與六居北，二與七居南，三與八居東，四與九居西，五與十居中央，皆奇偶同居，如夫婦之陰陽配合也。"二十有五"者，一、三、五、七、九，奇之所積也；"三十"者，二、四、六、八、十，偶之所積也。變者化之漸，化者變之成。一、二、三、四、五居于《圖》之內者，生數也，化之漸也，變也；六、七、八、九、十居于《圖》之外者，成數也，變之成也，化也。"變化"者，數也，即下文"知變化之道"之"變化"也。"鬼神"，指下文卜筮而言，即下文"神德行"

---

① 蒙：原作"象"，史念冲本、朝爽堂本、鄭燦本作"蒙"，據改。
② 戎：原作"□"，據虎林本補。

"其知神之所爲"之鬼神也。故曰："卜筮者，先王所以使民信時日、敬鬼神也"①，非屈伸往來也。言"天地之數五十有五"，"成變化而鬼神行乎其間"，所以卜筮而知人吉凶也。故下文即言大衍之數，乾坤之策，四營成《易》也，何以爲生數成數。此一節，蓋孔子之圖説也，皆就《河圖》而言。《河圖》一、六居北爲水，故水生于一而成于六，所以一爲生數，六爲成數。生者即其成之端倪，成者即其生之結果。二、七居南爲火，三、八居東爲木，四、九居西爲金，五、十居中央爲土，皆與一、六同。

大衍之數五十，其用四十有九。分而爲二以象兩，挂一以象三，揲之以四以象四時，歸奇於扐以象閏。五歲再閏，故再扐而後挂。

"衍"與演同。演者廣也，衍者寬也，其義相同，言廣天地之數也。"大衍之數五十"者，蓍五十莖，故曰五十也。"其用四十有九"者，演數之法，必除其一，方筮之初，右手取其一策反于櫝中是也。"分二"者，中分其筮數之全，置左以半，置右以半，此則如兩儀之對待，故曰"以象兩"也。"挂"者，懸其一于左手小指之間也。"三"者，三才也。左爲天，右爲地，所挂之策象人，故曰"象三"。"揲之以四"者，間數之也，謂先置右手之策于一處，而以右手四四數左手之策；又置左手之策于一處，而以左手四四數右手之策，所以象春夏秋冬也。"奇"者，零也，所揲四數之餘也。"扐"者，勒也，四四之後必有零數，或一或二或三或四，左手者歸之于第四第三指之間，右手者歸之于第三第二指之間而扐之也。"象閏"者，以其所歸之餘策而象日之餘也。"五歲再閏"者，一年十二月，氣盈六日，朔虛六日，共餘十二日，三年則餘三十六日，分三十日爲一月，又以六日爲後閏之積，其第四第五年又各餘十二日，以此二十四日湊前六日，又成一閏，此是"五歲再閏"也。挂一當一歲，揲左當二歲，扐左則三歲一閏矣，又揲右當四歲，扐右則"五歲再閏"矣。"再扐而後挂"者，再扐之後，復以所餘之蓍合而爲一，爲第二變，再分再挂再揲也。獨言挂者，分二揲四皆在其中矣，此則象再閏也。

乾之策二百一十有六，坤之策百四十有四，凡三百有六十。當期之日。二

---

① 《禮記·曲禮上》："龜爲卜、筴爲筮者，先聖王之所以使民信時日，敬鬼神，畏法令也。"

篇之策，萬有一千五百二十，當萬物之數也。 期，音基。

"策"者，乾坤老陽老陰過揲之策數也。乾九坤六，以四營之，乾則四九三十六，坤則四六二十四。乾每一爻得三十六，則六爻得二百一十有六矣。坤每一爻得二十四，則六爻得百四十有四矣。當期之數者，當一年之數也。"當"者，適相當也，非以彼準此也。若以乾坤之策三百八十四爻總論之，陽爻百九十二，每一爻三十六，得六千九百一十二策；陰爻百九十二，每一爻二十四，得四千六百八策，合之萬有一千五百二十，"當萬物之數也"。

是故四營而成《易》，十有八變而成卦，八卦而小成。引而伸之，觸類而長之，天下之能事畢矣。顯道神德行，是故可與酬酢，可與祐神矣。子曰："知變化之道者，其知神之所爲乎！"

上文言數，此則總言卦筮引伸觸類之無窮也。"營"者，求也。"四營"者，以四而求之也。如老陽數九，以四求之則其策三十有六；老陰數六，以四求之則其策二十有四；少陽數七，以四求之則其策二十有八；少陰數八，以四求之則其策三十有二。陰陽老少，六爻之本，故曰"四營而成《易》"。"十有八變而成卦"者，三變成一爻，十八變則成六爻矣。"八卦"者，乾、坎、艮、震之陽卦，巽、離、坤、兌之陰卦也。言聖人作《易》止有此八卦，亦不過"小成"而已，不足以盡天下之能事也。惟引此八卦而伸之成六十四卦，如乾爲天，天風姤；坤爲地，地雷復之類。觸此八卦之類而長之，如乾爲天爲圜，坤爲地爲母之類，則吉凶趨避之理悉備于中，"天下之能事畢矣"。"能事"者，下文"顯道神德行""酬酢""祐神"所能之事也。"道"者，吉凶、消長、進退、存亡之道，即天下能事之理。"德行"者，趨避之見于躬行實踐，即天下能事之迹。道隱于無，不能以自顯，惟有筮卦之辭，則其理昭然于人，不隱于茫昧矣；德滯于有，不能以自神，惟人取決于筮，則趨之避之，民咸用以出入，莫測其機緘矣。惟其"顯道神德行"，則受命如嚮，可以酬酢萬變，如賓主之相應對，故"可與酬酢"；神不能自言吉凶與人，惟有蓍卦之辭，則代鬼神之言，而祐助其不及，故"可與祐神"。不惟明有功于人，而且幽有功于神，天下之能事豈不畢？"變化"者，即上文蓍卦之變化也。兩在不測，人莫得而知之，故曰"神"。言此數出于天地，天地不得而知也；模寫于蓍卦，聖人不得

而知也，故以"神"贊之。"子曰"二字，後人所加也。

右第九章。此章言天地蓍卦之數，而贊其爲神也。

《易》有聖人之道四焉：以言者尚其辭，以動者尚其變，以制器者尚其象，以卜筮者尚其占。

《易》之爲道，不過辭、變、象、占四者而已。"以"者，用也。"尚"者，取也。"辭"者，《彖辭》也，如"乾元亨利貞"是也，問焉而以言者尚之，則知其元亨，知其當利于貞矣。"變"者，爻變也。"動"者，動作營爲也。"尚變"者，主于所變之爻也。"制器"者，結繩網罟之類是也。"尚象"者，網罟有離之象是也。"占"者，占辭也，卜得"初九潛龍"，則尚其"勿用"之占是也。

是以君子將有爲也，將有行也，問焉而以言，其受命也如嚮。无有遠近幽深，遂知來物。非天下之至精，其孰能與於此？ 嚮，去聲。

此"尚辭"之事。"問"，即命也。"受命"者，受其問也。"以言"二字，應"以言者尚其辭"，謂發言處事也，未有有爲、有行而靜默不言者。"嚮"者，向也，即"嚮明而治"之"嚮"也，言如彼此相向之近，而受命親切也。遠而天下後世，近而瞬夕戶階，幽則其事不明，深則其事不淺。"來物"，未來之吉凶也。"精"者，潔淨精微也。○君子將有爲有行，問之于《易》，《易》則受其問，如對面問答之親切，以決未來之吉凶，遠近幽深無不周悉。非其辭之至精，孰能與此？故"以言者尚其辭"。

參伍以變，錯綜其數。通其變，遂成天地之文。極其數，遂定天下之象。非天下之至變，其孰能與於此？

此"尚變""尚象"之事。"參伍""錯綜"皆古語。三人相雜曰"參"，五人相雜曰"伍"。"參伍以變"者，此借字以言蓍之變，乃分揲挂扐之形容也。蓋十八變之時，或多或寡，或前或後，彼此相雜，有參伍之形容，故以參伍言之。"錯"者，陰陽相對，陽錯其陰，陰錯其陽也。如伏羲《圓圖》乾錯坤，坎錯離，八卦相錯是也。"綜"，即今織布帛之綜，一上一下者也，如屯、蒙之類，本是一卦，在下則爲屯，在上則爲蒙，載之文王《序卦》者是也。"天地"二字，即陰陽二字。"成文"者，成陰陽老少之文也。蓋奇偶之中有陰陽，純雜之中有老少，陽之老少即天之文，陰之老少即地之文。"物相雜，故曰文"，即此文也。"定天下之象"者，如乾坤相錯，則乾馬坤牛之類各有其象，震艮相綜，則震雷艮山之類各有其象是也。"變"者象之未定，"象"者變之已成。故象與變二者不離，蓍卦亦不相離，故參伍言蓍，錯綜言卦，所以十一章言"圓而神"即言"方以知"也。○參伍其蓍之變，錯綜其卦之數，通之極之而成文成象，則奇偶老少不滯于一端，內外貞悔不膠于一定，而變化無窮矣。非天下之至變，其孰能與于此？故"以動者尚其變，以制器者尚其象"。

《易》，无思也，无爲也，寂然不動，感而遂通天下之故。非天下之至神，其孰能與於此？

此言"尚占"之事。《易》者，卜筮也。蓍乃草，無心情之物，故曰"無思"。龜雖有心情，然無所作爲，故曰"無爲"。無心情，無作爲，則寂然而靜，至蠢不動之物矣，故曰"寂然不動"。"感"者，人問卜筮也。"通天下之故"者，知吉凶禍福也。此"神"字即是"興神物"之神。上節就聖人辭上說，故曰"精"，就蓍卦形容上說，故曰"變"。此章著與龜上說，乃物也，故曰"神"。○凡天下之物，有思有爲，其知識才能超出于萬物之表者，方可以通天下之故也。今蓍龜無思無爲，不過一物而已，然方感矣而遂能通天下之故，未嘗遲回于其間，非天下之至神乎？所以以卜筮者尚其占，觀下文"唯神也"三字可見。

夫《易》，聖人所以極深而研幾也。唯深也，故能通天下之志。唯幾也，故能成天下之務。唯神也，故不疾而速，不行而至。子曰"《易》有聖人之道四焉"者，此之謂也。

"極深"者，究極其精深也，探賾索隱，鈎深致遠，通神明之德，類萬物之情，知幽明、死生、鬼神之情狀是也。"研幾"者，研審其幾微也，履霜而知堅冰之至，剝足而知蔑貞之凶之類是也。唯精故"極深"，未有極深而不至精者；唯變故"研幾"，未有知幾而不通變者。"通天下之志"，即發言、處事、受命如嚮也；"成天下之務"，即舉動、制器、成文、成象也。"不疾"不行，即"寂然不動"；"而速"而至，即"感而遂通天下之故"也。○總以辭、變、象、占四者論之，固至精、至變、至神矣。然所謂"精"者，以聖人極其深

也,惟深也,故至精而能通天下之志;所謂"變"者,以聖人之研其幾也,惟幾也,故至變而能成天下之務,蓍龜"無思無爲",則非聖人之"極深研幾"矣,惟神而已;惟"神"也,故"寂然不動,感而遂通天下之故","不疾而速,不行而至"也。夫至精、至變、至神,皆聖人之道,而《易》之辭、變、象、占有之,故"《易》謂有聖人之道四"者,因此謂之四也。

右第十章。此章論《易》有聖人之道四。

子曰:"夫《易》何爲者也?夫《易》開物成務,冒天下之道,如斯而已者也。"是故聖人以通天下之志,以定天下之業,以斷天下之疑。

"何爲"者,問辭也。"如斯而已"者,答辭也。"物",乃"遂知來物"之"物",吉凶之實理也。"開物"者,人所未知者開發之也。"務"者,趨避之事,爲人所欲爲者也。"成"者,成就也。"冒天下之道"者,天下之道悉覆冒包括于卦爻之中也。"以"者,以其易也。《易》"開物",故物理未明,《易》則明之,"以通天下之志";《易》"成務",故事業未定,《易》則定之,"以定天下之業";《易》"冒天下之道",故志一通而心之疑決,業一定而事之疑決,"以斷天下之疑"。

是故蓍之德圓而神,卦之德方以知,六爻之義易以貢。聖人以此洗心,退藏於密,吉凶與民同患。神以知來,知以藏往,其孰能與於此哉?古之聰明叡知,神武而不殺者夫。"神已知來""知"字,平聲,餘皆去聲。易,音亦。與,音預。夫,音符。

"圓"者,蓍數七七四十九,象陽之圓也。變化無方,開于未卦之先,可知來物,故"圓而神"。"方"者,卦數八八六十四,象陰之方也。爻位各居,定于有象之後,可藏往事,故"方以知"。《易》者,一圓一方,交易變易,屢遷不常也。"貢"者,獻也,以吉凶陳獻于人也。"洗心"者,心之名也。聖人之心無一毫人欲之私,如江漢以濯之,又神,又知,又應變無窮,具此三者之德,所以謂之"洗心",猶《書》言"人心""道心",《詩》言"遐心",以及赤心、古心、機心,皆其類也,非心有私而洗其心也。"退藏于密"者,此心未發也。"同患"者,同患其吉當趨、凶當避也。凡吉凶之幾,兆端已發,將至而未至者曰"來";吉凶之理,見在于此,一定而可知者曰"往"。"知來"

者，先知也；"藏往"者，了然蘊畜于胸中也。"孰能與于此"者，問辭也。"古之聰明"二句，答辭也。人自畏服，不殺之殺，故曰"神武"。○"蓍之德圓而神"，筮以求之，遂知來物，所以能開物也；"卦之德方以知"，率而揆之，具有典常，所以能成務也；"六爻之義易以貢"，吉凶存亡，辭無不備，所以能冒天下之道也。聖人未畫卦之前，已具此三者洗心之德，則聖人即蓍卦六爻矣。是以方其無事而未有吉凶之患，則三德與之而俱寂，退藏于密，鬼神莫窺，則蓍卦之無思無爲寂然不動也；及其吉凶之來與民同患之時，則聖人洗心之神自足以知來，洗心之智自足以藏往，隨感而應，即蓍卦之感而遂通天下之故也。此則用神而不用蓍，用智而不用卦，無卜筮而知吉凶，孰能與于此哉？惟古之聖人聰明睿智，具蓍卦之理而不假于蓍卦之物，猶神武自足以服人，不假于殺伐之威者，方足以當之也。此聖人之心《易》，乃作《易》之本。

是以明于天之道，而察于民之故，是興神物以前民用。聖人以此齋戒，以神明其德夫。

"天道"者，陰陽剛柔，盈虛消長，自有吉凶，其道本如是也。"民故"者，愛惡情僞，相攻相感，吉凶生焉，此其故也。"神物"者，蓍龜也。"興"者，起而用之，即"齋戒以神明其德"也。"前民用"，即通志、成務、斷疑也，卜筮在前，民用在後，故曰"前"。"齋戒"者，敬也。蓍龜之德，無思無爲，寂然不動，感而遂通天下之故，乃天下之至神者，故曰"神明"。聖人不興起而敬之，百姓褻而弗用，安知其神明？聖人敬之，則蓍龜之德本神明，而聖人有以神明其德矣。○聖人惟其聰明睿智，是以明于天之道而察于民之故。恐人不知天道民故之吉凶所當趨避也，于是"是興神物以前民用"，使其當趨則趨，當避則避。又恐其民之褻也，聖人敬而信之，以神明其德，是以民皆敬信而神明之，前民用而民用不窮矣。

是故闔戶謂之坤，闢戶謂之乾。一闔一闢謂之變，往來不窮謂之通。見乃謂之象，形乃謂之器，制而用之謂之法，利用出入，民咸用之謂之神。

二氣之機，靜藏諸用、動顯諸仁者，《易》之乾與坤也。二氣之運，推遷不常、相續不窮者，《易》之變與通也。此理之顯於其迹，呈諸象數、涉諸聲臭者，《易》之象與器也。此道修於其教，垂憲示人，百姓不知者，《易》之法

與神也。乃者二氣之理也。○聖人明于天之道而察于民之故，固興神物以前民用矣。百姓見《易》之神明，以爲《易》深遠而難知也，而豈知《易》亦易知哉？① 是故《易》有乾坤，有變通，有形象，有法神，即今取此户譬之。户一也，闔之則謂之坤，闢之則謂之乾。又能闔又能闢，一動一静，不膠固于一定，則謂之變。既闔矣而復闢，既闢矣而復闔，往來相續不窮，則謂之通。得見此户，則涉于有迹，非無聲無臭之可比矣，則謂之象。既有形象，必有規矩方圓，則謂之器。古之聖人，制上棟下宇之時即有此户，則謂之法度。利此户之用，一出一入，百姓日用而不知，則謂之神。即一户，而《易》之理已在目前矣，《易》雖神明，豈深遠難知者哉？

是故《易》有太極，是生兩儀，兩儀生四象，四象生八卦，八卦定吉凶，吉凶生大業。

"太極"者，至極之理也。理寓于象數之中，難以名狀，故曰太極。"生"者，加一倍法也。"兩儀"者，畫一奇以象陽，畫一偶以象陰，爲陰陽之儀也。"四象"者，一陰之上加一陰爲太陰，加一陽爲少陽，一陽之上加一陽爲太陽，加一陰爲少陰，陰陽各自老少，有此四者之象也。"八卦"者，四象之上，又每一象之上各加一陰一陽爲八卦也。曰八卦，即六十四卦也。下文"昔者包犧氏之王天下也，始作八卦，以通神明之德，以類萬物之情"，曰"神明""萬物"，則天地間無所不包括矣。如乾爲天爲圜，坤爲地爲母之類是也。故六十四卦不過八卦變而成之，如乾爲天，天風姤，坤爲地，地雷復之類是也。若邵子八分十六，十六分三十二，三十二分六十四，不成其説矣。"定"者通天下之志，"生"者成天下之務。蓋既有八卦，則剛柔迭用，九六相推，時有消息，位有當否，故"定吉凶"。吉凶既定，則吉者趨之，凶者避之，變通盡利，鼓舞盡神，故"生大業"。若無吉凶利害，則人謀盡廢，大業安得而生？

是故，法象莫大乎天地，變通莫大乎四時；縣象著明莫大乎日月，崇高莫大乎富貴；備物致用、立成器以爲天下利，莫大乎聖人；探賾索隱，鈎深致遠，以定天下之吉凶，成天下之亹亹者，莫大乎蓍龜。縣，音玄。

---

① 而豈知《易》亦易知哉：原作"而豈終不易知哉"，據朝爽堂本、鄭燦本改。

天成象，地效法之，故曰"法象"。萬物之生，有顯有微，皆法象也，而莫大乎天地。萬化之運，終則有始，皆變通也，而莫大乎四時。天文煥發，皆懸象著明者，而莫大乎日月。崇高以位言，貴爲天子，富有四海是也。物，天地之所生者，備以致用，如服牛乘馬之類是也；器，乃人之所成者，立成器以爲天下利，舟楫網罟之類是也。凡天地間器物，智者創之，巧者述之，如蔡倫之紙，蒙恬之筆，非不有用有利也，但一節耳，故莫大乎聖人。事爲之太多者曰"賾"，事幾之幽僻者曰"隱"，理之不可測度者曰"深"，事之不可驟至者曰"遠"。"探"者討而理之，"索"者尋而得之，"鈎"者曲而取之，"致"者推而極之。四字雖不同，然以蓍龜探之、索之、鈎之、致之，無非欲定吉凶昭然也。"亹亹"者，勉勉不已也。吉凶既定，示天下以從違之路，人自勉勉不已矣。此六者之功用皆大也，聖人欲借彼之大以形容蓍龜之大，故以蓍龜終焉。與《毛詩》比體相同。○上文闔戶一節，以易之理比諸天地間一物之小者，然豈特小者爲然哉？至于天地間至大之功用亦有相同者。何也？蓋《易》有太極，是生兩儀，兩儀生四象，四象生八卦，八卦定吉凶，吉凶生大業，是大業也，所以成天下之亹亹者也。試以天地之大者言之，是故法象莫大乎天地，變通莫大乎四時，懸象著明莫大乎日月，崇高莫大乎富貴，備物致用、立成器以爲天下利莫大乎聖人，此五者皆天地間至大莫能過者也。若夫探賾索隱，鈎深致遠，以定天下之吉凶，成天下之亹亹，以生其大業者，則莫大乎蓍龜。夫以小而同諸一物之小，大而同諸天地功用之大，此《易》所以冒天下之道也。

　　是故天生神物，聖人則之。天地變化，聖人效之。天垂象，見吉凶，聖人象之。河出圖，洛出書，聖人則之。《易》有四象，所以示也。繫辭焉，所以告也。定之以吉凶，所以斷也。

　　"神物"者，蓍龜也。"天變化"者，日月寒暑，往來相推之類；"地變化"者，山峙川流，萬物生長凋枯之類。"吉凶"者，日月星辰、纏次循度、晦明薄蝕也。"四象"者，天生神物之象，天地變化之象，垂象吉凶之象，《河圖》、《洛書》之象也。○《易》之爲道，小而一戶，大而天地、四時、日月、富貴、聖人，無有不合，《易》誠"冒天下之道"矣。《易》道如此，豈聖人勉強自作哉？蓋《易》之爲書，不過辭、變、象、占四者而已。故《易》有占，非聖人

自立其占也，天生神物有自然之占，聖人則之以立其占；《易》有變，非聖人自立其變也，天地變化有自然之變，聖人效之以立其變；《易》有象，非聖人自立其象也，天垂象見吉凶，有自然之象，聖人象之以立其象；《易》有辭，非聖人自立其辭也，河出圖，洛出書，有自然之文章，聖人則之以立其辭。因天地生此四象，皆自然而然，所以示聖人者至矣。聖人雖繫之以辭，不過因此四象，繫之以告乎人而已；雖定之以吉凶，不過因此四象，定之以決斷其疑而已，皆非聖人勉強自作也。學《易》者能居則觀象玩辭，動則觀變玩占，《易》雖冒天下之道，道不在《易》而在我矣。

右第十一章。此章言《易》開物成務，冒天下之道，然皆出于天地自然而然，非聖人勉強自作也。

《易》曰：“自天祐之，吉无不利。”子曰：“祐者，助也。天之所助者，順也。人之所助者，信也。履信思乎順，又以尚賢也。是以‘自天祐之，吉无不利’也。”

釋大有上九爻義。天人一理，故言天而即言人。天之所助者，順也，順則不悖于理，是以天祐之；人之所助者，信也，信則不欺乎人，是以人助之。六五以順信居中，上九位居六五之上，是“履信”也。身雖在上，比乎君而心未常不在君，是“思乎順”也。“上賢”與大畜“剛上而尚賢”同，言聖人在上也。上九“履信思順”，而六五又“尚賢”，此所以“自天祐之，吉无不利”也。上九居天位，天之象。應爻居人位，人之象。離中虛，信之象。中坤土，順之象。變震動，思之象。震爲足，上九乘乎五，履之象。

子曰：“書不盡言，言不盡意。”然則聖人之意，其不可見乎？子曰：“聖人立象以盡意，設卦以盡情僞，繫辭焉以盡其言，變而通之以盡利，鼓之舞之以盡神。”

書本所以載言，然書有限，不足以盡無窮之言；言本所以盡意，然言有限，不足以盡無窮之意。“立象”者，伏羲畫一奇以象陽，畫一偶以象陰也。立象，則大而天地，小而萬物，精及無形，粗及有象，悉包括于其中矣。本于性而善者情也，拂乎性而不善者僞也。僞則不情，情則不僞，人之情僞萬端，非言可盡，即卦中之陰陽淑慝也。既立其象，又設八卦，因而重之爲六十四，以觀爰惡之相攻，遠近之相取，以盡其情偽。文王、周公又慮其不能觀象以得意也，故又隨其卦之大小、象之失得憂虞，繫之辭以盡其言。使夫人之觀象玩占者，又可因言以得意，而前聖之精蘊益以闡矣。"盡意""盡情偽""盡言"，皆可以為天下利，又恐其利有所未盡，於是教人于卜筮中觀其卦爻所變，即"動則觀其變而玩其占"也。由是即其所占之事而行之通達，即通變之謂事也，下文"化裁推行"是也，則其用不窮而足以盡利矣。因變得占以定吉凶，則民皆無疑而行事不倦，如以鼓聲作舞容，鼓聲疾舞容亦疾，鼓聲不已而舞容亦不已，自然而然，不知其孰使之者，所謂"盡神"也。"盡利"者，聖人立象設卦之功；"盡神"者，聖人繫辭之功。"子曰"，宜衍其一。○書不盡言，言不盡意。然則聖人之意終不可見乎？蓋聖人仰觀俯察，見天地之陰陽，不外乎奇偶之象也，于是立象以盡意。然獨立其象，則意中之所包猶未盡也，于是設卦以盡意中情偽之所包。立象設卦不繫之以辭，則意中之所發猶未昭然明白也，于是繫辭以盡其意中之所發。立象、設卦、繫辭，《易》之體已立矣，于是教人卜筮，觀其變而通之，則有以成天下之務而其用不窮，足以盡意中之利矣。由是斯民鼓之舞之，以成天下之亹亹，而其妙莫測，足以盡意中之神矣。至此意斯無餘蘊，而聖人憂世覺民之心方于此乎遂也。

乾坤，其《易》之緼耶？乾坤成列，而《易》立乎其中矣。乾坤毀則无以見《易》，《易》不可見，則乾坤或幾乎息矣。

"易"者，《易》書也。"緼"者，衣中所著之絮也。"乾坤，其《易》之緼者"，謂乾坤緼于《易》六十四卦之中，非謂《易》緼于乾坤兩卦之中也。"成列"者，一陰一陽對待也。既有對待，自有變化。"毀"，謂卦畫不立。"息"，謂變化不行。蓋《易》中所緼者，皆九六也。爻中之九皆乾，爻中之六皆坤，九六散布于二篇而為三百八十四爻，則乾坤成列而《易》之本立乎其中矣。《易》之所以為《易》者，乾九坤六之變易也，故九六毀不成列，九獨是九，六獨是六，則無以見其為《易》。《易》不可見，則獨陽獨陰不變不化，乾坤之用息矣。乾坤未嘗毀，未嘗息，特以爻畫言之耳。乾坤即九六，若不下個"緼"字，就說在有形天地上去了。

是故形而上者謂之道，形而下者謂之器，化而裁之謂之變，推而行之謂之

通，舉而措之天下之民謂之事業。

　　道、器不相離。如有天地，就有太極之理在裏面；如有人身此軀體，就有五性之理藏于此軀體之中。所以孔子分形上、形下，不離"形"字也。裂布曰裁。田鼠化爲駕，周宣王時馬化爲狐，化意自見矣。"化而裁之"者，如一歲裁爲四時，一時裁爲三月，一月裁爲三十日，一日裁爲十二時是也。"推行"者，將已裁定者推行之也。如《堯典》分命羲和等事，是化而裁之，至"敬授人時"，則推行矣。通者，達也，如乾卦當潛而行潛之事，則潛爲通，如行見之事則不通矣；當見而行見之事，則見爲通，如行潛之事則不通矣。"事"者業之方行，"業"者事之已著。此五"謂"言天地間之正理。聖人之教化禮樂刑賞，皆不過此理。至于下文六"存"，方説卦爻。不然，下文"化而裁之"二句説不去矣。蓋"謂"者，名也；"存"者，在也。上文言"化而裁之""名"之曰變，下文言"化而裁之在①乎其變"，字意各不同。説道理由精而及于粗，故曰"形而上者謂之道"；説卦爻由顯而至于微，故曰"默而成之存乎德行"。〇陰陽之象，皆形也。"形而上者"，超乎形器之上，無聲無臭，則理也，故謂之"道"；"形而下者"，則囿于形器之下，有色有象，止于形而已，故謂之"器"。以是形而上下，化而裁之則謂之"變"，推而行之則謂之"通"。及舉此變通措之天下之民，則所以變所以通者，皆成其事業矣，故謂之"事業"。此畫前之《易》也，與卦爻不相干。

　　是故夫象，聖人有以見天下之賾，而擬諸其形容，象其物宜，是故謂之象。聖人有以見天下之動，而觀其會通，以行其典禮，繫辭焉以斷其吉凶，是故謂之爻。

　　重出以起下文。

　　極天下之賾者存乎卦，鼓天下之動者存乎辭，化而裁之存乎變，推而行之存乎通，神而明之存乎其人，默而成之，不言而信，存乎德行。

　　"極"，究也。"賾"，多也。天地萬物之形象，千態萬狀，至多而難見也，卦之象莫不窮究而形容之，故曰"極天下之賾者存乎卦"。"鼓"，起也。"動"，

---

①此"在"字应是"存"字之誤。

酬酢往來也。天地萬物之事理，酬酢往來，千變萬化，至動而難以占決也，爻之辭莫不發揚其故以決斷之，故曰"鼓天下之動者存乎辭"。卦即象也，辭即爻也。化裁者，教人卜筮，觀其卦爻所變。如乾初爻一變，則就此變化而以理裁度之，爲"潛龍勿用"；乾卦本"元亨利貞"，今曰"勿用"，因有此變也，故曰"存乎變"。"通"者，行之通達，不阻滯也。裁度已定，當推行矣。今當"勿用"之時，遂即"勿用"，不泥于本卦之"元亨利貞"，則行之通達不阻滯矣，故曰"存乎通"。"神"者運用之莫測，"明"者發揮之極精，下文"默而成之，不言而信"是也。無所作爲謂之"默"，曰"默"，則不假諸"極天下之賾"之卦矣。見諸辭說之謂"言"，曰"不言"，則不託諸"鼓天下之動"之辭矣。"成"者，我自成其變通之事也；"信"者，人自信之如蓍龜也。與"奏假無言，時靡有争"[①]同意。○極天下之賾者存乎卦之象，鼓天下之動者存乎爻之辭，此卦此辭，化而裁之存乎其變，推而行之存乎其通。此本諸卦辭，善于用《易》者也。若夫不本諸卦辭，神而明之，則又存乎其人耳。蓋有所爲而後成，有所言而後信，皆非神明。惟默而我自成之，不言而人自信之，此則生知安行，聖人之能事也，故曰"存乎德行"。故有造化之《易》，有《易》書之《易》，有在人之《易》。德行者，在人之《易》也。有德行以神明之，則《易》不在造化，不在四聖，而在我矣。

右第十二章。此章論《易》書不盡言，言不盡意，而歸重于德行也。

[①]《詩·商頌·烈祖》："鬷假無言，時靡有争。"《中庸》引作"奏假無言，時靡有争"。

梁山來知德先生易經集注卷之十四

平山後學崔華重訂　　男巒齊、岱齊、嚞齊同校

繫辭下傳

八卦成列，象在其中矣。因而重之，爻在其中矣。剛柔相推，變在其中矣。繫辭焉而命之，動在其中矣。吉凶悔吝者，生乎動者也。剛柔者，立本者也。變通者，趣時者也。重，直龍反。

"八卦"，以卦之橫圖言。"成列"者，乾一、兌二、離三、震四，陽在下者列於左；巽五、坎六、艮七、坤八，陰在下者列于右。"象"者，八卦形體之象，不特天地雷風水火山澤之象，凡天地所有之象無不具在其中也。"因而重之"者，三畫上復加三畫，重乾重坤之類也。陽極于六，陰極于六，因重成六畫，故有六爻。"八卦成列"二句言三畫八卦，"因而重之"二句言六畫八卦。至"剛柔相推"，言六十四卦，如乾爲天，乾下變一陰之巽，二陰之艮，三陰之坤，是剛柔相推也。"繫辭"者，繫六十四卦三百八十四爻之辭也。"命"者，命其吉凶悔吝也。"動"者，人之動作營爲，即趨吉避凶也。《易》六十四卦三百八十四爻，不過一剛一柔九六而已。《易》有九六，是爲之本，無九六則以何者爲本？故曰"立本"。《易》窮則變，變則通，不變則不通。有一卦之時，有一爻之時，時之所在，理之所當然，勢不得不然。"趣"者，向也。○伏羲八卦成列，雖不言象，然既成八卦而文王之象已在卦之中矣。伏羲八卦雖無爻，然既重其六，而周公六爻已在重之中矣。六十四卦，剛柔相推，雖非占卜卦爻之變，而卦爻之變已在其中矣。各繫以辭，雖非其動，然占者值此爻之

辭，則即玩此爻以動之，而動即在其中矣。"繫辭以命而動在其中"者，何也？蓋吉凶悔吝皆辭之所命也，占者由所命之辭而動，當趨則趨，當避則避，則動罔不吉。不然，則凶悔吝隨之矣。吉凶悔吝生乎其動，動以辭顯，故"繫辭以命而動在其中"矣。"剛柔相推而變在其中"者，何也？蓋剛柔者立本者也，變通者趣時者也，有剛柔以立其本，而後可變通以趣其時，使無剛柔，安能變通？變通由于剛柔，故"剛柔相推而變在其中"矣。

吉凶者，貞勝者也。天地之道，貞觀者也。日月之道，貞明者也。天下之動，貞夫一者也。觀，去聲。夫，音扶。

"貞"者，正也。聖人一部《易經》皆利于正，蓋以道義配禍福也，故爲聖人之書。術家獨言禍福，不配以道義，如此而詭遇獲禽則曰吉，得正而斃焉則曰凶，京房、郭璞是也。"勝"者，勝負之勝，言惟正則勝，不論吉凶也。如富與貴可謂吉矣，如不以其道得之，不審乎富貴，吉而凶者也；貧與賤可謂凶矣，如不以其道得之，能安乎貧賤，凶而吉者也。負乘者致其寇，舍車者賁其趾，季氏、陽貨之富貴，顏回、原憲之貧賤，凡殺身成仁，舍生取義，"過涉滅頂"，皆貞勝之意也。"觀"者，垂象以示人也。"道"者，天地日月之正理，即太極也。"一"者，無欲也，無欲則正矣。孔子祖述堯舜者，祖述其精一也，故曰"吾道一以貫之"，又曰"所以行之者一也"，又曰"天下之動，貞夫一者也"。三"一"字皆同。孔子沒，後儒皆不知"一"字之義，獨周濂溪一人知之，故某不得已，又作《入聖功夫字義》。○吉凶者，以貞而勝，不論其吉凶也。何也？天地有此正理而觀，故無私覆，無私載；日月有此正理而明，故無私照。天地日月且如此，而況于人乎？故天下之動，雖千端萬緒，惟"貞夫一"。能無欲則貞矣，有欲必不能貞。惟貞，則吉固吉，凶亦吉。正大光明，與天地之貞觀、日月之貞明皆萬古不磨者也，豈論其吉凶哉？

夫乾，確然示人易矣。夫坤，隤然示人簡矣。爻也者，效此者也。象也者，像此者也。爻象動乎內，吉凶見乎外，功業見乎變，聖人之情見乎辭。見，賢遍反。

"確然"，健貌。"隤然"，順貌。天惟有此貞一，故確然示人以易。地惟有此貞一，故隤然示人以簡。聖人作《易》，爻也者不過效此貞一而作，象也者

不過像此貞一而立，使不效像乎此，則聖人之《易》與天地不相似矣。此爻此象方動于卦之中，則或吉或凶即呈于卦之外，而功業即因變而見矣。"功業"者，成務定業也。因變而見，即"變而通之以盡利"也。若聖人之辭，不過于爻象之中，因此貞一而繫之以辭也①，蓋教人不論吉凶，以貞勝而歸于一者，此則聖人繫辭覺民之心情也，故曰"情"。

天地之大德曰生，聖人之大寶曰位。何以守位？曰仁。何以聚人？曰財。理財正辭，禁民爲非，曰義。

"大德"者，"易簡貞一"之大德也。"生"者，天主生物之始，地主生物之成也。"大寶"者，聖人必居天位方可行天道，是位者乃所以成參贊之功者也，故曰"大寶"。"聚人"者，内而百官，外而黎庶也。"理財"者，富之也，九賦、九式之類是也。"正辭"者，教之也，教之以正也，三物、十二教之類是也。"禁非"者，既道之以德，又齊之以刑，五刑、五罰之類是也。仁義者，貞一之理也。○天地有此貞一之大德，惟以生物爲心，故無私覆，無私載。聖人居大寶之位而與天地參，是以守其位，而正位凝命也，則以仁，曰仁即天地貞一之大德也；居其位，而理財正辭禁非也，則曰義，曰義即天地貞一之大德也。仁以育之，義以正之，有此貞一無私之大德，所以與天地參也。《易》之爲書，辭、變、象、占專教人以貞勝而歸于一者，以此。《上繫》首章舉天地易簡知能之德，而繼之以聖人之成位，見聖人有以克配乎天地，此作《易》之原，《易》之體也；《下繫》首章舉天地易簡貞一之德，而繼之以聖人之仁義，見聖人有以參贊乎天地，此行《易》之事，易之用也。

右第一章。此章論《易》而歸之于貞一。

古者包犧氏之王天下也，仰則觀象于天，俯則觀法于地，觀鳥獸之文與地之宜。近取諸身，遠取諸物，於是始作八卦，以通神明之德，以類萬物之情。

"法"，法象也。天之象，日月星辰也；地之法，山陵川澤也。"鳥獸之文"，有息者根於天，飛走之類也。"地之宜"，無息者根于地，草木之類也，如《書》言兗之漆、青之枲、徐之桐是也。非高黍下稻也。伏犧時尚鮮食，安

---

① 也：虎林本亦作"也"，史念冲本、朝爽堂本、鄭燦本作"而已"。

得有此？"近取諸身"，氣之呼吸、形之頭足之類也。"遠取諸物"，鱗介羽毛、雌雄牝牡之類也。"通"者，理之相會合也。"類"者，象之相肖似也。"神明之德"，不外健順動止八者之德。"萬物之情"，不外天地雷風八者之情。德者陰陽之理，情者陰陽之迹。德精而難見，故曰"通"；情粗而易見，故曰"類"。○包犧氏之王天下也，仰觀俯察，與鳥獸之文，與①地之宜，近取諸身，遠取諸物。見得天地間一對一待，成列於兩間者，不過此陰陽也；一往一來，流行于兩間者，不過此陰陽也。于是畫一奇以象陽，畫一偶以象陰，因而重之，以爲八卦，以通神明之德，以類萬物之情。

作結繩而爲網罟，以佃以漁，蓋取諸離。 罟，音古。佃，音田。

離卦中爻爲巽，繩之象也。網以佃，罟以漁，離爲目，網罟之兩目相承者似之。離德爲麗，網罟之物麗于中者似之。蓋取諸離者，言繩爲網罟，有離之象，非睹離而始有此也。教民肉食，自包犧始。自此至"結繩而治"，有取諸卦象者，有取諸卦義者。

包犧氏沒，神農氏作，斫木爲耜，揉木爲耒，耒耜之利，以教天下，蓋取諸益。 斫，陟角反。耜，音似。耒，力對反。耨，奴豆反。

耒耜者，今之犁也。"耜"者，耒之首，斫木使銳而爲之，今人加以鐵錞，謂之犁頭。"耒"者，耜之柄，揉木使曲而爲之。二體皆木，上入下動，中爻坤土，木入土而動，耒耜之象。教民粒食，自神農始。

日中爲市，致天下之民，聚天下之貨，交易而退，各得其所，蓋取諸噬嗑。

離日在上，"日中"之象。中爻艮爲徑路，震爲大塗，又爲足，"致民"之象。中爻坎水艮山，群珍所出，"聚貨"之象。又震錯巽，巽爲市利三倍，爲市聚貨之象。震動，"交易"之象。巽爲進退，"退"之象。艮止，"各得其所"之象。此噬嗑之象也。且天下之人，其業不同，天下之貨，其用不同，今不同者皆于市而合之，以其所有易其所無，各得其所，亦猶物之有間者嗑而合之，此噬嗑之義也。

神農氏沒，黄帝、堯、舜氏作，通其變，使民不倦，神而化之，使民宜之。

①與：虎林本、史念冲本、朝爽堂本、鄭燦本作"并"。

《易》窮則變，變則通，通則久，是以自天祐之，吉無不利。黃帝、堯、舜垂衣裳而天下治，蓋取諸乾坤。

　　陽極則必變于陰，陰極則必變于陽，此"變"也。陽變于陰則不至于亢，陰變于陽則不至于伏，此"通"也。陽而陰，陰而陽，循環無端，所以能久。是以聖人之治天下，民之所未厭者，聖人不強而去之；民之所未安者，聖人不強而行之。如此變通，所以"使民不倦"。不然，民以爲紛更，安得不倦？由之而莫知其所以然者，"神"也。以漸而相忘于不言之中者，"化"也。"神而化之"，所以使民宜之。不然，民以爲不便，何宜之有？○犧農之時，民樸俗野。至黃帝、堯、舜時，風氣漸開，時已變矣。三聖知時當變也而通其變，使天下之人皆歡忻鼓舞，趨之而不倦，所以然者，非聖人有以強之也，亦神而化之而已。惟其神而化之，故天下之民安之以爲宜。惟其宜之，故趨之而不倦也。蓋天地之理數，窮則變，變則通，通則久。犧農之時，人害雖消而人文未著，衣食雖足而禮義未興。故黃帝、堯、舜惟垂上衣下裳之制，以明尊卑貴賤之分，而天下自治者，以窮則變，是以神而化之，與民宜之也。"蓋取諸乾坤"者，乾坤之理亦變化無爲，此乾坤之義也。乾坤之體亦上衣下裳之尊卑，此乾坤之象也。

　　刳木爲舟，剡木爲楫，舟楫之利，以濟不通，句。**致遠**，句。**以利天下，蓋取諸渙**。刳，口姑反。剡，以冉反。

　　"以濟不通"，句絕。"致遠"，句絕。"刳"者，剖而使空也。刳木中虛，可以載物。"剡"者，斬削也。剡木末銳，可以進舟。"濟不通"者，橫渡水也，與"濟人溱洧"①"濟"字同。溪澗江河，或東西阻絕，或南北阻絕，皆不通也。"致遠"者，長江天②遠，不能逆水而上，不能放流而下，皆不能致遠也。今有舟楫，則近而可以濟不通，遠而可以致遠，均之爲天下則矣。"濟不通"，即下文"引重"之列。"致遠"，即下文"致遠"之列。"蓋取諸渙"者，下坎水，上巽木，中爻震動，木動于水上，"舟楫"之象也。且天下若無舟楫，不惟民不能彼此往來，雖君臣上下亦阻絕而不能往來，天下皆渙散矣。乘木有

---

①《孟子·離婁下》："子產聽鄭國之政，以其乘輿濟人於溱洧。"
②天：虎林本、史念冲本亦作"天"，朝爽堂本、鄭燦本作"大"。

功，以濟其渙，此渙之義也。

服牛乘馬，引重致遠，以利天下，蓋取諸隨。

上古牛未穿，此則因其性之順，穿其鼻，馴而服之。上古馬未絡，此則因其性之健，絡其首，駕而乘之。中爻巽爲繩，艮爲鼻，又爲手，震爲足，"服之乘之"之象也。震本坤所變，坤爲牛，一奇畫在後者，陽實而大，"引重"之象也。兌本乾所變，乾爲馬，一偶畫在前者，大道開張，"致遠"之象也。牛非不可以致遠，曰"引重"者，爲其力也；馬非不可以引重，曰"致遠"者，爲其敏也。"蓋取諸隨"者，人欲服牛，牛則隨之而服；人欲乘馬，馬則隨之而乘。人欲引重則隨之而引重，人欲致遠則隨之而致遠，動靜行止，皆隨人意，此隨之義也。

重門擊柝，以待暴客，蓋取諸豫。

中爻下艮爲門，上震綜艮，又爲門，是兩門矣，"重門"之象也。震動善鳴，有聲之木，"柝"之象也。艮爲守門閽人，中爻坎爲夜，艮又爲手，"擊柝"之象也。坎爲盜，"暴客"之象也。上古外戶不閉，至此建都立邑，其中必有官職府庫，故設重門以禦之，擊柝以警之，以待暴客。豫者，逸也，又備也。謙輕而豫怠，逸之意也。恐逸豫，故豫備。

斷木爲杵，掘地爲臼，臼杵之利，萬民以濟，蓋取諸小過。

中爻兌爲毀拆，"斷"與"掘"之象也。上震木，下艮土，"木"與"地"之象也。大象坎陷，臼舂之象也。"萬民以濟"者，前此雖知粒食，而不知脫粟，萬民得此杵臼，治米極其精，此乃小有所過而民用以濟者也。

弦木爲弧，剡木爲矢，弧矢之利，以威天下，蓋取諸睽。

弧，弓也。弦木使曲，剡木使銳。中爻坎木堅，離木稿，兌爲毀拆，"弦木剡木"之象也。坎爲弓矢，離爲戈兵，又水火相息，皆有征伐之意，所以既濟、未濟皆伐鬼方。"弧矢"，"威天下"之象也。所以威天下者，以其睽乖不服也，故取諸睽。

上古穴居而野處，後世聖人易之以宮室，上棟下宇，以待風雨，蓋取諸大壯。

"棟"，屋脊木也。"宇"，橑也。棟直承而上，故曰"上棟"。宇兩垂而下，

故曰"下宇"。二陰在上，雷以動之，又中爻兌爲澤，"雨"之象也。兌綜巽，"風"之象也。四陽相比，壯而且健，"棟宇"之象。大過四陽相比，故亦言棟。"大壯"者，壯固之義也。

古之葬者，厚衣之以薪，葬之中野，不封不樹，喪期无數，後世聖人易之以棺椁，蓋取諸大過。

"衣之以薪"，蓋覆之以薪也。"葬之中野"，葬之郊野之土中也。"不封"者，無土堆而人不識也。本卦象坎，爲隱伏，"葬"之象也。中爻乾，爲衣，"厚衣"之象也。巽爲木，"薪"之象也，"棺"之象也。乾爲郊，郊外，"中野"之象也。巽爲入，兌錯艮爲手，又爲口，木上有口，以手入之，"入棺"之象也。"大過"者，過于厚也。小過養生，大過送死，惟送死可以當大事，故取大過。

上古結繩而治，後世聖人易之以書契，百官以治，萬民以察，蓋取諸夬。

"結繩"者，以繩結兩頭，中割斷之，各持其一，以爲他日之對驗也。"結繩而治"，非君結繩而治也，言當此百姓結繩之時，爲君者于此時而治也。"書"，文字也，言有不能記者，書識之。"契"，合約也，事有不能信者，契驗之。百官以此書契而治，百官不敢欺；萬民以此書契而察，萬民不敢欺。"取夬"者，有書契則考核精詳，稽驗明白，亦猶君子之決小人，小人不得以欺矣。兌綜巽爲繩，"繩"之象也。乾爲言，錯坤爲文，言之有文，"書契"之象也。

右第二章。通章言制器尚象之事。網罟耒耜所以足民食，交易舟車所以通民財，弦弓門柝所以防民患，杵臼以利其用，衣裳以華其身，宮室以安其居，棺椁以送其死，所以爲民利用安身、養生送死無遺憾矣。然百官以治，萬民以察，卒歸之夬之書契者，蓋器利用便則巧偽生，聖人憂之，故終之以夬之書契焉。上古雖未有《易》之書，然造化人事本有《易》之理，故所作事暗合《易》書，正所謂畫前之《易》也。

是故易者，象也。象也者，像也。彖者，材也。爻也者，效天下之動者也。是故吉凶生而悔吝著也。

"是故"二字，承上章取象而言。木挺曰"材"，材，幹也。一卦之材，即卦德也。天下之動，紛紜輵轕，或出或處，或默或語，大而建侯行師，開國承家，小而家人婦子，嘻嘻嗃嗃，其變態不可盡舉。"效"者，效力也，獻也，與"川岳效靈""效"字同，發露之意，言有一爻之動，即有一爻之變，周公于此一爻之下即繫之以辭而效之，所謂"六爻之義易以貢"也。"生"者，從此而生出也。"著"者，自微而著見也。吉凶在事本顯，故曰生；悔吝在心尚微，故曰著。"悔"有改過之意，至于吉則悔之著也；"吝"有文過之意，至于凶則吝之著也。原其始而言，吉凶生于悔吝；要其終而言，則悔吝著而爲吉凶也。○《易》卦者，寫萬物之形象之謂也，舍象不可以言《易》矣。"象也者，像也"，假象以寓理，乃事理彷彿近似而可以想像者也，非造化之貞體也。"彖"者，象之材也，乃卦之德也。"爻"者，效天下之動者也。象之變也，乃卦之趣時也。是故伏羲之《易》，惟像其理而近似之耳。至于文王有《彖》以言其材，周公有《爻》以效其動，則吉凶由此而生，悔吝由此而著矣。而要之，皆據其象而已，故舍象不可以言《易》也。若學《易》者不觀其象，乃曰"得意在忘象，得象在忘言"，正告子所謂"不得于言，勿求於心"者也。若舍此象，止言其理，豈聖人作《易》，前民用以教天下之心哉？

右第三章。①

陽卦多陰，陰卦多陽，其故何也？陽卦奇，陰卦偶。其德行何也？陽一君而二民，君子之道也。陰二君而一民，小人之道也。

震、坎、艮爲陽卦，皆一陽二陰。巽、離、兌爲陰卦，皆一陰二陽。"陽卦奇，陰卦偶"者，言陽卦以奇爲主，震、坎、艮皆一奇，皆出于乾之奇，震以一索得之，坎以再索得之，艮以三索得之，三卦皆出于乾之奇，所以雖陰多亦謂之陽卦；陰卦以偶爲主，巽、離、兌皆一偶，皆出于坤之偶，巽以一索得之，離以再索得之，兌以三索得之，三卦皆出于坤之偶，所以雖陽多亦謂之陰卦。陰雖二畫，止當陽之一畫。若依舊注，陽卦皆五畫，陰卦皆四畫，其意以陽卦陽一畫、陰四畫也，陰卦陽二畫、陰二畫也。若如此，則下文陽一君二民，非二民乃四民矣，陰二君一民，非一民乃二民矣。蓋陰雖二畫，止對陽之一畫，故陽謂奇，陰謂偶，所以説"一陰一陽之謂道"。"德行"兼善惡，與上文

---

①朝爽堂本、鄭燦本此下有"總是言象"四字。

"故"字相對。"何也"與上文"何也"相對。陽爲君，陰爲民，一君二民乃天地之常經，古今之大義，如唐虞三代，海宇蒼生"罔不率俾"是也，故爲"君子之道"。二君一民，則政出多門，車書無統，如七國爭雄是也，故爲"小人之道"。○陽卦宜多陽而反多陰，陰卦宜多陰而反多陽，其故何也？蓋以卦之奇偶論之，陽以奇爲主，震、坎、艮三卦之奇皆出于乾，三男之卦，故爲陽卦；陰以偶爲主，巽、離、兌三卦之偶皆出于坤，三女之卦，故爲陰卦。若以德行論之，陽一君而二民，君子之道也，震、坎、艮皆一君而二民，正合君子之道，故陽卦多陰；陰二君而一民，小人之道也，巽、離、兌皆二君而一民，正合小人之道，所以陰卦多陽。

右第四章。

《易》曰："憧憧往來，朋從爾思。"子曰："天下何思何慮？天下同歸而殊塗，一致而百慮，天下何思何慮？"

此釋咸九四爻，亦如《上傳》擬議之事，下數節仿此。慮不①出于心之思，但慮則思之深爾。"同歸而殊塗"者，同歸于理而其塗則殊。"一致而百慮"者，一致于數而其慮則百。因"殊"故言"同"，因"百"故言"一"。"致"者，極也，送詣也，使之至也。言人有百般思慮，皆送至于數，有數存焉，非人思慮所能爲也，正所謂"莫之致而至者，命也"②。以"塗"言之，如父子也，君臣也，夫婦也，朋友也，長幼也，如此之塗接乎其身者甚殊也。然父子有親之理，君臣有義之理，夫婦有別之理，朋友有信之理，長幼有序之理，使父子數者之相感，吾惟盡其理而已，有何思慮？以"慮"言之，如富貴也，貧賤也，夷狄③也，患難也，如此之慮起乎其心者有百也。然"素富貴行乎富貴，素貧賤行乎貧賤，素夷狄行乎夷狄④，素患難行乎患難"⑤，如使富貴數者之相感，吾惟安乎其數而已，有何思慮？下文則言造化理物有一定自然之數，吾身有一定自然之理，而吾能盡其理安其數，則窮神知化而德盛矣。

---

①不：虎林本、史念冲本亦作"不"，朝爽堂本、鄭燦本作"亦"。
②見《孟子·萬章上》。
③夷狄：原作"□□"，據虎林本補。
④二"夷狄"原作"□□"，據虎林本補。
⑤見《中庸》。

日往則月來，月往則日來，日月相推而明生焉。寒往則暑來，暑往則寒來，寒暑相推而歲成焉。往者屈也，來者信也，屈信相感而利生焉。尺蠖之屈，以求信也；龍蛇之蟄，以存身也。信，音申。

以造化言之，一晝一夜相推而明生，一寒一暑相推而歲成。成功者退，謂之屈；方來者進，謂之信。一往一來，一屈一信，循環不已，謂之"相感"。"利"者，功也，日月有照臨之功，歲序有生成之功也。應時而往，自然而往；應時而來，自然而來，此則造化往來相感一定之數，惟在乎氣之自運而已，非可以思慮而往也，非可以思慮而來也。以物理言之，屈者乃所以為信之地，不屈則不能信矣，故曰"求"。必蟄而後存其身以奮發，不蟄則不能存身矣。應時而屈，自然而屈；應時而信，自然而信，此則物理相感一定之數，惟委乎形之自然而已，非可以思慮而屈也，非可以思慮而信也，正所謂"一致而百慮"也。造化物理，往來屈信，既有一定之數，則吾惟安其一致之數而已，又何必"百慮"而"憧憧往來"哉？

精義入神以致用也，利用安身以崇德也。

"精"者，明也，擇也，專精也，即"惟精惟一"之"精"，言無一毫人欲之私也。"義"者，吾性之理，即五倫仁義禮知信之理也。"入神"者，精義之熟，手舞足蹈皆其義，"從心所欲不逾矩"，莫知其所以然而然也。"致用"者，詣于其用，出乎身發乎邇也；"利用"者，利于其用，加乎民見乎遠也。"安身"者，身安也，心廣體胖，四體不言而喻也。惟利于其用，無所處而不當，則此身之安自無入而不自得矣。既利用安身，則吾身之德，自不覺其積小高大矣。○以吾身言之，精研其義至于入神，非所以求致用也，而自足以為出而致用之本。利其施用，無適不安，非所以求崇德也，而自足以為入而崇德之資。致者自然而致，崇者自然而崇，此則吾身內外相感一定之理也，正所謂"同歸而殊塗"也。故天下之塗雖有千萬之殊，吾惟盡同歸之理，精義入神以致用，利用安身以崇德而已，又何必論其"殊塗"而"憧憧往來"哉？

過此以往，未之或知也。窮神知化，德之盛也。

"過此"者，過此安一致之數，盡同歸之理也。"以往"者，前去也。"未之或知"者，言不知也。言相感之道，惟當安數盡理，如此功夫，過此則無他

術、無他道也。故同歸之理，窮此者，謂之"窮神"；一致之數，知此者謂之"知化"。能窮之、知之，則不求其德之盛而德之盛也無以加矣，又何必"憧憧往來"也哉？"天下何思何慮"者正以此。蓋盡同歸之理是樂天功夫，神以理言，故言"窮"；安一致之數是知命功夫，化以氣言，故言"知"。理即仁義禮知之理，氣即吉凶禍福之氣。內而精義入神，已有德矣，外而利用安身，又崇其德，內外皆德之盛，故總言"德之盛"。崇字即盛字，非崇外別有盛也。一部《易經》，說數即說理。

　　《易》曰："困於石，據於蒺藜，入於其宮，不見其妻，凶"。子曰："非所困而困焉，名必辱。非所據而據焉，身必危。既辱且危，死期將至，妻其可得見邪？"

　　釋困六三爻義。"非所困"者，在我非所困也。"非所據"者，在人非所據也。欲前進以榮其身，不得其榮，是求榮而反辱也，故"名必辱"。欲後退以安其身，不得其安，是求安而反危也，故"身必危"。辱與危，死道也，故不見妻。

　　《易》曰："公用射隼于高墉之上，獲之无不利。"子曰："隼者，禽也。弓矢者，器也。射之者，人也。君子藏器于身，待時而動，何不利之有？動而不括，是以出而有獲，語成器而動者也。"

　　釋解上六爻義。此孔子別發一意，與解悖不同。"括"字乃孔子就本章弓矢上取來用，蓋矢頭曰鏃，矢末曰括。括與筈同，乃箭筈也，管弦處也，故《書》曰"若虞機張，往省括于度則釋"。"括"有四義：結也，至也，檢也，包也。《詩》"日之夕矣，牛羊下括"，至之義也。《楊子》：或問士，曰："其中也弘深，其外也肅括"①，檢之義也。《過秦論》"包括四海"，包之義也。此則如坤之"括囊"，取閉結之義。動而不閉結，言動則不遲疑滯拘，左之左之，右之右之，無不宜之，有之②資深逢原之意也。○"隼者，禽也。弓矢者，器也。射之者，人也。"君子負濟世之具于身，而又必待其時。時既至矣，可動則

---

①見《揚子法言·修身》："或問：'士何如斯可以徒身？'曰：'其爲中也弘深，其爲外也肅括，則可以徒身矣。'"

②之：虎林本、史念冲本亦作"之"，朝爽堂本、鄭燦本無"之"字。

動，何不利之有？蓋濟世之具在我，則"動而不括"，此所以"出而有獲"，无所不利也。《易》曰"公用射隼于高墉之上，獲之无不利"者，正言器已成矣而後因時而動也。

子曰："小人不耻不仁，不畏不義，不見利不勸，不威不懲，小懲而大誡，此小人之福也。"《易》曰："履校滅趾，无咎。"此之謂也。

釋噬嗑初九爻義。可耻者莫如不仁，小人則甘心不仁；可畏者莫如不義，小人則甘心不義。利以動之而後爲善，曰勸者，即勸其爲仁爲義也；威以制之而後去惡，曰懲者，即懲其不仁不義也。故小有懲于前，大有誡于後，此則小人之福也。不然，不仁不義，不勸不懲，積之既久，罪大而不可解矣，何福之有？《易》曰"履校滅趾，无咎"者，正此止惡于未形，小懲大誡，爲小人之福之意也。

善不積不足以成名，惡不積不足以滅身。小人以小善爲无益而弗爲也，以小惡爲无傷而弗去也，故惡積而不可掩，罪大而不可解。《易》曰："何校滅耳，凶。"

釋噬嗑上九爻義。惟惡積而不可掩，故罪大而不可解。"何校滅耳，凶"者，積惡之所致也。

子曰："危者，安其位者也。亡者，保其存者也。亂者，有其治者也。是故君子安而不忘危，存而不忘亡，治而不忘亂，是以身安而國家可保也。《易》曰：'其亡其亡，繫于苞桑。'"

釋否九五爻義。安危以身言，存亡以家言，治亂以國言，所以下文曰"身安而國家可保也"。危者自以爲位可恒安者也，亡者自以爲存可恒保者也，亂者自以爲治可恒有者也，惟安其位，保其存，有其治，則志得意滿，所以危亡而亂矣，唐之玄宗、隋之煬帝是也。《易》教人"易者使傾"，正此意。

子曰："德薄而位尊，知小而謀大，力小而任重，鮮不及矣。《易》曰：'鼎折足，覆公餗，其形渥，凶'。言不勝其任也。"知，音智。勝，音升。

釋鼎九四爻義。德所以詔爵，智所以謀事，力所以當任。"鮮不及"者，鮮不及其禍也。

子曰："知幾其神乎？君子上交不諂，下交不瀆，其知幾乎！幾者動之微，

吉之先見者也。君子見幾而作，不俟終日。《易》曰：'介于石，不終日，貞吉。'介如石焉，寧用終日？斷可識矣。君子知微知彰，知柔知剛，萬夫之望。"

釋豫六二爻義。"諂"者，諂諛①，附冰山、吠村莊②者也。"瀆"者，瀆慢也。不知其幾，如劉、柳交叔文，竟陷其黨是也。"斷可識"者，斷可識其不俟終日也。豫卦獨九四"大有得"，蓋爻之得時者。初與四應，交乎四者也；三與四比，亦交乎四者也，皆諂于其四矣。獨二隔三，不與四交，上交不諂者也。初六"鳴豫凶"，不正者也。二與之比，二中正，不瀆慢，"下交不瀆"者也。"動之微"，即先見，知微知彰也。本卦止一剛，初柔四剛，"知柔知剛"也。聖人之言皆有所據，"知幾其神"與"知微知彰"三句皆是贊辭。○"幾"者，人之所難知，能知人之所不能知，故曰"神"。君子之交人，上下之間不諂不瀆者，以其有先見之明，懼其禍之及己也，故知幾惟君子。何也？蓋幾者，方動之始，動之至微，良心初發，吉之先見者也。若溺于物欲，非初動之良心，延遲不決，則不能見幾，禍已及己，見其凶而不見其吉矣。惟君子見此幾即作而去，不俟終日。然見此幾之君子豈易能哉？必其操守耿介，修身反己，無一毫人欲之私者，方可能之。《易》曰："介于石，不終日，貞吉。"夫以耿介如石之不可移易，則知之之明，去之之決，斷可以識其不俟終日矣。蓋天下之事，有微有彰，人之處事，有柔有剛，人知乎此，方能見幾也。今君子既知其微，又知其彰，既知其所以柔，又知其所以剛。四者既知，則無所不知矣。所以爲萬夫之望而能見幾也，故贊其"知幾其神"。

子曰："顏氏之子，其殆庶幾乎？有不善未嘗不知，知之未嘗復行也。《易》曰：'不遠復，无祇悔，元吉。'"

釋復初九爻義。"殆"者，將也。"庶"，近也。"幾"者，動之微，吉之先見者也，即下文"有不善未嘗不知"也。言顏氏之子其將近于知幾乎，知之未嘗復行，故不貳過。

---

① 諛：原作"諛"，史念冲本、朝爽堂本、鄭燦本作"諛"，據改。
② 吠村莊：指前宋趙師𨏉媚韓侂胄事。侂胄嘗與客飲南園，師𨏉與焉。過山莊竹籬茅舍，曰："此真田舍景，但欠雞鳴犬吠耳。"少焉，有犬嗥叢薄間，視之，乃師𨏉也。侂胄大悅，益親愛之。

"天地絪縕，萬物化醇，男女搆精，萬物化生。《易》曰：'三人行則損一人，一人行則得其友。'言致一也。"

釋損六三爻義。"絪"，麻綫也；"縕"，綿絮也，借字以言天地之氣纏綿交密之意。"醇"者，凝厚也，本醇酒，亦借字也。天地之氣本虛，而萬物之質則實。其實者乃虛氣之化而凝，得氣成形，漸漸凝實，故曰"化醇"。男女乃萬物之男女、雌雄、牝牡，不獨人之男女也。男女乃父母，萬物皆男女之所生也。以卦象言，地在中爻，上下皆无，有天將地纏綿之象，故曰天地絪縕。以二卦言，少男在上，少女在下，男止女悦，有男女構精之象，故以天地男女并言之。"致"與"喪致乎哀""致"字同，專一也。陰陽兩相與則專一，本卦六爻應與皆陰陽相配，故曰"致一"。○天地絪縕，氣交也，專一而不二故曰醇；男女構精，形交也，專一而不二，故化生。夫天地男女，兩也，絪縕構精，以一合一，亦兩也，所以成化醇化生之功。《易》曰"三人行則損一人，一人行則得其友"者，正以損一人者兩也，得其友者兩也，兩相與則專一，若三則雜亂矣，豈能成功？所以《爻辭》言"損一得友"者，以此。

子曰："君子安其身而後動，易其心而後語，定其交而後求。君子修此三者，故全也。危以動，則民不與也。懼以語，則民不應也。无交而求，則民不與也。莫之與，則傷之者至矣。《易》曰：'莫益之，或擊之，立心勿恒，凶。'" "易其"之"易"，以豉反。

釋益上九爻義。"安其身"者，身無愧怍也，危則行險矣；"易其心"者，坦蕩蕩也，懼則長戚戚矣。以道義交，則淡以成，故定；以勢利交，則甘以壞，故無交。"修"者，安也，易也，定也。修此三者，則我體益之道全矣，故不求益而自益。若缺其一，則立心不恒，不能益矣。"全"對"缺"言。"民"者，人也。上"與"字，"黨與"之"與"。下"與"字，"取與"之"與"。"莫之與"，即上文"民不與、不應""不與"也。"傷之"者，即擊之也。安也，易也，定也，皆立心之恒，故曰"立心勿恒，凶"。

右第五章。

子曰："乾坤其易之門邪？"乾，陽物也。坤，陰物也。陰陽合德而剛柔有體，以體天地之撰，以通神明之德。

"門"者，物之所從出者也。陰陽二卦，六十四卦，三百八十四爻皆其所從出，故爲《易》之門。有形質曰物，一奇象陽，一偶象陰，則有形質矣。以二物之德言，則陰與陽合，陽與陰合，而其情相得。以二物之體言，則剛自剛，柔自柔，而其質不同。"以"者，用也。"撰"者，述也。"天地之撰"，天地雷風之類也，可得見者也。"德"者，理也。"神明之德"，健順動止之類也，不可測者也。可得見者，《易》則以此二物體之；不可測者，《易》則以此二物通之。形容曰"體"，發越曰"通"。

其稱名也，雜而不越，於稽其類，其衰世之意邪？

一卦有一卦之稱名，一爻有一爻之稱名，或言物象，或言事變，可謂至雜矣。然不過"體天地之撰，通神明之德"而已，二者之外未嘗有逾越也。但稽考其體之、通之之類，如言"龍戰于野"，"入于左腹，獲明夷之心"，如此之類，似非上古民淳俗朴、不識不知之語也。意者衰世民僞日滋，所以聖人說此許多名物事類出者，亦不得已也。

夫《易》，彰往而察來，而微顯闡幽。開而當名辨①物，正言斷辭則備矣。

"彰往"者，明天道之已然也。陰陽消息，卦爻之變象有以彰之。"察來"者，察人事之未然也。吉凶悔吝，卦爻之占辭有以察之。日用所爲者顯也，《易》則推其根于理數之幽以微之，使人敬慎而不敢慢。百姓不知者幽也，《易》則就其事爲之顯以闡之，使人洞曉而無所疑。"開而當名辨物"者，各開六十四卦所當之名，以辨其物，如乾馬坤牛、乾首坤足之類，不使之至于混淆也。"正言斷辭"者，所斷之辭吉則正言其吉，凶則正言其凶，無委曲無回避也。如是則精及無形，粗及有象，無不備矣。曰"備"者，皆二物有以體其撰、通其德也，此其所以備也。

其稱名也小，其取類也大，其旨遠，其辭文，其言曲而中，其事肆而隱。因貳以濟民行，以明失得之報。

"牝馬""遺音"之類，卦之稱名者小也。"負乘""喪第"之類，爻之稱名小者也。"肆"，陳也。"貳"者，副也。有正有副，猶兩也。言既小又大，

---

①辨：原作"辯"，史念沖本、朝爽堂本、鄭燦本作"辨"，據改。

既遠又文，既曲又中，既肆又隱，不滯于一邊，故名爲"貳"。"失得"者，吉凶也。"報"者，應也。○《易》辭纖細無遺，其稱名小矣。然無非陰陽之理，默寓乎中，而取類又大，天地、陰陽、道德、性命，散見于諸卦爻之中，其旨遠矣。然其辭昭然有文，明白顯然以示人，而未常遠也。卦爻之言委曲婉轉謂之"曲"，曲則若昧正理矣，然曲而中乎典禮，正直而不私焉。敘事大小本末極其詳備謂之"肆"，肆則若無所隱矣，然理貫于大小本末之中，顯而未必不隱焉。因此"貳"則兩在莫測，無方無體矣，宜乎濟斯民日用之所行，以明其吉凶之應也。曰"濟"者，皆二物有以體其撰、通其德，此其所以濟也。夫《易》皆二物體其撰、通其德，則乾坤不其《易》之門耶！

右第六章。此章言乾坤爲《易》之門。

《易》之興也，其于中古乎？作《易》者，其有憂患乎？

《易》之興，指《周易》所繫之辭。《易》乃伏羲所作，然無其辭，文王已前不過爲占卜之書而已。至文王始有《彖辭》，教人以反身修德之道，則《易》書之著明而興起者，自文王始也。因受羑里之難，身經乎患難，故所作之《易》無非處患難之道。下文九卦，則人所用以免憂患之道也。

是故履，德之基也。謙，德之柄也。復，德之本也。恒，德之固也。損，德之修也。益，德之裕也。困，德之辯也。井，德之地也。巽，德之制也。

"德"者，行道而有得于身也。"履"者，禮也，吾性之所固有。德爲虛位而禮有實體，修德以禮，則躬行實踐之間有所依據，亦猶室之有基址矣，故爲"德之基"。"柄"者，人之所執持者也。人之盈滿者必喪厥德，惟卑己尊人，小心畏義，則其德日積，亦猶物之有柄而爲人所執持矣，故爲"德之柄"。人性本善，其不善者蔽于物欲也。今知自反不善而"復"于善，則善端萌蘖之生，自火燃泉達，萬善從此充廣，亦猶木之有根本，而枝葉自暢茂矣，故爲"德之本"。然有德在我，使不常久，則雖得之必失之，故所守恒久則長久而堅固，故"恒者德之固"也。君子修德必去其所以害德者，如或忿欲方動，則當懲窒，損而又損，以至于無，此乃修身之事，故曰"損者德之修"也。君子之進德必取其有益于德者，若見善而覺己之有過，則遷善改過以自益，故曰"益者德之裕"也，"裕"者，充裕也。人處平常不足以見德，惟處困窮，出處語

默之間，辭受取與之際，最可觀德。困而亨則君子，窮斯濫則小人，故爲"德之辨"。"井"靜深有本而後澤及于物，人涵養所畜之德，必如井而後可施及于人也，故爲"德之地"。"巽"既順于理，又其巽入細微，事至則隨宜斷制，故爲"德之制"。此九卦，無功夫，無次第。〇此言九卦爲修德之具也。聖人作《易》固有憂患矣，然聖人之憂患惟修其德而已。聖人修德雖不因憂患而修，然卦中自有修德之具，如履、謙、復、恒、損、益、困、井、巽乃德之基、之柄、之本、之固、之修、之裕、之辨、之地、之制，蓋不必六十四卦，而九卦即爲修德之具矣。

　　履，和而至。謙，尊而光。復，小而辨于物。恒，雜而不厭。損，先難而後易。益，長裕而不設。困，窮而通。井，居其所而遷。巽，稱而隱。易，以豉反。長，知丈反。稱，去聲。

　　禮順人情，故和。和無森嚴之分則不至矣，然節文儀則皆天理精微之極至也，"和而至"，此履之才德所以極其善也。謙以自卑則不尊矣，謙以自晦則不光矣，今謙自卑而人①尊，自晦而愈光，"尊而光"，此謙之才德所以極其善也。暗昧而小者則必不能辨物矣，今復一陽居于群陰暗昧之下，雖陰盛陽微，以一陽之小而能知辨其五陰皆爲物欲，所以反其不善以復其善，"小而辨物"，此復之才德所以極其善也。事至而雜來者則必至于厭矣，恒則雖處輵轕之地，而常德如一日，"雜而不厭"，此恒之才德所以極其善也。凡事之難者則必不易矣，損則懲忿窒欲，雖克己之最難，然習熟之久，私意漸消，其後則易，"先難後易"，此損之才德所以極其善也。凡事之長裕者則必至于設施造作矣，益則日知其所亡，月無忘其所能，可謂長裕矣，然非助長也，"長裕而不設"，此益之才德所以極其善也。身之窮者則必不通矣，困則身窮而道通，"窮而又通"，此困之才德所以極其善也。人居其所者則必不能遷矣，井雖居其所而不動，然泉脉流通，日遷徙而常新，"居其所而遷"，此井之才德所以極其善也。輕重適均之謂稱，稱則高下之勢，人皆得而見之，則必不能隱矣，巽則能順其理，因時以稱其宜，然其性入而伏，則又形迹之不露，"稱而隱"，此巽之才德所以極其善也。此正言九卦才德之善，以見其能爲修德之具也。言履"和而至"，所以爲

---

①人：虎林本、史念冲本亦作"人"，朝爽堂本、鄭燦本作"愈"。

德之基，若和而不至，不可以爲德之基矣。下八卦仿此，此一節"而"字與《書經》九德"而"字同。①

履以和行，謙以制禮，復以自知，恒以一德，損以遠害，益以興利，困以寡怨，井以辨義，巽以行權。"和行"之"行"，下孟反。遠，袁萬反。

"以"者，用也。"行"者，日用所行之行迹也。人有禮則安，無禮則危，禮以和之，使之揆之理而順，即之心而安，無乖戾也。"制"者，制服之意。禮太嚴截然不可犯，謙以制之，則和而至矣。履即禮，非有別禮也。但上天下澤乃生定之禮，生定之禮本有自然之和，人之行禮若依其太嚴之體，不免失之亢，故用謙以制之則和矣。"自知"者，善端之復，獨知之地也。德不常則二三，常則始終惟一，時乃日新矣。興利者遷善改過，則日益高明，馴至美大聖神矣，何利如之？"井以辨義"者，井泉流通，日新不已，遷徙于義。非能辨義，安能遷徙？所以用井以辨之。"巽以行權"者，如湯、武之放伐，乃行權也。然順乎天，即巽順乎理也；又應乎人，皆同心同德，東征西怨，南征北怨，是即巽之能相入也。若離心離德，安得謂之相入？所以巽順乎理又能相入，方能行權。〇上一節言九卦爲修德之具，以"之"字發明之。中一節言九卦之才德，以"而"字發明之。此一節言聖人用九卦以修德，以"以"字發明之。是故行者，吾德所行之行迹也，恐其失于乖，則用"履"以和之；禮者，吾德之品節也，恐其失于嚴，則用"謙"以制之；擇善者，吾身修德之始事也，則用"復以自知"而擇之；固執者，吾身修德之終事也，則用"恒以一德"而守之；人欲者，吾德之害也，則用"損"以遠之；天理者，吾德之利也，則用"益"以興之；不知其命之當安，未免怨天，非所以修德也，則用"困"以寡之；不知性之當盡，不能徙義，非所以修德也，則用"井"以辨之；然此皆言修德之常經也，若有權變不可通常經者，則用"巽"以行之。能和行，能制禮，能自知，能一德，能遠害，能興利，能寡怨，能辨義，能行權，則知行并進，動靜交修，經事知宜，變事知權，此九卦所以爲德之基、之柄、之本、之固、之修、之裕、之辨、之地、之制也。以此修德，天下有何憂患不可處哉？

---

①《書·虞書·皋陶謨》："皋陶曰：'寬而栗，柔而立，愿而恭，亂而敬，擾而毅，直而溫，簡而廉，剛而塞，强而義。'"

右第七章。此章論聖人以九卦修德。

《易》之爲書也不可遠，爲道也屢遷，變動不居，周流六虛。上下无常，剛柔相易，不可爲典要，惟變所適。

"書"者，卦爻之辭也。"不可遠"，不可離也。以之崇德廣業，以之居安樂玩，皆不可離之意。"爲道"者，《易》之爲道也，一陰一陽之謂道，故曰道。"變動"者，卦爻之變動也。"不居"者，不居于一定也。"六虛"者，六位也。虛對實言，卦雖六位，然剛柔往來如寄，非實有也，故曰六虛。外三爻爲上，內三爻爲下。"典"猶册之有典，"要"猶體之有要。"典要"，拘于迹者也，下文既有"典常"，則以辭言之耳。○《易》之爲書不可遠，以其爲道也屢遷，所以不可遠也。何也？《易》不過九六，是九六也，變動不居，周流于六虛之間，或自下而上，或自上而下，或剛易乎柔，或柔易乎剛，皆不可以爲一定之典要，惟其變之所趨而已。道之屢遷如此，則廣大悉備，無所不該，此所以不可遠也。

其出入以度，外內使知懼，又明於憂患與故，无有師保，如臨父母。

"出入"以卦言，即下文"外內"也。出者自內而之外，往也；入者自外而之內，來也。"度"者，法度也。言所繫之辭其出入外內，當吉則吉，當凶則凶，當悔則悔，當吝則吝，各有一定之法度，不可毫厘移易。"明于憂患"者，于出入以度之中又能明之也。"故"者，所以然之故也。明其可憂又明其可憂之故，明其可患又明其可患之故。如"勿用取女"，明其憂患也，"見金夫不有躬"，明其故也。○《易》不可以爲典要，若無一定之法度，而人不知懼矣。殊不知上下雖無常，剛柔雖相易，然其所繫之辭，或出或入，皆有一定之法度，立于內外《爻辭》之間，使人皆知，如朝廷之法度，懼之而不敢犯也。然豈特使民知懼哉？又明于憂患與故，雖無師保之教訓，而常若在家庭父母之側，愛之而不忍違也。既懼之而不敢犯，又愛之而不忍違，《易》道有益于人如此，人豈可遠乎？

初率其辭而揆其方，既有典常。苟非其人，道不虛行。

"初"對"既"言。"初"者，始也；"既"者，終也。"率"，由也。"揆"，度也。"方"，道也，或出或入、或憂或患之方道也。○《易》之爲書，上下無常，剛柔相易，不可爲典要，若不可揆其方矣。然幸而有聖人之辭在也，故始而由其辭以揆“出入以度”使民懼之方，由其辭以揆“憂患與故”使民愛之方，始見《易》之爲書，有典可循，有常可蹈，而向之不可爲典要者，于此有典要矣。故神而明之惟存乎其人，"率辭揆方"何如耳！苟非默而成之、不言而信之人，則不能"率辭揆方"，屢變之道不可虛行矣，豈能知《易》哉？"《易》之爲書不可遠"如此。

　　右第八章。此章言《易》不可遠，率辭揆方，存乎其人。

《易》之爲書也，原始要終，以爲質也。六爻相雜，惟其時物也。

　　"質"謂卦體。初者卦之始，原其始，則二、三在其中矣；上者卦之終。要其終，則四、五在其中矣。卦必"原始要終"以爲體，故文王之《彖辭》亦必"原始要終"以爲辭。如屯曰"元亨利貞"，蒙曰"童蒙求我"，皆合其始終二體言之也。若六爻之剛柔相雜，則惟取其時物而已。故周公之《爻辭》亦惟取諸時物以爲辭。如乾之龍，物也，而有潛、見、躍、飛之不同者，時也。漸之鴻，物也，而有于磐、陸、木之不同者，時也。○《易》之爲書也，不過卦與爻而已。一卦分而爲六爻，六爻合而爲一卦，卦則舉其始終以爲體，爻之剛柔雖相雜而不一，然占者之決吉凶，惟觀其所值之時、所值之物而已，雖相雜而實不雜也。"《易》之爲書"蓋如此。

其初難知，其上易知，本末也。初辭擬之，卒成之終。

　　此言初、上二爻。初爻"難知"者，以初爻爲爻之本，方有初爻而一卦之形體未成，是其質未明，所以難知。"易知"者，上爻爲卦之末，卦至上爻，則其質已著，其義畢露，所以易知。惟難知，故聖人繫初爻之辭，則必擬而議之，當擬何象何占，不敢輕率。惟易知，故聖人繫上爻之辭，不過因下文[①]以成其終，如乾初九曰"潛龍"，上爻即曰"亢龍"是也。

若夫雜物撰德，辯是與非，則非其中爻不備。

　　"物"者，爻之陰陽。"雜"者，兩相雜而互之也。"德"者，卦之德。"撰"者，述也。內外二卦，固各有其德。如風山漸，外卦有入之德，內卦有

---

①文：虎林本、史念冲本亦作"文"，朝爽堂本、鄭燦本作"爻"。

止之德。又自其中爻二、五、三、四之陰陽雜而互之，則二、四有坎陷之德，三、五有離麗之德，又撰成兩卦之德矣。"辯是與非"者，辯其物與德之是非也，是者當于理也，非者悖于理也。蓋爻有中有不中，有正有不正，有應與無應與，則必有是非矣。故辯是與非，非中爻不備。○初與上固知之有難易矣，然卦理無窮，內外有正卦之體，中爻又有合卦之體，然後其義方無遺缺。若夫錯陳陰陽，撰述其德，以辯別其是非，使徒以正卦觀之，而遺其合卦所互之體，則其義必有不備者矣。

噫！亦要。句。**存亡吉凶則居可知矣**，句。**知者觀其《彖辭》，則思過半矣**。要，平聲。知，音智。

"噫"者，嘆中爻之妙也。"亦要"作句。《易經》有一字作句者，如萃卦六二"引，吉，无咎"，則一字作句也。"要"者，中也，即中爻也。《説文》"身中"曰"要"。猪身中肉曰要勒。今作"腰"，言此亦不過六爻之要耳，非六爻之全即知存亡吉凶也。"存亡"者，天道之消息；"吉凶"者，人事之得失。"居"者，本卦之不動也，"居則觀其象"之"居"，言不待六爻之動而知也。"彖辭"，文王卦下所繫之辭也。○言此不過六爻中之要耳，而存亡吉凶不待動爻而可知，故學《易》者宜觀玩也。若觀玩所思之精專，不必觀周公分而爲六之《爻辭》，但觀文王一卦未分之《彖辭》，則此心之所思者亦可以得存亡吉凶于過半，況中爻之合兩卦者乎？中爻成兩卦，宜乎知存亡吉凶也。

二與四同功而異位，其善不同，二多譽，四多懼，近也。柔之爲道，不利遠者，其要无咎，其用柔中也。三與五同功而異位，三多凶，五多功，貴賤之等也。其柔危，其剛勝耶？勝，音升。①

"同功"者，二與四互成一卦，三與五互成一卦，皆知存亡吉凶，其功同也。"善不同"者，二中而四不中，故不同也。"不利遠"者，既柔不能自立，又遠于君，則孤臣矣，所以不利。"要"者，約也。"用"者，發之于事也。"柔中"者，柔而得中也。"三多凶"者，六十四卦惟謙卦"勞謙"一爻許之以吉，所以三多凶。五爲君，君則貴，有獨運之權，故多功。三爲臣，賤不能專成，故多凶。"耶"者，疑辭也。言柔居陽位則不當位而凶，陽當陽位則當位

---

①"勝，音升"：此三字原屬下文，據虎林本、史念冲本、超爽堂本、鄭燦本改。

而吉，此六十四卦之自定也。今"三多凶"者，豈以柔居而凶？"五多功"者，豈以剛居之則能勝其位而不凶耶？六十四卦中，亦有柔居陽位而吉、剛居陽位而凶者。○二與四同功而異位，"二多譽，四多懼"。四之多懼者，以其近于君，有僭逼之嫌，故懼也。二之多譽者，以柔之爲道本不利遠于君，但《易》不論遠近，大約欲其无咎而已。今柔居中位，發之于外，莫非柔中之事，則无咎矣，此所以多譽也。三與五同功而異位，三多凶，五多功，所以然者，以君貴臣賤，故凶功不同也。豈三乃陰居陽位則凶、五乃陽居陽位則勝耶？非也，乃貴賤之等使然耳。夫以中之四爻同功矣，而有譽有懼，有凶有功，可見六爻相雜，惟其時物，正體與互體皆然也。聖人設卦、立象、繫辭，不遺中爻者以此。

右第九章。此章專論中爻。

《易》之爲書也，廣大悉備，有天道焉，有人道焉，有地道焉。兼三才而兩之，故六。六者非他也，三才之道也。

"廣大"者，體統渾淪也。"悉備"者，條理詳密也。"兼三才"者，三才本各一①，因重爲六，故兩其天，兩其人，兩其地也。天不兩則獨陽無陰矣，地不兩則獨陰無陽矣，人不兩則不生不成矣，此其所以兩也。"才"者，能也。天能覆，地能載，人能參天地，故曰"才"。"三才之道"者，立天之道曰陰與陽，五爲陽，上爲陰也；立人之道曰仁與義，三爲仁，四爲義也；立地之道曰柔與②剛，初爲剛，二爲柔也。○"《易》之爲書，廣大悉備"，何也？以《易》三畫之卦言之，上畫有天道焉，中畫有人道焉，下畫有地道焉，此之謂三才也。然此三才使一而不兩，則獨而無對，非三才也。于是"兼三才而兩之，故六"。六者豈有他哉，三才之道本如是其兩也。天道兩，則陰陽成象矣；人道兩，則仁義成德矣；地道兩，則剛柔成質矣。道本如是，故兼而兩之，非聖人之安排也。《易》之爲書，此其所以廣大悉備也。

道有變動，故曰爻。爻有等，故曰物。物相雜，故曰文。文不當，故吉凶生焉。 當，都喪反。

---

①一：虎林本、史念冲本亦作"一"，朝爽堂本、鄭燦本作"立"。
②與：原作"曰"，史念冲本、朝爽堂本、鄭燦本作"與"，據改。

"變動"者，潛、見、躍、飛之類也。"等"者，剛柔、大小、遠近、貴賤之類也。"物"者，陽物陰物也。爻不可以言物，有等則謂之物矣。"相雜"者，相間也。一不獨立，兩則成文，陰陽兩物交相錯雜，猶青黃之相兼，故曰文。"不當"者，非專指陽居陰位、陰居陽位也。卦情若淑，或以不當爲吉，剝之上九、豫之九四是也。卦情若慝，反以當位爲凶，大壯初九、同人六二是也。要在隨時變易，得其當而已。一變動之間，即有物有文、有吉凶，非有先後也。卦必舉始終而成體，故上章以質言，曰"兼三才"，猶上章之所謂質也；爻必雜剛柔而爲用，故此章以文言，曰"變動"者，猶上章之所謂時物也。○三才之道，變動不居，故曰爻。爻也者，言乎其變，效天下之動者也。"爻有等，故曰物，物相雜，故曰文"，文不當位，故吉凶生焉。夫一道也，爲爻，爲物，爲文，爲吉凶，而皆出于《易》，此其書所以廣大悉備也。

右第十章。此章言《易》廣大悉備。

《易》之興也，其當殷之末世、周之盛德邪？當文王與紂之事邪？是故其辭危。危者使平，易者使傾，其道甚大，百物不廢。懼以終始，其要无咎。此之謂《易》之道也。"易者"之"易"，以豉反。

"危者使平，易者使傾"，此聖人傳心之言。如以小而一身論，一飲一食，易而不謹，必至終身之疾；一言一語，易而不謹，必至終身之玷，此一身易者之傾也。以大而國家論，越王臥薪嘗胆，冬持冰，夏持火，卒擒吳王，此危者之平也。玄宗天寶已前，海內富庶，遂深居禁中，以聲色自娛，悉以政事委之李林甫，京師遂爲安祿山所陷，此易者之傾也。"其道甚大，百物不廢"，于此可見。"危使平，易使傾"，即《書》言"殖有禮，覆昏暴"之意。"物"者，事也。"廢"字即傾字也。若依小①注，萬物之理無所不具，則全非本章危平易傾之易矣。"懼以終始"者，危懼自始至終，惟恐其始危而終易也。○"《易》之興也，其當殷之末世、周之盛德耶？當文王與紂之事耶？"惟當文王與紂之事，是故玩其辭往往有危懼警戒之意。蓋危懼則得平安，慢易必至傾覆，《易》之道也。此道甚大，雖近而一身，遠而天下國家，凡平者皆生于危，凡傾者皆

---

① 小：虎林本、史念冲本亦作"小"，朝爽堂本、鄭燦本作"舊"。

生于易，若常以危懼爲心，則凡天下之事物雖百有不齊，然生全成于憂患，未有傾覆而廢者矣。故聖人繫《易》之辭，懼以終始，不敢始危而終易者，大約欲人恐懼修省，至于无咎而已，此則《易》之道也。

右第十一章。

夫乾，天下之至健也，德行恒易以知險。夫坤，天下之至順也，德行恒簡以知阻。行，去聲。易，以豉反。阻，莊呂反。

"健""順"者，乾、坤之性。"德"者，乾坤蘊畜之德，得諸心者也，即"日新盛德"之"德"也。"行"者，乾坤生成之迹，見諸事者也，即"富有大業"之事也。"易""簡"者，乾坤無私之理也。"險""阻"者，乾坤至賾至動之事。"險"者，險難也，易直之反；"阻"者，壅塞也，簡靜之反。惟易直無私者，可以照天下巇險之情；惟簡靜無私者，可以察天下煩壅之故。六十四卦利貞者，無非易簡無私之理而已。此節止論其理，言知險知阻乃健順、德行、易簡之能事也，未說道聖人與《易》。至下文"説心""研慮"，方說聖人；八卦象告，方說到《易》。

能説諸心，能研諸侯之慮，定天下之吉凶，成天下之亹亹者。是故變化云爲，吉事有祥，象事知器，占事知來。説，音悦。"侯之"二字衍。吉作言。

"能"者，人皆不能而聖人獨能之也。"能"字在前，"者"字在後者，言能悦心研慮，定天下吉凶，成天下亹亹者，惟聖人也。險阻之吉，如大過"過涉滅頂"、蠱之"利涉大川"是也。"云爲"，即"言行"二字。"變化"即"欲動者尚其變""變"字。"吉"字，劉績讀作"言"，今從之。○聖人事未至則能以易簡無私之理悦諸心，事既至則能以易簡無私之理研諸慮，是即乾坤之易簡矣。是以險阻之吉者，知其爲吉；險阻之凶者，知其爲凶，而"定天下之吉凶"；險阻之吉者，則教人趨之；險阻之凶者，則教人避之，而"成天下之亹亹"。是故《易》必以動者，尚其變也，聖人則即其易簡之理，不必尚其變，而凡有所云爲，自變化而莫測。《易》必以言者，尚其辭也，聖人則即其易簡之理，不必尚其辭，而凡事必有兆，自前知而如神。事之有形迹而爲器者，《易》必以制器者尚其象也，聖人則知以藏往，即其易簡之理，而知其一定之器；事之無形迹而爲來者，《易》必以卜筮者尚其占也，聖人則神以知來，即

其易簡之理而知其未然之來。此則聖人未卜筮而知險知阻也。

天地設位，聖人成能。人謀鬼謀，百姓與能。八卦以象告，爻彖以情言。剛柔雜居，而吉凶可見矣。

凡人有事，人謀在先，及事之吉凶未決，方決于卜筮，所以説"人謀鬼謀，百姓與能"也。故《書》曰："謀及乃心，謀及卿士，謀及庶人，謀及卜筮。"先心而後人，先人而後鬼，輕重可知矣。"象"者，像也，八卦成列，象在其中矣，凡卦中之畫及天地雷風、乾馬坤牛之類也。"爻"者，效天下之動者也；"彖"者，材也，皆有辭也。"情"即象之情，陽有陽之情，陰有陰之情，乾馬有健之情，坤牛有順之情。"剛柔"即九六也，相雜則吉凶之理自判然可見。"告"者，告此險阻也；"言"者，言此險阻也；"見"者，見此險阻也。○天地設位，有易簡之理而知險知阻，此天地之能也。聖人則以易簡之理悦心研慮，未卜筮而知險知阻矣。然百姓不皆聖人也，于是聖人作《易》以成天地之能，所以天下之事雖至險至阻，其來無窮，然明而既謀于人，幽而又謀于鬼，不惟賢者可與其能，雖百姓亦可以與能矣。然百姓亦可以與能者，豈百姓于易簡之理亦能悦心研慮哉？蓋八卦以象告險阻，爻彖以情言險阻，剛柔相雜以吉凶見險阻，是以百姓雖至愚，然因聖人作《易》之書，其所告、所言、所見，自能知險知阻矣。所以聖人能成天地之能，而百姓亦與能也。

變動以利言，吉凶以情遷，是故愛惡相攻而吉凶生，遠近相取而悔吝生，情偽相感而利害生。凡易之情，近而不相得則凶，或害之，悔且吝。

卦以變爲主，故"以利言"。其言吉者，利人也；其言凶者，人則避之，亦利也。愛相攻，家人九五是也；惡相攻，同人九三是也。遠相取，恒之初六是也；近相取，豫之六三是也。情相感，中孚九二是也，"情"者，情實也，對偽而言；偽相感，漸之九三是也。曰"相攻"，曰"相取"，曰"相感"，即情也："感"者，情之始動，利害之開端也；"取"則情已露，而悔吝著矣；"攻"則情至極，而吉凶分矣。卦爻中，其居皆有遠近，其行皆有情偽，其情皆有①愛惡也。凡《易》之情者，聖人作《易》之情也。"近"者，近乎相攻、

---

① 有：原作"其"，朝爽堂本、鄭燦本作"有"，據改。

相取、相感之情也，與上文"遠近"之"近"不同。"不相得"者，不相得其易簡之理而與之違背也。情兼八卦剛柔，故此節言卦爻之情，下節言人之情。○《易》之爲書，以象告，以情言，見吉凶，百姓固可以與能矣。而人之占卜者，卦中之變動，本教占者趨吉避凶，無不利者也。然變動中有吉有凶，其故何也？以其卦爻之情而遷移也。是故情之險阻不同：有愛惡相攻險阻之情，則吉凶生矣；有遠近相取險阻之情，則悔吝生矣；有情僞相感險阻之情，則利害生矣。凡《易》之情，以貞爲主，貞即易簡之理也。情雖險阻不同，若合乎易簡之理，則吉矣，利矣，無悔吝矣；若近乎相攻、相取、相感之情，而違背乎易簡之理，則凶矣，害矣，悔且吝矣。小而悔吝，中而利害，大而吉凶，皆由此險阻之情而出。此《易》所以以象告，以情言，見吉凶，使人知所趨避者，此也。

將叛者其辭慚，中心疑者其辭枝。吉人之辭寡，躁人之辭多。誣善之人其辭游，失其守者其辭屈。

叛者背理，慚者羞愧。疑者可否未決，枝者兩岐不一。躁者急迫無涵養。誣善之人，或援正入邪，或推邪入正，故游蕩無實。失守者無操持，屈者抑而不伸。○相攻，相取，相感，卦爻險阻之情固不同矣。至于人之情，則未易見也。然人心之動，因言以宣。試以人險阻之情發于言辭者觀之，蓋人情之險阻不同而所發之辭亦異。是故將叛者其辭必慚，中心疑者其辭必枝，吉人之辭必寡，躁人之辭必多，誣善之人其辭必游，失其守者其辭必屈。夫吉者，得易簡之理者也。叛、疑、躁、誣、失守者，失易簡之理者也。人情險阻不同，而其辭既異如此，又何獨于聖人卦爻之辭而疑之？可見易知險，簡知阻，本聖人成天地之能而使百姓與能者，亦不過以易簡之理知其險阻而已。

右第十二章。此章反復論易知險、簡知阻。蓋天尊地卑，首章言聖人以易簡之德，成位乎天地，見聖人作《易》之原。此章言聖人以易簡之德，知險知阻，作《易》而使百姓與能，見聖人作《易》之實事也。

梁山來知德先生易經集注卷之十五

平山後學崔華重訂　男戀齊、岱齊、囍齊同校

說卦傳

　　昔者聖人之作《易》也，幽贊於神明而生蓍，參天兩地而倚數，觀變於陰陽而立卦，發揮於剛柔而生爻，和順於道德而理於義，窮理盡性以至於命。

　　言蓍草乃神明幽助方生。周公之爻定陽九陰六者，非老變而少不變之說也，乃"參天兩地而倚數"也。參兩之說，非陽之象圓，圓者徑一而圍三，陰之象方，方者徑一而圍四之說也。蓋《河圖》天一、地二、天三、地四、天五、地六、天七、地八、天九、地十。一、二、三、四、五者，五行之生數也，六、七、八、九、十者，五行之成數也。生數居《河圖》之內，乃五行之發端，故可以起數。成數居《河圖》之外，則五行之結果，故不可以起數。參之者，三之也，天一、天三、天五之三位也；兩之者，二之也，地二、地四之二位也。"倚"者，依也，天一依天三，天三依天五而爲九，地二依地四而爲六也。若以畫數論之，均之爲三，參之則三個三，兩之則兩個三矣。聖人用蓍以起數，九變皆三畫之陽，則三其三而爲九，此九之母也，則過揲之策四九三十六，此九之子也，參之是三個十二矣；九變皆二畫之陰，則二其三而爲六，此六之母也，則過揲之策四六二十四，此六之子也，兩之是兩個十二矣。均之爲十二，參之則三個，兩之則兩個也。以至乾六爻之策二百一十有六，乃三個七十二合之也。均之爲七十二，參之則三個，兩之則兩個矣。總之乾策六千九百十二，乃三個二千三百四合之也，坤策四千六百八，乃兩個二千三百四合之也。均之

二千三百四，參之則三個，兩之則兩個矣。此皆《河圖》生數，自然之妙，非聖人之安排也。若夫七、八，亦乾坤之策，但二、五爲七，三、四爲七，是一地一天，不得謂參兩。一、三、四爲八，一、二、五爲八，是一地二天，亦不得謂之參兩。以至過揲之策，六爻之策，萬物之數，皆此參兩。故周公三百八十四爻皆用九、六者，以生數可以起數，成數不可以起數也。"觀變"者，六十四卦皆八卦之變，陽變陰，陰變陽也。如乾初爻變則爲姤，二爻變則爲遯，坤初爻變則爲復，二爻變則爲臨是也。詳見《雜說八卦變六十四卦圖》。"發揮于剛柔"者，布散剛柔于六十四卦而生三百八十四爻也。《易》中所言之理，一而已矣：自其共由而言謂之道，自其蘊畜而言謂之德，自其散布而不可移易謂之理，自其各得其所賦之理謂之性。道、德、理、性四者，自其在人而言謂之義，自其在天而言謂之命。"和順于道德"者，謂易中形上之道，神明之德，皆有以貫徹之，不相悖戾拂逆也。"理于義"者，六十四卦皆利于貞，其要無咎者義也，今與道德不相違背則能理料其義，凡吉凶悔吝無咎皆合乎心之制、事之宜矣。"窮理"者，謂《易》中幽明之理，以至萬事萬物之變，皆有以研窮之也。"盡性"者，謂《易》中健順之性，以至大而綱常，小而細微，皆有以處分之也。"至于命"者，凡人之進退、存亡、得喪，皆命也。今既窮理盡性，則知進知退，知存知亡，知得知喪，與天合矣，故至于命也。惟聖人和順于道德，窮理盡性，是以文王發明六十四卦之《彖辭》，周公發明三百八十四爻之《爻辭》，有吉有凶，有悔有吝，有無咎者，皆"理于義""至于命"也。使非理義立命，安能彌綸天地，觀象玩辭，觀變玩占，自天祐之，吉無不利也哉？"幽贊"二句，言蓍數也。蓍與《河圖》，皆天所生，故先言此二句。立卦者，伏羲也；生爻者，周公也；理義至命者，文王周公之辭也。上"理"字"理料"之"理"，下"理"字"義理"之"理"。"自聖人之作《易》也"下六句皆一意：幽贊于神明，參天兩地，觀變于陰陽，發揮于剛柔，和順于道德，窮理盡性，一意也；生也，倚也，立也，生也，理也，至也，一意也。聖人作《易》，不過此六者而已。言蓍數卦爻而必曰義命者，道器無二致，理數不相離，聖人作《易》，惟教人安于義命而已。故兼天人而言之，此方謂之《易》，非舊注"極功"之謂也。故下文言順性命之理，以陰陽、剛柔、仁義并言之。

○言《易》有蓍，乃聖人幽贊於神明而生之；《易》有數，乃聖人參天兩地而倚之；《易》有卦，乃聖人觀變于陰陽而立之；《易》有爻，乃聖人發揮于剛柔而生之；《易》、《彖辭》、《爻辭》中有義，乃聖人和順于道德而理之；《易》、《彖辭》、《爻辭》中有命，乃聖人窮理盡性而至之。

　　右第一章。①

　　昔者聖人之作《易》也，將以順性命之理。是以立天之道曰陰與陽，立地之道曰柔與剛，立人之道曰仁與義。兼三才而兩之，故《易》六畫而成卦，分陰分陽，迭用柔剛，故《易》六位而成章。

　　"性"，人之理；"命"，天地之理也。陰陽以氣言，寒暑往來之類是也；剛柔以質言，山峙川流之類是也；仁義以德言，事親從兄之類是也。三者雖若不同，然仁者陽剛之理，義者陰柔之理，其實一而已矣。蓋天地間不外"形、氣、神"三字，如以人論，骨肉者剛柔之體也，呼吸者陰陽之氣也，與形氣不相離者五性之神也理也。特因分三才，故如此分爾。天無陰陽則氣機息，地無剛柔則地維墜，人無仁義則禽獸矣，故曰立天，立地，立人。"兼三才而兩之"者，總分三才爲上中下三段而各得其兩，初剛而二柔，三仁而四義，五陽而上陰也。分陰分陽，以爻位言，分初、三、五爲陽位，二、四、上爲陰位也。既分陰分陽，乃迭用剛柔之爻以居之，或以柔居陰，以剛居陽爲當位；以柔居陽，以剛居陰爲不當位；亦有以剛柔之爻互居陰陽之位爲剛柔得中者，故六位雜而成文章也。○昔者聖人之作《易》也，將以"順性命之理"而已，非有所勉強安排也。以性命之理言之，立天之道曰陰與陽，立地之道曰柔與剛，立人之道曰仁與義，而性命之理則根于天地、具于人心者也。故聖人作《易》，將此三才兼而兩之，六畫而成卦，又將此三才分陰分陽，迭用而成章者，無非順此性命之理而已。

　　右第二章。

　　天地定位，山澤通氣，雷風相薄，水火不相射，八卦相錯。數往者順，知來者逆，是故《易》逆數也。射，音石。數，色主反。

---

①右第一章：原四字以小字附于段末，據史念冲本、朝爽堂本、鄭燦本改。

"相薄"者，薄激而助其雲雨也。"不相射"者，不相射害也。"相錯"者，陽與陰相對待，一陰對一陽，二陰對二陽，三陰對三陽也。故一與八錯，二與七錯，三與六錯，四與五錯。八卦不相錯，則陰陽不相對待，非《易》矣。宋儒不知"錯綜"二字，故以爲相交而成六十四卦，殊不知此專説八卦逆數方得相錯，非言六十四卦也。乾一，兑二，離三，震四，前四卦爲往；巽五，坎六，艮七，坤八，後四卦爲來。數往者順數，圖前四卦乾一至震四，往者之順也；知來者逆知，圖後四卦巽五至坤八，來者之逆也。"是故《易》逆數"者，言因錯卦之故，所以《易》逆數，巽五不次于震四而次于乾一也。○惟八卦既相錯，故聖人立《圓圖》之卦，數往者之既順，知來者之當逆，使不逆數而巽五即次于震四之後，則八卦不相錯矣。是故四卦逆數，巽五復回、次于乾一者，以此。

右第三章。此章言伏羲八卦，逆數方得相錯。

雷以動之，風以散之，雨以潤之，日以晅之，艮以止之，兑以説之，乾以君之，坤以藏之。晅，況晚反①。説，音悦。

"天地定位"，上章言八卦之對待，故首之以乾坤。此章言八卦對待生物之功，故終之以乾坤。乾坤始交而爲震巽，震巽相錯，動則物萌，散則物解，此言生物之功也。中交而爲坎離，坎離相錯，潤則物滋，晅則物舒，此言長物之功也。"晅"者，明也。終交而爲艮兑，艮兑相錯，止則物成，説則物遂，此言成物之功也。若乾則爲造物之主而于物無所不統，坤則爲養物之府而于物無所不容，六子不過各分一職以聽命耳。

右第四章。此章言伏羲八卦相錯，生物成物之功。

帝出乎震，齊乎巽，相見乎離，致役乎坤，説言乎兑，戰乎乾，勞乎坎，成言乎艮。説，音悦。勞，去聲。

此文王《圓圖》。"帝"者，陽也。陽爲君，故稱帝，"乾以君之"乃其證也，且言帝，則有主宰之意，故不言陽而言帝。孔子下文不言"帝"，止言"萬物"者，亦恐人疑之也。出也，齊也，相見也，致役也，説也，戰也，勞

---

①朝爽堂本、鄭燦本此處有音注："又乎淵切，音宣。"

也，成也，皆帝也。二"言"字，助語辭。震方三陽開泰，故曰"出"。"致"者，委也。坤乃順承天，故爲陽所委役，至戌亥之方陽剥矣，故與陰戰。曰"戰乎乾"者，非與乾戰也，陽與陰戰于乾之方也。伏羲《圓圖》之乾以天地之乾言，文王《圓圖》之乾以五行乾金之乾言。至坎則以肅殺相戰之後，適值乎慰勞休息之期，陽生于子，故曰"勞"。至艮方，陽已生矣，所以既成其終，又成其始。

　　萬物"出乎震"，震，東方也。"齊乎巽"，巽東南也。齊也者，言萬物之潔齊也。離也者，明也，萬物皆相見，南方之卦也。聖人南面而聽天下，嚮明而治，蓋取諸此也。坤也者，地也，萬物皆致養焉，故曰"致役乎坤"。兌，正秋也，萬物之所説也，故曰"説言乎兌"。"戰乎乾"，乾，西北之卦也，言陰陽相薄也。坎者，水也，正北方之卦也，勞卦也，萬物之所歸也，故曰"勞乎坎"。艮，東北之卦也，萬物之所成終而所成始也，故曰"成言乎艮"。

　　"潔齊"，即姑洗之意。春三月，物尚有不出土者，或有未開花葉者，彼此不得相見，至五月物皆暢茂，彼此皆相見，故曰"萬物皆相見"。夏秋之交，萬物養之于土，皆得向實，然皆陽以委役之，故曰"致役乎坤"。至正秋，陽所生之物皆成實矣，故"説"。至戌亥之月，陽剥矣，故與陰相戰于乾之方。至子月，萬物已歸矣，休息慰勞于子之中，故"勞"。至冬春之交，萬物已終矣，然一陽復生，故又成其始。此因文王《圓圖》"帝出乎震"八句，孔子解之，雖八卦震巽離坤兌乾坎艮之序，實春夏秋冬五行循環流行之序也。蓋震巽屬木，木生火，故離次之。離火生土，故坤次之。坤土生金，故兌乾次之。金生水，故坎次之。水非土亦不能生木，故艮次之，水土又生木火。此自然之序也。若以四正四隅論，離火居南，坎水居北。震，動也，物生之初，故居東。兌，説也，物成之後，故居西。此各居正位者也。震陽木，巽陰木，故巽居東南巳方。兌陰金，乾陽金，故乾居西北亥方。坤陰土，故居西南。艮陽土，故居東北。此各居四隅者也。

　　右第五章。此章言文王《圓圖》。"帝出乎震"一節言八卦之流行，後一節言八卦流行生成物之功。

神也者，妙萬物而爲言者也。動萬物者莫疾乎雷，撓萬物者莫疾乎風，燥萬物者莫熯乎火，説萬物者莫説乎澤，潤萬物者莫潤乎水，終萬物始萬物者莫盛乎艮。故水火相逮，雷風不相悖，山澤通氣，然後能變化既成萬物也。

"神"即雷、風之類，"妙"即動、撓之類。以其不可測故謂之"神"，亦如以其主宰而言謂之"帝"也。"動"，鼓也。"撓"，散也。"燥"，乾也。"澤"，地土中之水氣皆是也。"水"者，冬之水，天降雨露之屬皆是也。"逮"，及也，謂相濟也。"既"，盡也。"成"，生成也。前節言伏羲之對待：曰雷動風散者，雷風相對也；曰雨潤日晅者，水火相對也；曰艮止兑説者，山澤相對也。此節言文王之流行：曰動萬物者，春也；曰撓萬物者，春夏之交也；曰燥萬物者，夏也；曰説萬物者，秋也；曰潤萬物者，冬也；曰終始萬物者，冬春之交也。所以火不與水對，山不與澤對。先儒不知對待流行，而倡爲"先天後天"之説，所以《本義》于此一節皆云"未詳"。殊不知二圖分不得先後，譬如天之與地，對待也，二氣交感生成萬物者，流行也，天地有先後哉？男之與女，對待也，二氣交感生成男女者，流行也，男女有先後哉？所以伏羲、文王之圖不可廢一，孔子所以發二聖千載之秘者此也。此節乃總括上四節二圖不可廢一之意，所以先儒未詳其義。○"神也者，妙萬物而爲言者也"，以文王流行之卦圖言之，雷之動，風之撓，火之燥，澤之説，水之潤，艮之終始，其流行萬物固極其盛矣，然必有伏羲之對待，水火相濟，雷風不相悖，山澤通氣，然後陽變陰化，有以運其神，妙萬物而生成之也。若止于言流行而無對待，則男女不相配，剛柔不相摩，獨陰不生，獨陽不成，安能行鬼神成變化，而動之，撓之，燥之，説之，潤之，以終始萬物哉？

右第六章。第三章"天地定位"，第四章"雷以動之"，言伏羲《圓圖》之對待。第五章"帝出乎震"二節，言文王《圓圖》之流行。此則總二聖之圖，而言文王之流行。必有伏羲之對待而後可流行也。

乾，健也。坤，順也。震，動也。巽，入也。坎，陷也。離，麗也。艮，止也。兑，説也。

此言八卦之情性。乾純陽，故健。坤純陰，故順。震、坎、艮，陽卦也，

故皆從健。巽、離、兌，陰卦也，故皆從順。健則能動，順則能入，此震、巽所以爲動爲入也。健遇上下皆順，則必溺而陷，順遇上下皆健，則必附而麗，此坎、離所以爲陷爲麗也。健極于上，前無所往，必止；順見于外，情有所發，必悦。

右第七章。

乾爲馬，坤爲牛，震爲龍，巽爲鷄，坎爲豕，離爲雉，艮爲狗，兌爲羊。

馬性健，其蹄圓，乾象。牛性順，其蹄拆，坤象。龍蟄物，遇陽則奮，震之一陽動于二陰之下者也。鷄羽物，遇陰則入，巽之一陰伏于二陽之下者也。豕性剛躁，陽剛在内也。雉羽文明，陽明在外也。狗止人之物。羊悦群之物。此"遠取諸物"如此。

右第八章。

乾爲首，坤爲腹，震爲足，巽爲股，坎爲耳，離爲目，艮爲手，兌爲口。

首尊而在上，故爲乾。腹納而有容，故爲坤。陽動陰静，動而在下者足也。陽連陰拆，拆而在下者股也。坎陽在内，猶耳之聰在内也。離陽在外，猶目之明于外也。動而在上者手也。拆而在上者口也。此"近取諸身"如此。

右第九章。

乾，天也，故稱乎父。坤，地也，故稱乎母。震一索而得男，故謂之長男。巽一索而得女，故謂之長女。坎再索而得男，故謂之中男。離再索而得女，故謂之中女。艮三索而得男，故謂之少男。兌三索而得女，故謂之少女。

六子皆自乾、坤而生，故稱父母。"索"者，陰陽之相求也。陽先求陰，則陽入陰中而爲男；陰先求陽，則陰入陽中而爲女。震、坎、艮皆坤體，乾之陽來交于坤之初而得震，則謂之長男；交于坤之中而得坎，則謂之中男；交于坤之末而得艮，則謂之少男。巽、離、兌皆乾體，坤之陰來交于乾之初而得巽，則謂之長女；交于乾之中而得離，則謂之中女；交于乾之末而得兌，則謂之少女。三男本坤體，各得乾之一陽而成男，陽根于陰也；三女本乾體，各得坤之一陰而成女，陰根于陽也。此文王有"父母六子"之説，故孔子發明之，亦猶"帝出于震"孔子解之也。

右第十章。

乾爲天，爲圜，爲君，爲父，爲玉，爲金，爲寒，爲冰，爲大赤，爲良馬，爲老馬，爲瘠馬，爲駁馬，爲木果。

純陽而至健爲天，故"爲天"。天體圜，運動不息，故"爲圜"。乾之主乎萬物，猶君之主萬民也，故"爲君"。乾知太始，有父道焉，故"爲父"。純粹"爲玉①"，純剛"爲金"。"爲寒""爲冰"者，冰則寒之凝也，乾居亥位，陽生于子也。"大赤"，盛陽之色也。寒冰在子，以陽之始言之；大赤在午，以陽之終言之。"良馬"，馬之健而純，健之不變者也。"老馬"，健之時變者也。"瘠馬"，健之身變者也。"駁馬"，健之色變者也。乾道變化，故又以變言之。"木果"，圓之在上者也。漢荀爽集九名家《易傳》，有爲龍，爲直，爲衣，爲言。

坤爲地，爲母，爲布，爲釜，爲吝嗇，爲均，爲子母牛，爲大輿，爲文，爲衆，爲柄，其於地也爲黑。

純陰爲"地"，資生爲"母"。"爲布"者，陰柔也，且地南北經而東西緯，亦布象也。"爲釜"者，陰虛也，且六十四升爲釜，亦如坤包六十四卦也。其靜也翕，凝聚不施，故"爲吝嗇"。其動也闢，不擇善惡之物皆生，故"爲均"。性順而生物，生生相繼，故"爲子母牛"。能載物爲輿，曰"大輿"者，乃順承天之大也。三畫成章，故"爲文"。偶畫成群，故"爲衆"。"柄"者，持成物之權。"黑"者，爲極陰之色。《荀九家》有爲牝，爲迷，爲方，爲囊，爲裳，爲黃，爲帛②。

震爲雷，爲龍，爲玄黃，爲旉，爲大塗，爲長子，爲決躁，爲蒼筤竹，爲萑葦，其於馬也爲善鳴，爲馵足，爲作足，爲的顙，其於稼也爲反生，其究爲健，爲蕃、鮮。 旉，作車。筤，音郎。萑，音丸。馵，主樹反。

震者，動也。"爲雷"者，氣之動于下也。"爲龍"者，物之動于下也。乾坤始交而成震，兼天地之色，故"爲玄黃"。"旉"，當作"車"字。震，動也；車，動物也，此震之性當作車也。上空虛，一陽橫于下，有舟車之象，故剝卦

---

①玉：原作"王"，虎林本、史念冲本、朝爽堂本、鄭燦本皆作"玉"，據改。
②史念冲本、鄭燦本此下有"爲漿"二字。

"君子得輿,小人剝廬",陽剝于上,有剝廬之象,陽生于下則爲震矣,有得輿之象,此震之象當作車也。且從大塗,從作足馬,則"車"誤作"曵"也明矣。一奇動于內,而二偶開張,四通八達,故"爲大塗"。乾一索而得男,故"爲長子"。一陽動于下,其進也銳,故"爲決躁"。蒼者,東方之色,故"爲蒼筤竹"。"萑葦",荻與蘆也,與竹皆下本實而上幹虛,陽下陰上之象也。凡聲,陽也,上偶開口,故"爲善鳴"。《爾雅》馬左足白曰"馵"。震居左,故曰馵。"作"者,兩足皆動也。一陽動于下,故爲"作足"。顙者,額也。"的顙"者,白額之馬也。震錯巽,巽爲白,故爲頭足皆白之馬。剛反在下,故"稼爲反生"。反生者,根在上也。"究"者,究其前之所進也。陽剛震動,勢必前進,故究其極而言之。"究其健"者,震進則爲臨,爲泰,爲三畫之純陽矣,故爲健。"究蕃"者,究其陽所生之物也。帝出乎震,則齊乎巽,相見乎離,品物咸亨而蕃盛矣,故"爲蕃"。"究鮮"者,鮮謂魚。震錯巽,故爲魚也。《書》"奏庶鮮食",謂魚肉之類。《老子》"治大國如烹小鮮",則專言魚也。究健、究蕃者,究一陽之前進也。究鮮者,究一陽之對待也。《荀九家》有爲玉,爲鵠,爲鼓。

巽爲木,爲風,爲長女,爲繩直,爲工,爲白,爲長,爲高,爲進退,爲不果,爲臭,其於人也爲寡髮,爲廣顙,爲多白眼,爲近利市三倍,其究爲躁卦。

巽,入也。物之善入者莫如木,故無土不穿。氣之善入者莫如風,故無物不被。坤一索乾而得巽,故"爲長女"。木曰曲直。"繩直"者,從繩以取直。而"工",則引繩之直以制木之曲者也。巽,德之制,故能制器爲工。伏羲《圓圖》,震錯巽,震居東北爲青,巽居西南爲白,蓋木方青而金方白也。陽長陰短,陽高陰卑,二陽一陰,又陽居其上,陰居其下,故"爲長""爲高"。風行無常,故"進退"。風或東或西,故"不果"。臭以風而傳,陰伏于重陽之下,鬱積不散,故"爲臭"。姤卦包魚"不利賓"者,以臭故也。"爲寡髮"者,髮屬血,陰血不上行也。"廣顙"者,闊額也,陽氣獨上盛也。眼之白者爲陽,黑者爲陰,所以離爲目,巽二白在上,一黑沉于下,故"爲白眼"。巽本乾體,爲金,爲玉,利莫利于乾也。坤一索而爲巽,巽性入,則乾之所有皆入于巽矣,故"近市利三倍"。曰"近"者,亦如市之交易有三倍之利也。震爲決躁，巽錯震，故"其究爲躁卦"，亦如震之其究爲健也。震、巽以究言者，剛柔之始也。《荀九家》有爲楊，爲鸛。

坎爲水，爲溝瀆，爲隱伏，爲矯輮，爲弓輪，其於人也爲加憂，爲心病，爲耳痛，爲血卦，爲赤，其於馬也爲美脊，爲亟心，爲下首，爲薄蹄，爲曳，其於輿也爲多眚，爲通，爲月，爲盜，其於木也爲堅多心。

水內明，坎之陽在內，故"爲水"。陽畫爲水，二陰夾之，故"爲溝瀆"。陽匿陰中，爲柔所掩，故"爲隱伏"。"矯"者，直而使曲；"輮"者，曲而使直。水流有曲直，故"爲矯輮"。因爲矯輮，弓與輪皆矯輮所成，故"爲弓輪"。陽陷陰中，心危慮深，故"爲加憂"。心、耳皆以虛爲體，坎中實，故"爲病""爲痛"，蓋有孚則心亨，加憂則心病矣。水在天地爲水，在人身爲血。"爲赤"者，得乾之一畫，與乾色同，但不大耳。乾爲馬，坎得乾之中爻而剛在中，故"爲馬之美脊"。剛在內而躁，故"爲亟心"。柔在上，故首垂而不昂。柔在下，故蹄薄而不厚。因下柔，故又"爲曳"，蓋陷則失健，足行無力也。"多眚"者，險陷而多阻，因柔在下不能任重也。上下皆虛，水流而不滯，故"通"。"月"者水之精，從其類也。盜能伏而害人，剛強伏匿于陰中，故"爲盜"。中實，故木多心堅。《荀九家》有爲宮，爲律，爲可，爲棟，爲叢棘，爲狐，爲蒺藜，爲桎梏。

離爲火，爲日，爲電，爲中女，爲甲冑，爲戈兵，其於人也爲大腹，爲乾卦，爲鱉，爲蟹，爲蠃，爲蚌，爲龜，其於木也爲科上槁。蠃，音①騾，力木反。

離者，麗也。火麗木而生，故"爲火"。日者火之精，電者火之光，故"爲日""爲電"。"甲冑"外堅，象離之畫。"戈兵"上銳，象離之性。中虛，故"爲大腹"。"乾"，音干。水流濕故稱血，火就燥故稱乾。外剛內柔，故爲介物。中虛，故爲木之科。"科"者，科巢之象也。炎上，故木上槁。《荀九家》有爲牝牛。

艮爲山，爲徑路，爲小石，爲門闕，爲果蓏，爲閽寺，爲指，爲狗，爲鼠，爲黔喙之屬。其於木也爲堅多節。蓏，音裸。喙，況廢反。

---

① 音：原作"者"，史念沖本、朝爽堂本、鄭燦本作"音"，據改。

山止于地，故"爲山"。一陽塞于外，不通大塗，與震相反，故"爲徑路"。剛在坤土之上，故"爲小石"。上畫相連，下畫雙峙而虛，故"爲門闕"。木實植生①曰果，草實蔓生曰蓏，實皆在上，故"爲果蓏"。閽人掌王宮中門之禁，止物之不應入者，寺人掌王之内人及宮女之戒令，止物之不得出者。艮剛止内柔，故"爲閽寺"。人能止于物者在指，物能止于物者在狗。鼠之爲物，其剛在齒。鳥之爲物，其剛在喙。"黔"者，黑色，鳥喙多黑。曰"屬"者，不可枚舉也。狗、鼠、黔喙，皆謂前剛也。坎陽在内，故木堅在心。艮陽在上，故木堅多節，木枝在上，方有節。《荀九家》有爲鼻，爲虎，爲狐。

兑爲澤，爲少女，爲巫，爲口舌，爲毁折，爲附决。其於地也爲剛鹵，爲妾，爲羊。

澤乃瀦水之地，物之潤而見乎外者亦爲澤。兑之陰見乎外，故"爲澤"。坤三索於乾而得女，故"爲少女"。女巫擊鼓婆娑，乃歌舞悦神者也。通乎幽者，以言悦乎神，"爲巫"。通乎顯者，以言悦乎人，"爲口舌"。正秋萬物條枯實落，故"爲毁折"，此以其時言也。柔附于剛，剛乃决柔，故"爲附决"。震陽動，故决躁。兑陰悦，故附决。兑非能自决，乃附于剛而决也，此以其勢言也。兑金乃堅剛之物，故"爲剛"。《説文》云："鹵，西方鹹地。"兑正西，故"爲鹵"。少女從姊爲娣，故"爲妾"。内狠外説，故"爲羊"。《荀九家》有爲常，爲輔頰。

右第十一章。此章廣八卦之象。

序卦傳

《序卦》者，孔子因文王之序卦，就此一端之理以序之也。一端之理在所略。孔子分明恐後儒雜亂文王之序卦，故借此一端之理以序之。其實本意專恐

---

①生：原本"生"字下衍一"生"字，據史念冲本、朝爽堂本、鄭燦本删。

爲雜亂其卦也。如大過以下，使非孔子《序卦》可証，則後儒又聚訟矣。蔡氏改正，丘氏猶以爲不當，僭改經文，豈不聚訟？所以《序卦》有功于《易》。宋儒不知象，就說《序卦》非聖人之書，又說非聖人之蘊，非聖人之精，殊不知《序卦》非爲理設，乃爲象設也，如井、塞、解、無妄等卦辭，使非《序卦》、《雜卦》，則不知文王之言何自而來也。自孔子沒，歷秦漢至今日，叛《經》者皆因不知《序卦》、《雜卦》也。以此觀之，謂《序卦》爲聖人之至精可也。

有天地，然後萬物生焉，盈天地之間者唯萬物，故受之以屯。屯者，盈也，屯者物之始生也。物生必蒙，故受之以蒙。蒙者，蒙也，物之稚也。物稚不可不養也，故受之以需。需者，飲食之道也。飲食必有訟，故受之以訟。

"盈"者，言乾坤之氣盈，充塞于兩間也。如有欠缺，豈能生物？屯不訓盈，言萬物初生之時，如此鬱結未通，必如此盈也。物之始生，精神未發，若蒙冒然，故屯後繼蒙。"蒙者，蒙也"，上"蒙"字卦名，下"蒙"字物之象也。"稚"者，小也，小者必養而後長大。水在天以潤萬物，乃萬物之所需者。需不訓飲食，謂人所需于飲食者，在養之以中正，乃飲食之道也。飲食，人之所大欲也，所需不如所欲則必爭，"乾餱以愆，豕酒生禍"①，故訟。

訟必有衆起，故受之以師。師者，衆也。衆必有所比，故受之以比。比者，比也。比必有所畜，故受之以小畜。物畜然後有禮，故受之以履。履而泰，然後安，故受之以泰。泰者，通也。物不可終通，故受之以否。

爭起而黨類必衆，故繼之以師。"比者，比也"，上"比"卦名，下"比"相親附之謂也。衆必有所親附依歸，則聽其約束，故受之以比。人來相比，必有以畜養之者，無以養之，何以成比？故受之以小畜。禮義生于富足，物畜然後有禮，故受之以履。禮，蓋人之所履，非以禮訓履也。人有禮則安，無禮則危，故受之以泰。治亂相仍，如環無端，無久通泰之理，故受之以否。

物不可以終否，故受之以同人。與人同者，物必歸焉，故受之以大有。有大者不可以盈，故受之以謙。有大而能謙必豫，故受之以豫。豫必有隨，故受

---

①語出宋朱震《漢上易傳》。

之以隨。以喜隨人者必有事，故受之以蠱。

　　上下不交，所以成否。今同人于野，利涉大川，疇昔儉德辟難之君子，皆相與出而濟否矣，故繼之以同人。能一視同人，則近悅遠來，而所有者大矣，故大者皆爲吾所有。所有既大，不可以有自滿也，故受之以謙。有大不盈而能謙，則永保其所有之大，而中心和樂矣，故受之以豫。和樂而不拒絕乎人，則人皆欣然願隨之矣，故受之以隨。以喜隨人者，非無故也，必有其事，如臣之隨君，必以官守言責爲事，弟子之隨師，必以傳道解惑爲事，故受之以蠱。

　　蠱者，事也。有事而後可大，故受之以臨。臨者，大也。物大然後可觀，故受之以觀。可觀而後有所合，故受之以噬嗑。嗑者，合也。物不可以苟合而已，故受之以賁。賁者，飾也。致飾然後亨則盡矣，故受之以剝。

　　"蠱"者，壞也。物壞則萬事生矣，事因壞而起，故以蠱爲事。可大之業，每因事以生，故受以臨。臨者，二陽進而逼四陰，駸駸乎向于大矣。"臨"不訓大，臨者以上臨下，以大臨小，凡稱"臨"者，皆大者之事也，故以大釋之。凡物之小者不足以動人之觀，大方可觀。德之大，則光輝之著自足以起人之瞻仰；業之大，則勳績之偉自足以耀人之耳目，故臨次以觀。既大而可觀，則信從者衆，自有來合之者，故受以噬嗑。物不可以苟合，又在乎賁以飾之，不執贄則不足以成賓主之合，不受幣則不可以成男女之合，賁所以次合也。"賁"者，文飾也；"致"者，專事文飾之謂也。文飾太過，則爲亨之極，亨極則儀文盛而實行衰，故曰"致飾亨則盡矣"，故繼之以剝。

　　剝者，剝也，物不可以終盡，剝窮上反下，故受之以復。復則不妄矣，故受之以无妄。有无妄然後可畜，故受之以大畜。物畜然後可養，故受之以頤。頤者，養也。不養則不可動，故受之以大過。物不可以終過，故受之以坎。坎者，陷也。陷必有所麗，故受之以離。離者，麗也。

　　所謂"剝"者，以其剝落而盡也。然物不可以終盡，既剝盡于上，則必復生于下，故繼之以復。"復"者，反本而復于善也。善端既復，則妄念不生，妄動不萌，而不妄矣。无妄則誠矣，誠則好善如好好色，惡惡如惡惡臭，然後可以畜德而至于大，故受之以大畜。物必畜然後可養，況我之德乎！德既畜于己，則可以優游涵泳而充養之，以至于化矣，是可養也，故受之以頤。"頤"

者，養之義也，有大涵養而後有大施設，養則可動，不養則不可動矣。"動"者，施設而見于用也，故受之以大過。"大過"者，以大過人之才爲大過人之事，非有養者不能也。然天下之事，中焉止矣，理無大過而不已，過極則陷溺于過矣，故受之以坎。"坎"者，一陽陷于二陰之間，陷之義也。陷于險難之中，則必有所附麗，庶資其才力而難可免矣，故受之以離。"離"者，一陰麗于二陽之間，附麗之義也。物不可以終通，終否，終盡，終過，以理之自然言也，造化乃如此也；有大者不可以盈，不養則不可動，以理之當然言也，人事乃如此也。

右上篇。

有天地然後有萬物，有萬物然後有男女，有男女然後有夫婦，有夫婦然後有父子，有父子然後有君臣，有君臣然後有上下，有上下然後禮義有所錯。

有夫婦，則生育之功成而有父子；有父子，則尊卑之分起而後有君臣；有君臣，則貴賤之等立而後有上下。上下既立，則有拜趨坐立之節，有宮室車馬之等。小而繁縟之微，大而衣裳之垂，其制之必有文，故謂之禮，其處之必得宜，故謂之義。"錯"者，交錯也，即八卦之相錯也。禮義尚往來，故謂之錯。

夫婦之道，不可以不久也，故受之以恒。恒者，久也。物不可以久居其所，故受之以遯。遯者，退也。物不可以終遯，故受之以大壯。物不可以終壯，故受之以晉。晉者，進也。進必有所傷，故受之以明夷。

"物不可以久居其所"，泛論物理也，如人臣居寵位之久者是也。豈有夫婦不久居其所之理？《序卦》止有一端之理者，正在于此。"遯"者，退也。物不可以終退，故受之以大壯。既壯盛則必進，故受之以晉。進而不已，則知進不知退，必有所傷矣，亦"物不可久居其所"之意。《易》之消息盈虛不過如此，時止時行則存乎其人也。

夷者，傷也，傷於外者必反其家，故受之以家人。家道窮必乖，故受之以睽。睽者，乖也。乖必有難，故受之以蹇。蹇者，難也。物不可以終難，故受之以解。解者，緩也。緩必有所失，故受之以損。

傷于外者其禍必及于家，故受之以家人。禍及于家則家道窮困矣，家道窮困則父子兄弟豈不相怨，故受之以睽。一家乖睽則內難作矣，故受之以蹇。凡人患難必有解散之時，故受之以解。緩則怠惰偷安，廢時失事，故受之以損。

損而不已必益，故受之以益。益而不已必決，故受之以夬。夬者，決也。決必有所遇，故受之以姤。姤者，遇也。物相遇而後聚，故受之以萃。萃者，聚也。聚而上者謂之升，故受之以升。升而不已必困，故受之以困。

損而不已必益，益而不已必決，決去即損去之意。盛衰損益，如循環然，損不已必益，益不已必損，造化如此，在《易》亦如此，故曰"損、益盛衰之始"也。損者盛之始，益者衰之始。所以"決"字即"損"字也。夬與姤相綜，夬柔在上，剛決柔也。姤柔在下，柔遇剛也。故決去小人，即遇君子，所以夬受之以姤。君子相遇則合志同方，故受之以萃。同志既萃，則乘時邁會，以類而進，故受之以升。升自下而上，不能不用其力，升而不已，則力竭而困憊矣，故受之以困。

困乎上者必反下，故受之以井。井道不可不革，故受之以革。革物者莫若鼎，故受之以鼎。主器者莫若長子，故受之以震。震者，動也。物不可以終動，止之，故受之以艮。艮者，止也。物不可以終止，故受之以漸。漸者，進也。進必有所歸，故受之以歸妹。得其所歸者必大，故受之以豐。豐者，大也。窮大者必失其居，故受之以旅。

不能進而困于上，則必反于下，至下者莫若井也。井養而不窮，可以舒困矣，故受之以井。井久則穢濁不可食，必當革去其故，故受之以革。革物之器，去故而取新者，莫若鼎，故受之以鼎。鼎，重器也，廟祭用之，而震爲長子，則繼父而主祭者也，故受之以震。震者，動也。物不可以終動，動則止之以靜，故受之以艮。艮者，止也。物不可以終止，靜極而復動也，故受之以漸。漸者，進也。進以漸而不驟者，惟女子之歸，六禮以漸而行，故受之以歸妹。得其所歸者必大，細流歸于江海則江海大，萬民歸于帝王則帝王大，至善歸于聖賢則聖賢大，故受之以豐。窮大而驕奢無度，則必亡國敗家而失其所居之位矣，唐明皇、宋徽宗是也，故受之以旅。

旅而無所容，故受之以巽。巽者，入也。入而後說之，故受之以兌。兌者，說也。說而後散之，故受之以渙。渙者，離也。物不可以終離，故受之以節。節而信之，故受之以中孚。有其信者必行之，故受之以小過。有過物者必濟，故受之以既濟。物不可窮也，故受之以未濟終焉。

"旅"者，親寡之時，非巽順何所容？苟能巽順，雖旅困之中何往而不能入？故受之以巽。巽者，入也。人情相拒則怒，相入則悅，入而後悅之，故繼之以兌。兌者，悅也，人之氣憂則鬱結，悅則舒散，悅而後散之，故受之以渙。渙者，離也，離披解散之意。物不可以終離，離則散漫遠去而不止矣，故受之以節。節，所以止離也。節者制之于外，孚者信之于中，節得其道而上能信守之，則下亦以信從之矣，所謂節而信也，故受之以中孚。有者，自恃其信而居其有也；必者，不加詳審而必于其行也。事當隨時制宜，若自有其信而必行之，則小有過矣，故受之以小過。有過人之才者必有過人之事，而事無不濟矣，故受之以既濟。物至于既濟，物之窮矣，然物無終窮之理，故受之以未濟終焉。物不可窮，乃一部《易經》之本旨，故曰"物不可以終通"以至"終離"，言"物不可者"十一，皆此意也。

雜卦傳

"雜卦"者，雜亂文王之序卦也。孔子將《序卦》一連者，特借其一端之理以序之，其實恐後學顛倒文王所序之卦也。一端之理在所緩也，又恐後學以《序卦》爲定理，不知其中有錯有綜，有此二體，故雜亂其卦，前者居于後，後者居于前，止將二體兩卦有錯有綜者，下釋其意，如"乾剛坤柔""比樂師憂"是也，使非有此《雜卦》，象必失其傳矣。

乾剛坤柔。

此以錯言，言乾坤之情性也。文王《序卦》，六十四卦止乾、坤，坎、離，大過、頤，小過、中孚八卦相錯。蓋伏羲《圓圖》，乾、坤、坎、離四正之卦本相錯，四隅之卦兌錯艮，震錯巽，故大過、頤，小過、中孚所以相錯也。

比樂師憂。

此以綜言。因二卦同體，文王相綜爲一卦。後言綜者仿此。順在內，故樂；

險在內，故憂。凡綜卦有四正綜。四正者，比樂、師憂、大有眾、同人親之類也。四隅之卦，艮與震綜，皆一陽二陰之卦，艮可以言震，震可以言艮；兌與巽綜，皆二陽一陰之卦，兌可以言巽，巽可以言兌，如隨、蠱、咸、恒之類是也。有以正綜隅、隅綜正者，臨、觀、屯、蒙之類是也。前儒不知乎此，所以言象失其傳，而不知象即藏于錯綜之中，因不細玩《雜卦》故也。

臨觀之義，或與或求。

此以綜言。君子之臨小人也，有發政施仁之意，故與；下民之觀君上也，有仰止觀光之心，故求。曰"或"者，二卦皆可言"與""求"也，蓋求則必與，與則必求。

屯見而不失其居，蒙雜而著。

此以綜言。"見"者，居九五之位也；"居"者，以陽居陽也。八卦正位，坎在五，言九五雜于二陰之間。然居九五之位，剛健中正，故"見而不失其居"。蒙九二亦雜于二陰之間，然爲發蒙之主，故"雜而著"見。皆以坎之上下言：言蒙之坎上而爲屯矣，見而不失其居；屯之坎下而爲蒙矣，雜而又著。

震，起也。艮，止也。

此以綜言。震陽起于下，艮陽止于上。

損、益，盛衰之始也。

此以綜言。損上卦之艮，下而爲益下卦之震，"帝出乎震"，故爲盛之始。益上卦之巽，下而爲損下卦之兌，"說言乎兌"，故爲衰之始。震東兌西，春生秋殺，故爲盛衰之始。

大畜，時也。无妄，災也。

此以綜言。大畜上卦之艮，下而爲無妄下卦之震，故孔子曰"剛自外來，而爲主于內"。無妄下卦之震，上而爲大畜之艮，故孔子曰"剛上而尚賢"。止其不能止者，非理之常，乃適然之時；得其不當得者，非理之常，乃偶然之禍。

萃聚而升不來也。

此以綜言。升上卦之三陰，下而爲萃之下卦三陰，同聚，故曰萃。萃下卦之三陰，上而爲升之上卦三陰，齊升，故曰升。惟升，故不降下而來。

謙輕而豫怠也。

此以綜言。謙之上六即豫之初六，故二爻皆言"鳴"。謙心虛，故自輕；豫志滿，故自肆。

噬嗑，食也。賁，无色也。

此以綜言。賁下卦之離，上而爲噬嗑之上卦，故孔子曰"柔得中而上行"。噬嗑上卦之離，下而爲賁之下卦，故孔子曰"柔來而文剛"。頤中有物，食其所有；白賁無色，文其所無。

兑見而巽伏也。

此以綜言，與震、艮同。震、艮以陽起，止于上下；此則以陰見，伏于上下。

隨，无故也。蠱，則飭也。

此以綜言。隨則以蠱上卦艮之剛，下而爲震，故孔子曰"剛來而下柔"。蠱則以隨上卦兑之柔，下而爲巽，故孔子曰"剛上而柔下"。隨無大故，故能相隨；蠱有大故，故當整飭。

剥，爛也。復，反也。

此以綜言。剥則生意漸盡，而歸于無；復則生意復萌，而反于有。

晋，晝也。明夷，誅也。

此以綜言。明夷下卦之離，進而爲晋之上卦，故孔子曰"柔進而上行"。明在上而明著，明在下而明傷。

井通而困相遇也。

此以綜言①。困上卦之兑，下而爲井下卦之巽。井下卦之巽，上而爲困上卦之兑。養而不窮，通也，即不困；剛揜其揜，遇也，即不通。

咸，速也。恒，久也。

此以綜言。故孔子曰："柔上而剛下，剛上而柔下。"有感則速，速則婚姻及時；有恒則久，久則夫婦偕老。

渙，離也。節，止也。

此以綜言。節上卦坎之剛，來居渙之下卦；渙上卦巽之柔，來居節之下卦。

---

① 此以綜言：原本無此四字，據史念冲本、朝爽堂本、鄭燦本補。

風散水，故渙，渙則離而不止；澤防水，故節，節則止而不離。

解，緩也。蹇，難也。

此以綜言。蹇下卦之艮，往而爲解上卦之震。出險之外，安舒寬緩之時；居險之下，大難切身之際。

睽，外也。家人，內也。

此以綜言。睽下卦之兌，即家人上卦之巽。睽于外而不相親，親于內而不相睽。

否、泰，反其類也。

此以綜言。大往小來，小往大來，故反其類。

大壯則止，遯則退也。 止，當作"上"。

此以綜言。"止"字乃"上"字之誤。二卦相綜，遯之三爻即大壯之四爻。"上"字指大壯之四爻而言，"退"字指遯之三爻而言，皆相比于陰之爻也。孔子因周公三爻、四爻之辭，故發此"上""退"二字，言大壯，則壯于大輿之輹，上往而進；遯則退，而畜止臣妾，使制于陽，不使之浸而長也。故大壯則上，遯則退。

大有，衆也。同人，親也。

此以綜言。同人下卦之離，進居大有之上卦；大有上卦之離，來居同人之下卦。勢統于一，所愛者衆；情通于同，所與者親。

革，去故也。鼎，取新也。

此以綜言。鼎下卦之巽，進而爲革上卦之兌。水火相息，有去故之義；水火相烹，有從新之理。

小過，過也。中孚，信也。

此以錯言。過者逾其常，信者存其誠。

豐，多故也①。親寡，旅也。

此以綜言。旅下卦之艮，即豐上卦之震。人處豐盛，故多故舊；人在窮途，故寡親識。

---

① 也：原本無，據史念冲本補。

離上而坎下也。

此以錯言。炎上潤下。

小畜，寡也。履，不處也。

此以綜言。二卦皆以柔爲主。小畜柔得位，但寡不能勝衆陽，所以不能畜，故曰"寡"也。履柔不得位，惟以悦體履虎尾，故曰"不處"也。"不處"者，非所居也，故六三《小象》曰"位不當"。

需，不進也。訟，不親也。

此以綜言。天水相上下。安分待時，故不進；越理求勝，故不親。

大過，顛也。頤，養正也。依蔡氏改正。

此以錯言。弱其本末，故顛；擇其大小，故正。《序卦》曰："頤者，養也。不養則不可動，故受之以大過。"有此作証，蔡氏方改正，所以《序卦》有功于《易》。

既濟，定也。未濟，男之窮也。依蔡氏改正。

此以綜言。水火相爲上下。六位皆當，故定；三陽失位，故窮。

歸妹，女之終也。漸，女歸待男行也。依蔡氏改正。

此以綜言。歸妹下卦之兑，進而爲漸上卦之巽；漸下卦之艮，進而爲歸妹上卦之震。歸妹者，女事之終；待男者，女嫁之禮。

姤，遇也，柔遇剛也。夬，決也，剛決柔也。君子道長，小人道消也。依蔡氏改正。

此以綜言。君子小人迭爲盛衰，猶陰陽迭相消長。一柔在五陽之下，曰"柔遇剛"者，小人之遭遇，君子之所憂也。一柔在五陽之上，曰"剛決柔"者，君子之道長，小人之所憂也。《易》之爲書，吉凶、消長、進退、存亡，不過此理、此數而已，故以是終之。

梁山來知德先生易經集注卷之十六

平山後學崔華重訂　男戀齊、岱齊、囍齊同校

考定周易繫辭上下傳

梁山來知德考定[①]

繫辭上傳

天尊地卑，乾坤定矣。卑高以陳，貴賤位矣。動靜有常，剛柔斷矣。方以類聚，物以群分，吉凶生矣。在天成象，在地成形，變化見矣。是故剛柔相摩，八卦相盪，鼓之以雷霆，潤之以風雨。日月運行，一寒一暑。乾道成男，坤道成女。乾知大始，坤作成物。乾以易知，坤以簡能。易則易知，簡則易從。易知則有親，易從則有功。有親則可久，有功則可大。可久則賢人之德，可大則賢人之業。易簡而天下之理得矣。天下之理得，而成位乎其中矣。

右第一章。

聖人設卦觀象，繫辭焉而明吉凶，剛柔相推而生變化。是故吉凶者，失得之象也。悔吝者，憂虞之象也。變化者，進退之象也。剛柔者，晝夜之象也。六爻之動，三極之道也。是故君子所居而安者，《易》之序也。所樂而玩者，爻之辭也。是故君子居則觀其象而玩其辭，動則觀其變而玩其占，是以"自天祐之，吉無不利"。

右第二章。

[①] 寶廉堂本無此題，據虎林本補入。

彖者，言乎象者也。爻者，言乎變者也。吉凶者，言乎其失得也。悔吝者，言乎其小疵也。無咎者，善補過也。是故列貴賤者存乎位，齊小大者存乎卦，辯吉凶者存乎辭，憂悔吝者存乎介，震無咎者存乎悔。是故卦有小大，辭有險易。辭也者，各指其所之。

右第三章。

《易》與天地準，故能彌綸天地之道。仰以觀於天文，俯以察於地理，是故知幽明之故。原始反終，故知死生之說。精氣爲物，游魂爲變，是故知鬼神之情狀。與天地相似，故不違。知周乎萬物而道濟天下，故不過。旁行而不流，樂天知命，故不憂。安土敦乎仁，故能愛。範圍天地之化而不過，曲成萬物而不遺，通乎晝夜之道而知，故神無方而《易》無體。

右第四章。

一陰一陽之謂道。繼之者善也。成之者性也。仁者見之謂之仁，知者見之謂之知。百姓日用而不知，故君子之道鮮矣。顯諸仁，藏諸用，鼓萬物而不與聖人同憂，盛德大業至矣哉！富有之謂大業，日新之謂盛德。生生之謂《易》，成象之謂乾，效法之謂坤，極數知來之謂占，通變之謂事，陰陽不測之謂神。

右第五章。

夫《易》，廣矣大矣！以言乎遠則不禦，以言乎邇則靜而正，以言乎天地之間則備矣。夫乾，其靜也專，其動也直，是以大生焉。夫坤，其靜也翕，其動也闢，是以廣生焉。廣大配天地，變通配四時，陰陽之義配日月，易簡之善配至德。

右第六章。

子曰：《易》其至矣乎！夫《易》，聖人所以崇德而廣業也。知崇禮卑，崇效天，卑法地。天地設位，而《易》行乎其中矣。成性存存，道義之門。

右第七章。

聖人有以見天下之賾，而擬諸其形容，象其物宜，是故謂之象。聖人有以見天下之動，而觀其會通，以行其典禮，繫辭焉以斷其吉凶，是故謂之爻。言天下之至賾而不可惡也，言天下之至動而不可亂也，擬之而後言，議之而後動，擬議以成其變化。

子曰："危者，安其位者也。亡者，保其存者也。亂者，有其治者也。是故君子安而不忘危，存而不忘亡，治而不忘亂，是以身安而國家可保也。《易》曰：'其亡其亡，繫于苞桑。'"

"同人，先號咷而後笑。"子曰："君子之道，或出或處，或默或語。二人同心，其利斷金。同心之言，其臭如蘭。"

《易》曰："自天祐之，吉無不利。"子曰："祐者，助也。天之所助者，順也。人之所助者，信也。履信思乎順，又以尚賢也，是以'自天祐之，吉無不利也'。"

"勞謙，君子有終，吉。"子曰："勞而不伐，有功而不德，厚之至也。語以其功下人者也。德言盛，禮言恭。謙也者，致恭以存其位者也。"

子曰："知幾其神乎？君子上交不諂，下交不瀆，其知幾乎！幾者，動之微，吉之先見者也。君子見幾而作，不俟終日。《易》曰：'介于石，不終日，貞吉。'介如石焉，寧用終日？斷可識矣！君子知微知彰，知柔知剛，萬夫之望。"

子曰："小人不耻不仁，不畏不義，不見利不勸，不威不懲，小懲而大誡，此小人之福也。《易》曰：'履校滅趾，無咎。'此之謂也。"

"善不積不足以成名，惡不積不足以滅身。小人以小善爲無益而弗爲也，以小惡爲無傷而弗去也，故惡積而不可掩，罪大而不可解。《易》曰：'何校，滅耳，凶。'"

子曰："顏氏之子，其殆庶幾乎？有不善未嘗不知，知之未嘗復行也。《易》曰：'不遠復，無祇悔，元吉。'"

"初六，藉用白茅，無咎。"子曰："苟錯諸地而可矣，藉之用茅，何咎之有？慎之至也。夫茅之爲物薄，而用可重也。慎斯術也以往，其無所失矣。"

右第八章。依《序卦》，上經九爻與下經同。

天一、地二，天三、地四，天五、地六，天七、地八，天九、地十。天數五，地數五，五位相得而各有合。天數二十有五，地數三十，凡天地之數五十有五，此所以成變化而行鬼神也。大衍之數五十，其用四十有九。分而爲二以象兩，挂一以象三，揲之以四以象四時，歸奇於扐以象閏。五歲再閏，故再扐而後挂。乾之策二百一十有六，坤之策百四十有四，凡三百有六十，當期之日。二篇之策，萬有一千五百二十，當萬物之數也。是故四營而成《易》，十有八變而成卦，八卦而小成，引而伸之，觸類而長之，天下之能事畢矣。顯道神德行，是故可與酬酢，可與祐神矣。子曰："知變化之道者，其知神之所爲乎！"

　　右第九章。

　　《易》有聖人之道四焉：以言者尚其辭，以動者尚其變，以制器者尚其象，以卜筮者尚其占。是以君子將有爲也，將有行也，問焉而以言，其受命也如嚮。無有遠近幽深，遂知來物。非天下之至精，其孰能與於此？參伍以變，錯綜其數。通其變，遂成天地之文。極其數，遂定天下之象。非天下之至變，其孰能與於此？《易》無思也，無爲也，寂然不動，感而遂通天下之故，非天下之至神，其孰能與於此？夫《易》，聖人所以極深而研幾也。唯深也，故能通天下之志。唯幾也，故能成天下之務。唯神也，故不疾而速，不行而至。子曰"《易》有聖人之道四焉"者此之謂也。

　　右第十章。

　　子曰："夫《易》，何爲者也？夫《易》，開物成務，冒天下之道，如斯而已者也。"是故聖人以通天下之志，以定天下之業，以斷天下之疑。是故蓍之德圓而神，卦之德方以知，六爻之義易以貢。聖人以此洗心，退藏於密，吉凶與民同患。神以知來，知以藏往，其孰能與於此哉？古之聰明叡知，神武而不殺者夫。是以明於天之道，而察于民之故，是興神物以前民用，聖人以此齋戒，以神明其德夫。是故闔戶謂之坤，闢戶謂之乾，一闔一闢謂之變，往來不窮謂之通，見乃謂之象，形乃謂之器，制而用之謂之法，利用出入，民咸用之，謂之神。是故《易》有太極，是生兩儀，兩儀生四象，四象生八卦，八卦定吉凶，吉凶生大業。是故，法象莫大乎天地，變通莫大乎四時，縣象著明莫大乎日月，崇高莫大乎富貴，備物致用、立成器以爲天下利莫大乎聖人，探賾索隱、鉤深致遠，以定天下之吉凶、成天下之亹亹者莫大乎蓍龜。是故天生神物，聖人則之。天地變化，聖人效之。天垂象，見吉凶，聖人象之。河出圖，洛出書，聖人則之。《易》有四象，所以示也。繫辭焉，所以告也。定之以吉凶，所以斷也。

右第十一章。

子曰："書不盡言，言不盡意。"然則聖人之意其不可見乎？子曰："聖人立象以盡意，設卦以盡情僞，繫辭焉以盡其言，變而通之以盡利，鼓之舞之以盡神。"乾坤，其《易》之縕耶？乾坤成列，而《易》立乎其中矣。乾坤毀則無以見《易》，《易》不可見，則乾坤或幾乎息矣。是故形而上者謂之道，形而下者謂之器，化而裁之謂之變，推而行之謂之通，舉而措之天下之民謂之事業。極天下之賾者存乎卦，鼓天下之動者存乎辭，化而裁之存乎變，推而行之存乎通，神而明之存乎其人，默而成之，不言而信，存乎德行。

右第十二章。與《下繫傳》同十二章。

繫辭下傳

八卦成列，象在其中矣。因而重之，爻在其中矣。剛柔相推，變在其中矣。繫辭焉而命之，動在其中矣。吉凶悔吝者，生乎動者也。剛柔者，立本者也。變通者，趣時者也。吉凶者，貞勝者也。天地之道，貞觀者也。日月之道，貞明者也。天下之動，貞夫一者也。夫乾，確然示人易矣。夫坤，隤然示人簡矣。爻也者，效此者也。象也者，像此者也。爻象動乎內，吉凶見乎外，功業見乎變，聖人之情見乎辭。天地之大德曰生，聖人之大寶曰位，何以守位曰仁，何以聚人曰財。理財正辭、禁民爲非曰義。

右第一章。

古者包犧氏之王天下也，仰則觀象于天，俯則觀法於地，觀鳥獸之文與地之宜，近取諸身，遠取諸物，於是始作八卦，以通神明之德，以類萬物之情。作結繩而爲網罟，以佃以漁，蓋取諸離。包犧氏没，神農氏作，斫木爲耜，揉木爲耒，耒耨之利，以教天下，蓋取諸益。日中爲市，致天下之民，聚天下之貨，交易而退，各得其所，蓋取諸噬嗑。神農氏没，黃帝堯舜氏作，通其變，使民不倦，神而化之，使民宜之，《易》窮則變，變則通，通則久，是以自天祐之，吉無不利。黃帝堯舜垂衣裳而天下治，蓋取諸乾、坤。刳木爲舟，剡木爲楫，舟楫之利，以濟不通，致遠，以利天下，蓋取諸渙。服牛乘馬，引重致遠，以利天下，蓋取諸隨。重門擊柝，以待暴客，蓋取諸豫。斷木爲杵，掘地爲臼，臼杵之利，萬民以濟，蓋取諸小過。弦木爲弧，剡木爲矢，弧矢之利，以威天下，蓋取諸睽。上古穴居而野處，後世聖人易之以宮室，上棟下宇，以待風雨，蓋取諸大壯。古之葬者，厚衣之以薪，葬之中野，不封不樹，喪期無數，後世聖人易之以棺椁，蓋取諸大過。上古結繩而治，後世聖人易之以書契，百官以治，萬民以察，蓋取諸夬。

右第二章。

是故《易》者，象也。象也者，像也。彖者，材也。爻也者，效天下之動者也。是故吉凶生而悔吝著也。

右第三章。

陽卦多陰，陰卦多陽，其故何也？陽卦奇，陰卦偶，其德行何也？陽一君而二民，君子之道也。陰二君而一民，小人之道也。

右第四章。

《易》曰："憧憧往來，朋從爾思。"子曰："天下何思何慮？天下同歸而殊途，一致而百慮。天下何思何慮？"日往則月來，月往則日來，日月相推而明生焉。寒往則暑來，暑往則寒來，寒暑相推而歲成焉。往者屈也。來者信也，屈信相感而利生焉。尺蠖之屈以求信也，龍蛇之蟄以存身也。精義入神以致用也，利用安身以崇德也。過此以往，未之或知也。窮神知化，德之盛也。

子曰："作《易》者，其知盜乎？《易》曰：'負且乘，致寇至。'負也者，小人之事也。乘也者，君子之器也。小人而乘君子之器，盜思奪之矣。上慢下暴，盜思伐之矣。慢藏誨盜，冶容誨淫。《易》曰：'負且乘，致寇至'，盜之招也。"

《易》曰："公用射隼于高墉之上，獲之無不利。"子曰："隼者，禽也。弓矢者，器也。射之者，人也。君子藏器于身，待時而動，何不利之有？動而不括，是以出而有獲，語成器而動者也。"

"天地絪縕，萬物化醇。男女構精，萬物化生。《易》曰：'三人行則損一人，一人行則得其友。'言致一也。"

子曰："君子安其身而後動，易其心而後語，定其交而後求。君子修此三者，故全也。危以動，則民不與也，懼以語，則民不應也。無交而求，則民不與也。莫之與，則傷之者至矣。《易》曰：'莫益之，或擊之，立心勿恒，凶。'"

《易》曰："困于石，據于蒺藜，入于其宮，不見其妻，凶。"子曰："非所困而困焉，名必辱。非所據而據焉，身必危。既辱且危，死期將至，妻其可得見邪？"

子曰："德薄而位尊，知小而謀大，力小而任重，鮮不及矣。《易》曰：'鼎折足，覆公餗，其形渥，凶。'言不勝其任也。"

"不出户庭，無咎。"子曰："亂之所生也，則言語以爲階。君不密則失臣，臣不密則失身，幾事不密則害成，是以君子密慎而不出也。"

"鳴鶴在陰，其子和之。我有好爵，吾與爾靡之。"子曰："君子居其室，出其言，善則千里之外應之，況其邇者乎？居其室，出其言不善，則千里之外違之，況其邇者乎？言出乎身，加乎民。行發乎邇，見乎遠。言行，君子之樞機，樞機之發，榮辱之主也。言行，君子之所以動天地也，可不慎乎？"

右第五章。依《序卦》，《下經》九爻與《上經》同。

子曰："乾坤，其《易》之門邪？乾，陽物也。坤，陰物也。陰陽合德而剛柔有體，以體天地之撰，以通神明之德。其稱名也，雜而不越，於稽其類，其衰世之意邪？"夫《易》，彰往而察來，而微顯闡幽。開而當名辨物，正言斷辭則備矣。其稱名也小，其取類也大，其旨遠，其辭文，其言曲而中，其事肆而隱。因貳以濟民行，以明失得之報。

右第六章。

《易》之興也，其於中古乎？作《易》者其有憂患乎？是故履，德之基也。謙，德之柄也。復，德之本也。恒，德之固也。損，德之修也。益，德之裕也。困，德之辨也。井，德之地也。巽，德之制也。履，和而至。謙，尊而光。復，小而辨於物。恒，雜而不厭。損，先難而後易。益，長裕而不設。困，窮而通。井，居其所而遷。巽，稱而隱。履以和行，謙以制禮，復以自知，恒以一德，損以遠害，益以興利，困以寡怨，井以辨義，巽以行權。

右第七章。

《易》之為書也，不可遠，為道也屢遷，變動不居，周流六虛，上下無常，剛柔相易，不可為典要，唯變所適。其出入以度，外內使知懼，又明於憂患與故，无有師保，如臨父母。初率其辭而揆其方，既有典常。苟非其人，道不虛行。

右第八章。

《易》之為書也，原始要終，以為質也。六爻相雜，唯其時物也。其初難知，其上易知，本末也。初辭擬之，卒成之終。若夫雜物撰德，辨是與非，則非其中爻不備。噫！亦要。存亡吉凶，則居可知矣。知者觀其彖辭，則思過半矣。二與四同功而異位，其善不同。二多譽，四多懼，近也。柔之為道不利遠者，其要无咎，其用柔中也。三與五同功而異位，三多凶，五多功，貴賤之等也。其柔危，其剛勝邪？

右第九章。

《易》之為書也，廣大悉備，有天道焉，有人道焉，有地道焉。兼三才而兩之，故六。六者，非他也，三才之道也。道有變動，故曰爻。爻有等，故曰物。物相雜，故曰文。文不當，故吉凶生焉。

右第十章。

《易》之興也，其當殷之末世、周之盛德邪？當文王與紂之事邪？是故其辭危。危者使平，易者使傾，其道甚大，百物不廢。懼以終始，其要无咎。此之謂《易》之道也。

右第十一章。

夫乾，天下之至健也，德行恒易以知險。夫坤，天下之至順也，德行恒簡以知阻。能說諸心，能研諸慮，定天下之吉凶，成天下之亹亹者。是故變化云為，吉事有祥，象事知器，占事知來。天地設位，聖人成能。人謀鬼謀，百姓與能。八卦以象告，爻彖以情言。剛柔雜居，而吉凶可見矣。變動以利言，吉凶以情遷，是故愛惡相攻而吉凶生，遠近相取而悔吝生，情偽相感而利害生。凡《易》之道，近而不相得則凶，或害之，悔且吝。將叛者其辭慚。中心疑者其辭枝，吉人之辭寡，躁人之辭多，誣善之人其辭游，失其守者其辭屈。

右第十二章。與《上繫傳》同十二章。

補定周易說卦傳

梁山來知德補定

說卦傳

昔者聖人之作《易》也，幽贊於神明而生蓍，參天兩地而倚數，觀變於陰陽而立卦，發揮於剛柔而生爻，和順於道德而理於義，窮理盡性以至於命。

右第一章。

昔者聖人之作《易》也，將以順性命之理。是以立天之道曰陰與陽，立地之道曰柔與剛，立人之道曰仁與義。兼三才而兩之，故《易》六畫而成卦，分陰分陽，迭用柔剛，故《易》六位而成章。

右第二章。

天地定位，山澤通氣，雷風相薄，水火不相射，八卦相錯。數往者順，知來者逆，是故《易》，逆數也。

右第三章。

雷以動之，風以散之，雨以潤之，日以烜之，艮以止之，兌以說之，乾以君之，坤以藏之。

右第四章。

帝出乎震，齊乎巽，相見乎離，致役乎坤，說言乎兌，戰乎乾，勞乎坎，成言乎艮。萬物"出乎震"，震，東方也。"齊乎巽"，巽，東南也。齊也者，言萬物之潔齊也。離也者，明也，萬物皆相見南方之卦也。聖人南面而聽天下，嚮明而治，蓋取諸此也。坤也者，地也，萬物皆致養焉，故曰"致役乎坤"。兌，正秋也，萬物之所說也，故曰"說言乎兌"。"戰乎乾"，乾，西北之卦也，言陰陽相薄也。坎者，水也，正北方之卦也，勞卦也，萬物之所歸也，故曰"勞乎坎"。艮，東北之卦也，萬物之所成終而所成始也，故曰"成言乎艮"。

右第五章。

神也者，妙萬物而爲言者也。動萬物者莫疾乎雷，撓萬物者莫疾乎風，燥萬物者莫熯乎火，說萬物者莫說乎澤，潤萬物者莫潤乎水，終萬物始萬物者莫盛乎艮。故水火相逮，雷風不相悖，山澤通氣，然後能變化既成萬物也。

右第六章。

乾，健也。坤，順也。震，動也。巽，入也。坎，陷也。離，麗也。艮，止也。兌，說也。

右第七章。

乾爲馬，坤爲牛，震爲龍，巽爲鷄，坎爲豕，離爲雉，艮爲狗，兌爲羊。

右第八章。

乾爲首，坤爲腹，震爲足，巽爲股，坎爲耳，離爲目，艮爲手，兌爲口。

右第九章。

乾，天也，故稱乎父。坤，地也，故稱乎母。震一索而得男，故謂之長男。巽一索而得女，故謂之長女。坎再索而得男，故謂之中男。離再索而得女，故謂之中女。艮三索而得男，故謂之少男。兌三索而得女，故謂之少女。

右第十章。

乾爲天，爲圜，爲君，爲父，爲玉，爲金，爲寒，爲冰，爲大赤，爲良馬，爲老馬，爲瘠馬，爲駁馬，爲木果。《荀九家》有爲龍，爲直，爲衣，爲言。〇來知德有爲郊，爲帶，爲旋，爲知，爲富，爲大，爲頂，爲戎，爲武。

坤爲地，爲母，爲布，爲釜，爲吝嗇，爲均，爲子母牛，爲大輿，爲文，爲衆，爲柄。其於地也爲黑。《荀九家》有爲牝，爲迷，爲方，爲囊，爲裳，爲黃，爲帛，爲漿。來知德有爲末，爲能，爲小，爲朋，爲户，爲敦。

震爲雷，爲龍，爲玄黃，爲車，爲大塗，爲長子，爲決躁，爲蒼筤竹，爲萑葦，其於馬也爲善鳴，爲馵足，爲作足，爲的顙，其於稼也爲反生，其究爲健，爲蕃鮮。《荀九家》有爲玉，爲鵠，爲鼓。來知德有爲青，爲升躋，爲奮，爲官，爲園，爲春耕，爲東，爲老，爲筐。

巽爲木，爲風，爲長女，爲繩直，爲工，爲白，爲長，爲高，爲進退，爲不果，爲臭，其於人也爲寡髮，爲廣顙，爲多白眼，爲近利市三倍，其究爲躁卦。《荀九家》有爲楊，爲鸛。來知德有爲浚，爲魚，爲草茅，爲宮人，爲老婦。

坎爲水，爲溝瀆，爲隱伏，爲矯輮，爲弓輪，其於人也爲加憂，爲心病，爲耳痛，爲血卦，爲赤，其於馬也爲美脊，爲亟心，爲下首，爲薄蹄，爲曳，其於輿也爲多眚，爲通，爲月，爲盜，其於木也爲堅多心。《荀九家》有爲宮，爲律，爲可，爲棟，爲叢棘，爲狐，爲蒺藜，爲桎梏。來知德有爲沫，爲泥塗，爲孕，爲酒，爲臀，爲淫，爲北，爲幽，爲孚，爲河。

離爲火，爲日，爲電，爲中女，爲甲冑，爲戈兵，其於人也爲大腹，爲乾卦，爲鼈，爲蟹，爲蠃，爲蚌，爲龜，其於木也爲科上槁。《荀九家》有爲牝牛。來知德有爲苦，爲朱，爲三，爲焚，爲泣，爲歌，爲號，爲墉，爲城，爲南，爲不育，爲害。

艮爲山，爲徑路，爲小石，爲門闕，爲果蓏，爲閽寺，爲指，爲狗，爲鼠，爲黔喙之屬，其於木也爲堅多節。《荀九家》有爲鼻，爲虎，爲狐。來知德有爲床，爲握，爲終，爲宅，爲廬，爲丘，爲篤，爲童，爲尾。

兌爲澤，爲少女，爲巫，爲口舌，爲毀折，爲附決，其於地也爲剛鹵，爲妾，爲羊。《荀九家》有爲常，爲輔頰。來知德有爲笑，爲五，爲食，爲跋，爲眇，爲西。

右第十一章。

跋

　　梁山來矣鮮先生《易注》一編，於易象獨得其解。學士大夫多艷稱之，家大人慕而訪求之者數年於茲矣。戊辰秋，幸於吳門書肆舊集中獲有藏本，歸而授余，且命之曰："士人讀書稽古，所重在於經術。竊訝近日專家之士，各守一經，大率理會章句，摹仿帖括，以為襲取科名之地，如是焉止矣。詢以經傳理解源流及聖人'書不盡言，言不盡意'之旨，茫如也。況《易》理廣大精微，尤非他經可同日語者。來先生《易注》獨能窮源探本，剖晰易象中疑義較若列眉，發歷代諸儒所未發，真四聖人後一人也。汝宜潛心索玩，勿第以尋常傳注目之。"余拜而受命。因思明道先生入蜀時，遇醬翁篋叟，談損益二卦，別有解會，心竊嘆異，以為《易》學在蜀。今來先生是編，設令程夫子見之，當益信《易》學之果在蜀矣。先生發蒙啟晦，誠羲、文、周、孔之功臣也哉。惟是世遠言湮，遺文殘缺，購之數年而僅得此帙，倘日久失傳，不幾終於滅沒，而辜先生探索之苦心歟？爰請命家大人，重加較訂，急付剞劂，以公諸世。刻成，余因得附語簡末，志其端委，且以告世之專治一經者，毋第以帖括兩字錮此一生精力，則經傳中"書不盡言"之意，自能旁通觸類，有所發明，庶家大人重刊是注之婆心可以無負，尤所望於學《易》諸君子讀是編而有同志者。

　　平山後學崔岱齊青峙敬識。

附録一

刻來瞿唐先生易經集注序 [①]

  我聖祖飭新方夏，頒示朱紫陽《易注》，畫一人士，俾各遵習，義示大一統矣。逮至成祖文皇帝，特命諸儒臣纂修《易經》、《性理大全》，雜取成書，則豈不能效西京柏梁間安蒲四往，羅致蔀蘙，何借才異代爲？直念草昧方夷，人未輩出，然瘖瘂真儒，冀羽翼昔聖，成一代書，意殷殷乎？永、宣而後，治教休明，以理學最名，若薛敬軒、陳白沙、王陽明之數先生者，論心淵邃，衺然著家。顧以一日先，自人間世都人士目染耳濡，謂衣鉢盡之數公，詎意復有來瞿唐先生者。

  先生後起西方，藐焉師授，僅得薛敬軒一《錄》，讀之京師，即"願學孔子"，歸而《内篇》雜著，若"明德""格物""忠恕""一貫"之旨，脫籬宋箋，深爲聖門闢障隔，此其較著者，業已具有大方諸先生序評，卿不敢復論。惟初就注《易》得丐而傳之。梓成，爛然卷帙。竊案牘之間，嗣以丙夜寓目，凡兩閲月而始能檃括其旨，曰：嗟，嗟！自注《易》以來，先生一人而已！夫《易》以道陰陽，又云"不可爲典要"，卦之德體，爻之趨時，尚矣。先生著卦有錯有綜，以變自本卦之一爻歷爻，以象自卦情、卦畫及卦之錯綜占變。又就

[①]徐博卿序原本無，據虎林本補。

中爻之二四、三五分上下卦。其錯綜、象變、德體，莫不稱是。蓋無一卦爻無陰陽，無一陰陽無流行對待，遂於四聖所布圖序卦、比物斷詞，若消融炊黳而揭之漢蒼。又有《八卦所屬自相錯綜圖》、《序卦正綜雜綜圖》、《四正四隅相綜圖》，又謂八卦之變，每臨尾乾一離三之類，各自爲相值，類皆玄妙天成，無絲毫設鑿之擾，他足該其概矣。若至倚數有辨，摩蕩有辨，理直空千古而上之。傅達吾謂足屈服程、朱，吳會張子功謂品類康節而才則過之，此言謂爲先生鍾子期，非耶？乃先生輒困知自命，謂《易》注求溪，始夫五岳不果游，而適志求溪，亦西伯羑里寄耳。先生淵圁自宅，何必求溪？意必渾忘，何必不求溪？蓋《圓圖》一畫，已注《易》于内。至有三十年之假，則先師"假我數年于《易》，將終身"之説乎？

論者有謂《易》道彌綸陰陽，與天地終始，在昔畫始渾噩，中衍于二姬聖而成周文明之治延之八百，再衍以宣尼而廟食千萬載。我國家迅掃胡元，何異混闢首開？二祖所著爲《易》書甲令，足與姬聖相發明。德教漸涵，以至今日而始有先生者，捐漢宋以來諸儒蹊徑，而勒成一注，能得二祖至意於表章纂集之外，實類《易》興中古時。益信昭代休明之治，綿乾坤以悠永，殆將過周曆萬萬焉！而論次先生者，誰不躋之四配十哲中以所參合必之也。

邑紳戴桂屏，以出先生門，謙跋注後，而虛弁候卿。卿不敏，何能序先生？然不敢不撮其概，乃若先生之道德丰裁，具卿奏記台司諸牘中，諸略而不具，虞贅耳。

歲萬曆己亥仲冬之吉，閩南九日晚學徐博卿頓首序。

附錄二

戴誥跋[①]

　　《易》自孔子沒，商瞿不能傳，至王弼掃象之後，後儒因之，不言其象，止言其理，四聖之《易》已絕矣。先生生于二千餘年之下，以侍養未仕，遠客萬州求溪，探賾索隱三十年，而後悟《易》之象，又悟文王《序卦》，又悟孔子《雜卦》，又悟卦變之非，潔净精微之奥妙復燦然大明于世。誥秦中致仕歸田，欲梓是書，先生以未就辭之。天啓文明，恭遇閩中徐侯來令吾梁，首懇是書，慨然捐俸梓之。邑士大夫建吾古公、春城李公及不肖誥感侯高誼，各少補工費。通學諸友助費者，誥不能悉紀。是不傳之秘自先生而傳，而已絕之書自徐侯而續，其成也，豈偶然哉！羽翼四聖之功亦偉矣，誥不能文，敢直書數字于其後云。時萬曆己亥夏午月吉日，門生戴誥頓首謹識。

---

①戴誥跋原無，據虎林本補。

附錄三

冉氏家譜序[1]

(明) 瞿唐 來知德 矢鮮

諸山發於崑崙而五岳三神皆眷屬也，諸水導於岷嶓而九河四瀆皆支派也，三十六洞天、七十二福地，是即山之族譜也。然此其大宗法耳。至於小宗之法，則山有脉，由丘垤以極岡陵，皆其脉之分峙，謂撮土而不本於山不可也；水有源由，行潦以至江漢，皆其源之支流，謂勺水而不本於水不可也。山水有本，而人詎無本哉？《周禮》小宗伯掌三族，辨親疏，小史定世系，難昭穆，歷漢、晉、隋、唐、宋，曰"官譜"，曰"局譜"，曰"簿狀"，其名不同，其義一也。故眉山蘇氏有《宗新譜》，廬陵歐陽氏有《宗萬譜》，江左王氏有《青箱譜》，臨江劉氏有《墨莊譜》，迄我明而溧陽史、蒲田林、嘉禾李，亦家譜煌然，爲縉紳君子深嘉樂道焉。矧冉氏世官酉陽，支繁族衍，始自河南內黃，及於陝西京兆，蜀夔萬、石砫、內江，湖廣大田，貴州沿河、麻兔，子姓既多，分移不一，苟無譜以紀之，其於古人辨親疏、辨昭穆之義不相逕庭乎。余故因冉生維功之請，即其舊本故帙而爲序正之。冉氏之族固多也。冉氏之居固涣也，使披諸圖，閱諸譜，譬彼三神五岳，吾知其發於崑崙，而撮土丘垤皆出於山也；九河四瀆，吾知其發源於岷嶓，而勺水行潦皆出於水也。洞天三十有六，福地七十有二，而皆歸諸傳記尺牘寸楮間也。嗣是而窮駿海菟，狩麟河鳳，奮足萬里，振羽千仞，爲跨寵，爲祖風，爲寧馨，爲興門，袞袞公侯，咸有所瞻仰，有所

---

[1]出自同治《增修酉陽直隸州總志》卷二十《藝文志》。

繩武矣。然勿謂我官也，我貴也，族莫我若也。須知晏子之敝車羸馬，而父之族無不車，母之族無不足衣食，妻之族無凍餒，與夫范文正公之分財產於族人，且相率其族於忠孝濟濟、文武斌斌之業。夫如是，則族睦矣，族睦則人和矣，人和則足以守成茅土、世篤忠貞矣。不必如孟嘗之食客三千也，不必如戴子高之延士數百也，內艱不生，外難不作，斯無負祖宗汗馬之勳及世譜傳記之義。

附録四

太史來瞿唐先生年譜

　　來瞿唐先生者，古大儒也。於梁爲鄉先生，梁之人無不知有先生者。及問曰先生何如，或知焉不能言，即言焉不能詳，余竊惑之矣。邑有大儒，坐令其一顰一笑，一言一動不彰於後，有司之過也。邑有大儒，不以其一顰一笑、一言一動教邑人，而別求所以教之之方，有司之愚也。先生《年譜》一編，載在邑志，余退食暇，批閱再三，慨然想見其爲人。辛卯春，又得先生裔孫家藏抄本，視邑志較詳，爰与友人曾越山、沈雲谷參校異同，証以行狀，間附集中诗文语录，梓而布之。邑人使手是編者，遇诸目，存諸心，凡先生顰笑言動，藉藉邑人之口，於以振興頹風，維持名教，其即匹夫化鄉里之意歟？先生不云乎，"與吾鄉人共爲君子，以成美俗"，後之覽者，亦將有感於斯言。至《日錄》全集抄本散失過半，且多差訛，俟購有善本，續刻以廣其教云。道光十一年三月望日，端州後學區拔熙谷樵氏識於梁山官署。

來瞿唐先生年譜原序

（明進士）涂有祜

　　予髮未燥，即習見吾梁有瞿唐先生，蓋隱君子也。先生以禮經魁蜀，凡三上公車不第，因親老，遂焚引侍養，隱居著書，自擬願學孔子。著有《易注》、《日錄》內、外諸篇。書行於世，見者珍之如天球大貝，予又何能復贊一辭？然予母即先生堂孫媛，予亦忝曾孫輩。予於舞象時，先生常撫予頂曰"讀書，讀書"，若甚器予者，及稍長，因得觀先生家藏，若解若不解，無項不置几案間。不意兵燹後。甚於秦坑，一切圖書版籍盡屬灰燼，并先生之子若孫半化異物，可爲浩嘆。予避難徙居异鄉，倏忽二十餘年。及還里，遍訪先生遺稿，筆冢墨莊，猶有存者，空谷足音，聳然以喜。適一日，先生曾孫象坤者，持《年譜》一冊，若惜其殘而猶幸其不墜者，以示予。予曰："《年譜》也歟哉，此火後琮璜，霜餘松檜，先生生平著述大概具是矣。他如《易注》、《日錄》諸篇，海內名公競授梓以廣其傳，又何難一再覯也。"予今讀其書，猶想見其人，窺一斑以自淑，固上願也，托姓名於簡端，猶其次焉者矣。

　　（附）《明史》：知德，字矣鮮。幼有至行，有司舉爲孝童。嘉靖三十一年舉於鄉。二親相繼歿，廬墓六年，不飲酒茹葷。服除，傷不及祿養，終身麻衣蔬食，誓不見有司。其學以致知爲本，盡倫爲要。所著有《省覺錄》《省事錄》《理學辯疑》《心學晦明解》諸書，而《周易集注》一編用功尤篤。初，自言學莫邃於《易》，結廬釜山，學之六年無所得。後遠客求溪山中，覃思者數年，始悟《易》象。又數年，始悟文王《序卦》、孔子《雜卦》之意。又數年，始悟卦變之非。蓋二十九年而後書成。萬曆三十年，總督王象乾、巡撫郭子章合詞論薦，特授翰林待詔。知德力辭，詔以所授官致仕，有司月給米三石，終其身。

太史來瞿唐先生年譜

門人（古之賢、李綸、李枚、戴誥、高玉、張綱）仝編

端州後學區拔熙校刊

（成都/紹興）後學（曾文波/沈鏞）參校

先生諱知德，字矣鮮，號瞿唐。原籍越之蕭山，後徙家楚之麻城，元末，始祖泰入蜀，卜居梁山，故世爲梁人。泰生均受，均受生晁富，晁富生志清，俱潛隱未仕。志清生昭，始起家爲宜良令，以清白致仕。昭生尚廉，好施予。尚廉生朝，嘗拾金還主，即先生父也。母丁孺人娠時，夢藍衣人駕鶴從空，至檐際，鶴欲鳴，其人撫其頂曰："不不不。"後先生因號"不不子"。（附注：先生父拾南昌王夢六遺金二百，憐其投江慟哭，遂挈還客。分其半，辭不受。客禱祠曰："願來氏世世子孫生英賢也。"）

嘉靖四年乙酉十月初五日亥時，生於縣西沙河鋪釜山下。

嘉靖五年丙戌至十年辛卯，此先生孩赤時，無述。

嘉靖十一年壬辰，先生八歲。知讀書。

嘉靖十二年癸巳，先生九歲。能作長短句。

嘉靖十三年甲午，先生十歲。伯兄知行令題《池水》，中有句云："蒼生領望通舟楫，鄰家暫借養魚龍。"又題《白扇》云："一片白，一片白，片片白白皎如月。誰當我出來，掃除天下熱。"自十歲起，得顛疾，夢上天。（邑志先生《行狀》作："夢上天，日月雲霞俱在下。"）

嘉靖十四年乙未，先生十一歲。疾未愈。

嘉靖十五年丙申，先生十二歲。

嘉靖十六年丁酉，先生十三歲。

嘉靖十七年戊戌，先生十四歲。疾未愈。常夢獨立巫峰上，故先生別號"十二峰道人"。（邑令艾公延先生借子切磋，嘉之曰："爾夢立巫峰，异日非宰輔必聖賢。"附：一作："爾夢上天。"）

嘉靖十八年己亥，先生十五歲。

嘉靖十九年庚子，先生十六歲。游泮。督學毛批是卷"心思精透，口聲不凡，當不止於科目"。是年疾愈。

嘉靖二十年辛丑，先生十七歲。初治《詩》。是年，改《禮記》。

嘉靖二十一年壬寅，先生十八歲。督學周考居第二。

嘉靖二十二年癸卯，先生十九歲。赴鄉試，有疾未入場，歸。十月，冠，娶倪孺人。

嘉靖二十三年甲辰，先生二十歲。

嘉靖二十四年乙巳，先生二十一歲。

嘉靖二十五年丙午，先生二十二歲。疾，未入場。

嘉靖二十六年丁未，先生二十三歲。長子時敏生。

嘉靖二十七年戊申，先生二十四歲。

嘉靖二十八年己酉，先生二十五歲。疾，未入場。

嘉靖二十九年庚戌，先生二十六歲。督學陳考居第一。陳公曰："此才川中少有，須當讀書。"遂客石礅寺讀書。

嘉靖三十年辛亥，先生二十七歲。讀書石墩寺。

嘉靖三十一年壬子，先生二十八歲。以《禮》經中式第五名。是年，明倫堂石砌生五色靈芝。時本縣乏科百年，縣令何公作興百金，辭不受。自中式後不復夢立巫峰矣。

嘉靖三十二年癸丑，先生二十九歲。不第。御史喻（巡按）云："川中舉人多求作興，余主場考七十二人，聯捷者八，余不喜，獨喜來子辭作興，蓋鳳毛麟角，他日非名卿則名賢也。"乃移檄云："來某辭作興於縣令，播芳譽於諸司，即今日之始進，而他年之服官可知，聖賢地位亦從此做去，此榜不得人也哉！"表其門曰："清節可風"。督學曾移檄云："來某文登高第，志勵清修，委堪人師。"仰縣將本道考取入學生員古之賢、戴誥等三十八人送至門下，俾其朝夕與游，庶耳濡目染，自成君子。乃改宏山寺爲宏山書院，令先生教授其中。（《行狀》作："宏仁書院"。）

嘉靖三十三年甲寅，先生三十歲。讀書虎城寺。

嘉靖三十四年乙卯，先生三十一歲。入京會試。

嘉靖三十五年丙辰，先生三十二歲。不第。還至巫峽，作《春風辭》諸篇。族子來時良窘甚，先生收養，娶妻置田産，□①發歸。次子時升生。

（附）春風辭

春風起兮花殘，我有美人兮江之干。三年不見兮路漫漫，遠莫致兮贈木難。歲崢嶸而將莫，心惆悵而轉寒。□宿莽兮寒幽蘭，指九天兮我心丹。願及榮華之未落兮驂玉鸞，何時見我美人兮，使我終夜不寐起長嘆。

其二

春風起兮花飛，我有美人兮江之磯。三年不見兮路嶇崎，遠莫致兮贈珠璣。駐飛榭②而漸遠，望九關而多違。飲墜露兮餐落菲，柳昏花暝兮我心依。願及年歲之未晏兮駕玉騑，何時見我美人兮，使我終夜不寐轉歔欷。

其三

春風起兮花落，我有美人兮江之閣，三年不見兮路沙漠，遠莫致兮贈金錯。目眢眢而下山，花飄飄而漸蕣。佩辛夷兮結杜若，不我泂知兮我心臍。隨風雲上征兮跨丹鶴，何時見我美人兮，使我終夜不寐轉蕭索。

（先生《日錄》內外集共二十卷，所著詩文、語錄甚夥，不勝附入，兹因《年譜》所載，擇其尤要者附錄於後，使覽者得其崖略。）

嘉靖三十六年丁巳，先生三十三歲。家居。

嘉靖三十七年戊午，先生三十四歲。入京師會試。父臨行囑曰："如不第，不必回，可住京師，爾有琴癖、酒癖，戒之。"

嘉靖三十八年己未，先生三十五歲。不第。客京師。

嘉靖三十九年庚申，先生三十六歲。客京師。

嘉靖四十年辛酉，先生三十七歲。客京師。

---

① 此处有墨钉。
② 飛榭：《日錄》作"雙樹"。

嘉靖四十一年壬戌，先生三十八歲。揭榜前一夕，（先生）又夢立巫峰，嘆曰："巫峰乃川中水口秀山，故川多文人，今又夢之，乃文章秀氣，非富貴夢也。"次日果不第。時家書至云："父風疾發，母目疾重。"遂題《路引》詩云："莫遣紅塵客子知，殷勤謝爾夜題詩。兩行黑字催人老，一幅烏絲覺我痴。萬里鵬程何足論，雙親鶴髮已多垂。此中有路尋堯舜，東海宣尼是引師。"因焚其引。焚後，數十會友至，有泣下者曰："本朝以科目爲重，若焚引，別無路矣！"（先生）曰："有聖賢一條路，做聖賢不要命，（無論）富貴貧賤，皆可能之，割斷了科目一條腸，孔孟由我做去！"會友皆不然之。次日，將絹大書"願學孔子"四字縛於臂。又《題京師邸壁》云："昔年行路不知路，今日登高始覺高。知路知高天近午，泗濱佇目駕飛舠。"遂飄然而歸，道焚引之故，父曰："爾若做孝子，成聖賢，不做官，何害！"

嘉靖四十二年癸亥，先生三十九歲。家居，讀書。題《了心歌》，尾云："泰山岩岩海汪汪，洙泗真源派許長。苘橈桂槳駕一航，排閶闔，登宮墻，大叫仲尼坐明堂。嗚球佩玉共趨蹌，回琴點瑟繞鏗鏘。"

嘉靖四十三年甲子，先生四十歲。家居。讀書。有司催上公車，先生乃書聯於堂曰："彩服堂前幸喜雙親今八袠，紅塵路上不將一日換三公。"

嘉靖四十四年乙丑，先生四十一歲。家居。讀書三年，乃嘆曰："此出口入耳，非學也！"置祭田數畝，與族人輪流應祭。長孫許生。

嘉靖四十五年丙寅，先生四十二歲。畫太極圖於室中，昧程子終日端坐，李延平澄心默坐。遂無天無地，無人無我。（邑志無末二句。）

隆慶元年丁卯，先生四十三歲。家居，靜坐，玩《太極圖》，或時看性理，倦則鼓琴。坐二年，覺是禪學。

隆慶二年戊辰，先生四十四歲。友人楊嘉制約游吳，附一商船，商待之甚勤，意欲九江説關也。先生初不知，比至九江，商方言其故，先生曰："我生平不説事，肯以一關故破余戒乎？"時主事袁三接，先生賦廬山詩一章投之，詩云："澤畔烟花浪宕開，五雲縹緲鎖雲臺。峰連九子排玄笋，水散三山接上台。司馬未酬江海志，張騫去泛斗牛來。弃襦也識非難事，無奈篙師次第催。"袁公盡免其税。因入南京，復游泰山。之北京，游西山。還，作《游吳稿》諸篇。

隆慶三年己巳，先生四十五歲。柱史譚公啓訪先生，先生家無備，設菜二盤待之。次日，送至溪邊，譚曰："我見爾腹中一肚子鐵，以菜款御史，乃談笑自如，爾願學孔子，成矣！"先生曰："獨不聞四時八節無錢使，半夜三更有客來者乎？"一笑而別。夏，丁父憂，廬墓。次孫調生。

隆慶四年庚午，先生四十六歲。廬墓。取族子貧而可教者來時允、來鋐等至家教養，二子皆入學，爲之娶婦生子，令歸本生父。

隆慶五年辛未，先生四十七歲。廬墓。丁母憂。

隆慶六年壬申，先生四十八歲。廬墓。

萬曆元年癸酉，先生四十九歲。廬墓。次子時升并所養族子時允俱入學。
（時允，邑志作時良，誤。）

萬曆二年甲戌，先生五十歲。廬墓。思父，作《秋風辭》諸篇。廬墓六年，不茹葷，不御内，不巾櫛，琴瑟俱廢，日悲號，心志甚苦。冬，服闋。登太白山，悟格物之物乃物欲之物，一者無欲也，格物則無欲矣。孔子說吾道一以貫之，所以行之者一也，天下之動貞夫一者也，孔子三個一字通同，皆祖述堯舜，惟精惟一之一，就豁然貫通，曉得作聖工夫，有頭腦，有次第。作《述悟賦》。改太白山爲悟山。又作《悟山稿》。縣令莊公扁其廬曰："孝廉經世"，薦之兩院。著《理學日錄》。太守郭公棐以"詩錄其文，蔚然有陶韋之風流；學錄其理，淵然得鄒魯之正脉"，扁其門曰："東川高士"，收入本府《人物志》。御史孫公肯堂按梁，對諸生曰："不必尚論古人，來某即是古人矣。名利關多識不透，即卑官如巡檢、驛丞亦割捨不得，爾等莫將焚引事看易了。"下檄云："名儒來某，揚馬之文，曾閔之行，始因親疾而焚引，一旦固人情之所難，繼因親歿而廬墓六年，豈士林之易得，且充養純粹，不入城府，雖古之郭有道、今之陳白沙，亦不過是也。"表其門曰："三川高士"。縣令催先生出謝，先生書一絕句答云："十載方將一戒成，滿園松菊屆時生。而今若爲霜威破，草木焉知不笑人。"

（附）**秋風辭**（父存日疾痹，經秋風多呻吟，感之哀而賦此。）

秋風號兮如裂布，我父風痹艱行步。如①何一往長不寤，天寒日短時將暮。欲往從之天無路，黃雲慘澹烏啼樹。肝腸摧斷誰瞻顧。

秋風號兮歲云徂，我父風痹誰將扶。生兒小時掌中珠，及長南北走紅途。烏生有子反知哺，我生糞土不如烏。縱然有子依然無。

我生我生空朽腐，今夕何夕納場圃。日往月來箭到弩，兒與父分成今古。丈夫生不列鼎釜，死後椒漿竟何補。兒哭父兮哭聲苦，父不自知臥黃土。

萬曆三年乙亥，先生五十一歲。欲游五岳，不果。常往侍伯兄知行，將庄田一所讓兄，爲衣服酒食具。竪草堂，名"快活庵"，讀書於中。立"四禁"：不枉見有司，不入城府，不釋麻衣，不自奉殺牲。又編齋居日，遇齋居，即閉門謝客。作《快活吟》。所飲酒，名"快活春"，題云："不願富貴金堆屋，不願神仙騎黃鶴，但願朝朝快活春。"醉後長歌太平曲，所臥榻，名"九喜榻"，作《九喜榻記》。節推董公，以先生由由然與人偕，春風藹然，得聖人之和，一介不與取，得聖人之清，表其廬曰："清和入聖"。（附《九喜榻記》：一喜生中華，二喜丁太平，三喜爲儒聞道，四喜父母兄俱壽考，五喜婚嫁早畢，六喜無妾，七喜壽已逾六十花甲之外，八喜賦性簡淡寬緩，九喜無惡疾。某數年以來，萬念已斷，惟注《易》一念耳。每一入枕，酣寢自如。此心廓然寂然，如明鏡止水。及爾覺寤"無意必固我，無畔援歆羨"，其原有九喜焉，因名其榻而記之。○此記當在六十後。）

萬曆四年丙子，先生五十二歲。居釜山。作《客問》、《釜山稿》。所養族子來鉉入學。

---

①如：《日錄》作"而"。

（附）客問

僕以先父病末疾、母目疾侍養不仕。友人致書多疑之，作此代答。雖文其辭，然實有是問，非客難賓戲之假設也。

瞿唐來子居于釜山書堂，客有過而問之者曰："某聞子久矣。聞子冠道德、履仁義、衣百家、佩六藝，知子已栖君子之林矣。眾人慕之，某竊爲子不取也。吾聞鳥能鳴，陽葵知傾日，物且如此，況于人乎。是以哲士乘時，達人駭世，方今皇猷丕赫，王表輝昭，群衿獻瑋，諸乂圍橋，采蕙苣而兼蓄乎蕭艾，選干將而不遺乎鉛刀。非憖怓而抱瑟，豈濟渡而無舸。苟可以存心於利物，奚必于執璧而垂貂。子乃懸車城市，聲壤衡皋。剩狗飛於鸑漢，羌紲迹於鵜蒿。洵拘①鱷而戢翼，必滯惠而屯膏。鏉雕龍而削草，怏荼薺于錦鍱。吾將冀子兮參軌伊呂，胡知今子兮駕言許巢。"來子曰："子以我爲隱乎②，夫隱者必有所爲。今生值明時，以不見用爲恥，吾不爲也"。

客曰："人之酬世，非處則出。榮春者蘭，華秋者菊，我知子之心矣。方其采秀雲莊，燔枯霧築，刻羽引商。吹金鼓玉，高價蛻巔。呎聲蟬谷，狎花鳥傲。墳索悠遠，引于青岑。非縈情于朱轂，豈知暗者斯章，微之必著。乃若岩廊，訪反荃宰羅奇，旭日罵夫乾鵲，條風轉于枯莢。書將鶴載旌以鷔，持束帛投園結軫。填茨慶吾道之大行，感人世之我知。子乃整筋揮翮，仰首伸眉。披蕨岫，出崟邃，盼鵠衢而揚袂，排鳳闕以論思。知子有南山之徑，慮子有北山之移。"來子哂而笑曰："非徑也，是迂也。夫欲仕無路者，故以山爲路耳。予濫科名，仕則仕矣，不求可期之榮於見在，而徼未必之寵于方來，歲踏齒戴，謂之何哉？駿亦絶矣，吾不爲也。"

客曰："子知夫古人乎？漆園之放，叔夜之簡，王衍之談，阮籍之懶，耽竹

---

①拘：《日錄》作"拗"。
②乎：《日錄》作"矣"。

林、嘯山阪，脫冠履，解襟衽，幕天席地，操觚挈酤。爾其齊舜炙、比周猿，逢槽荷鐘，邐麴生涎。俗士稱爲六逸，詩人名爲八仙。坐俟夫九疇之斁叙，罔顧乎兩曜之虧圓。恭敬消于唇吻，名節剝于碑誕。子之不仕，復不沽名于世者，意者其在此乎？"來子曰："此自放而忘世者也。予欲救世，吾不爲也。"

客曰："若有人焉，遺情弃世絶坿，脫履紫籍，通名青冥。輕舉爾其垂琳綬，佩珵玦，驂膝六、驅列缺，調世外之玄靈，彈壺中之白雪。青鳥縈音，紅鸞擊節。已而明月初升，雲璈方歇，貼桑海之幾遷，回歲序於一瞥。悲荒邱，憺古血，乃若芝宫靤岘①，桂館龍驤，吹冰成醴，叱石飛漿。真妃摻饋，姹女捧（一作攷）觴。招王喬以容與，拉蕭史以相羊。既沉湎以言別，指流水以成章。歌曰：'流水兮東注，美人兮何處，回首兮三素，浮世兮朝暮。'乃若陰蔭雲、滅甘露，調②四流、宏六度。秘授禁苑之旨。洞開蔥嶺之路。爾其不生作囿，無象爲家。天地蘧廬，形體蟲蝦。見理即障，篤學愈差。乃吼桐峰之虎，垂長慶之蛇。種雲門之樹，澆南泉之花。點洛浦之金，衣洞山之麻。烹明昭之銚，飲趙州之茶。早聞者，難登彼岸；剏醉者，未窺津涯。彼傾海入毛，不撓魚魴。若施藤倚樹，必瘵宩寀。子之勃窣，不出戶庭，不面官長，孜孜而惟日不足者，必居于此矣。"來子曰："子愈言而愈遠矣。此方外之術，出於名教之外者也。世皆若此，三綱絶矣。吾不爲也。"

客曰："我真不知子矣。"遂避席而起，拂衣而去。來子曰："居，吾語女。夫大德者不官，中立者戒倚，是以君子，無終食違仁。大人以萬物爲體，不怦怦于必行，不硜硜于必止。蓋澡浴存乎吾身，顯晦安于所遇。立德之基有常，樹功之途不一。苟入而可以事吾親兮，則啜菽承歡。苟出而可以事吾君兮，則捐軀弗計。見輪出圓，因桷施直。遭坎則停，乘流斯逝。大行兮何所欣，窮居兮何所戚。故移忠于家則敬同；移孝于國則愛同。使人皆以不仕爲是兮，則龍逢非孝；使人皆以仕爲是兮，則曾參非忠。彙征者何以誦其駿業；嘉遯者何以高其清風。蓋駿業者，扶顛持危，有匡世之績；清風者，起頑立懦，有垂世之功。是皆有禆于國家之教化者也。可見事無定體，惟義是適；行無定轍，惟道

---

①岘：《日録》作"岘"。
②調：《日録》作"謝"。

是崇。故可以仕，亦可以止，仕止之間，存乎修己。子謂子夏，不云乎'無爲小人，女爲君子'？若爲小人，何取青紫。若爲君子，出亦可矣，處亦可矣。未學興而功利熾，此言不聞於人之耳也久矣。吾將尋孔顏之所樂，析繭絲于此理，愧榛楛之無成，空動勉而不已。苟友于可以爲政，空言足以善俗，則塵霧之微忱，或可以爲山海之小補也，獨非鳴陽向日之心乎。子何過疑至此。"

客曰："我過矣，我過矣。而今而後，始知江湖廊廟，原爲一體。明道行道，皆將淑人。我過矣，我過矣！"

來子援筆作《客問》。

萬曆五年丁丑，先生五十三歲。讀《易》，以宋儒不言象止言理，因客萬縣求溪注《易》。（先生嘗曰："得傳孔子之心得，侍四聖之坐，老死山林何憾？"見《行狀》附。）

萬曆六年戊寅，先生五十四歲。客求溪。作《省覺錄》《省事錄》《鐵鳳稿》。是年，先生遭謗，乃題云："他山攻處偏成玉，苦李時來也自甜。誰謂南山高萬丈，行行便到祝融尖。"

（附）省覺錄四十七則

仲尼、顏回之樂，周茂叔每每教人尋之。此樂豈只聖賢有哉，常人亦有之，但自家去苦處①耳。蓋因人氣稟原好勇、好貨、好色，凡宮室飲食男女，通要勝過人，不肯安常處下，終日只將此數件在料理②，又加以近日科舉之學興，東名不成，西利不就，其間就裏許多勞擾，只在奔波過歲月，所以不知孔顏之樂。

孔子以顏子好學，乃曰"不遷怒，不貳過"，學者多忽略了。蓋七情之中，惟怒最害事，而過者亦人不覺察之常也。因顏子平日領夫子"克己復禮"之訓，視聽言動皆以禮，所以不遷不貳。若己還克得未盡，禮還復得未純，則未

---

①處：《日錄》作"楚"。
②料理：《日錄》作"理料"。

免於遷之貳之矣。此處學者將四勿工①夫體認既久方得，不然將不貳不遷未免輕看②。

某常教人不必致良知者，何也？蓋良知本我所固有，非由外鑠我也。譬如山下出泉，泉脈日日流行，本山所自有者也。但或土泥汙③塞，則泉不流矣。惟決去其土泥，則泉自流行，又何必於泉上用功夫哉！泉脈者，天理也；土泥者，人欲也。故致良知惟遏人欲。人無欲，以義理爲主。自冲澹，自寧靜，自不東補西凑。

形與性相爲附麗，而不可離者也。形勝性，則天地之性皆管屬於形；性勝形，則五官百體皆管屬於性。形勝性者，常人也；性勝形者，聖人也。然則欲性勝其形，何道以能之，惟去其形之所欲而已。口之於味，目之於色，耳之於聲，四肢之於安佚④，皆形之所欲也。無欲則聖人矣。

問：絕四之後，此心景象如何？予曰："如明鏡，如止水。"曰："有物感之時，此心又何如？"予曰："亦如明鏡，亦如止水"。蓋此心雖有外物之感，然物各付物：妍者，吾與之以妍；媸者，吾與之以媸。明鏡止水有何與焉？曰："若無物感，此心有思慮之時又如何？"予曰："亦如明鏡，亦如止水。"蓋雖有思慮，然所思慮者，皆天理之公，而無一毫人欲之私，此之謂動亦靜也。於明鏡止水又何與焉？蓋心之動者乃氣，而有主不動乃理。

天之與我也，管攝之以數。我之事天也，奉若之以理。管攝乎我者，富貴乎我也，貧賤乎我也。奉若乎天者，富貴不以道得不處也，貧賤不以道得不去也。不由乎命，惟由乎義。吾身皆天理，則我與天一，而天即我矣。故不怨天。人之處我也，責備之以理。我之處人也，安遇之以數。責備之者，毀譽乎我也，予奪乎我也；安遇之者，毀之者不以道，曰此數也。奪之者不以道，曰此數也。惟論乎數，不論乎理，吾身安所遇，則我與人一，而人即我矣，故不尤人。

妄想心，有種種焉。萬起萬滅，種種雖有不同，然原其所想者，不過好勇、好貨、好色三者而已。故勇、貨、色三欲者，千欲萬欲之樞紐也，千妄萬妄之

---

①工：《日錄》作"功"。
②不貳不遷未免輕看：《日錄》作"不遷不貳不免輕看"。
③汙：《日錄》作"淤"。
④安佚：《日錄》"安佚"後有"者"字。

根柢也，斬根斷紐方可學聖。

窮理不難，但既窮其理矣，以理而見之躬行爲難。精義非難，必有事焉而集義爲難。使不能行其理集其義，則窮之精之者，猶未至也。故知德非難，而成德爲難。是以有宋，周、程、張、朱許多門人日講窮理精義，而反不如司馬君實不言而躬行確實也。

萬個公卿不如一個聖人，然公卿難到，聖人可學。

常人之目只見其利不見其害，只見其得不見其失，只見其一己不見天下國家，只見一時，不見萬世。

學者惟克己、主敬、窮理三件事，程子以主敬爲入門，朱子以窮理爲入門，某則以克己爲入門。

世儒只知冥心閉目是靜，不知此心如有思慮。當人事擾攘之時，皆天理之公而無一毫人欲之私也是靜，何也？蓋理主於一而不動，我既主於理，則凝然不動矣，所謂人生而靜也①。從來儒者，惟周茂叔知此，故曰："主靜立人極"。

莫之爲而爲者，天也。莫之致而至者，命也。故求之有道，得之有命，仁人心也，義人路也。故求則得之，舍則失之，某生平②以此作把柄。日間惟知此，夜間惟知此。日間知此，所以不東奔西馳；夜間知此，所以不東思西想。

學者只是看此身，原是參三才，靈萬物出來。世上要成一個人，要繼往聖，開來學，所係匪輕。則朝夕之間，自然如臨深淵，如履薄冰，發憤忘食，樂以忘憂，不知老之將至矣。

人心如鐘，大叩則大鳴，小叩則小鳴，不叩則不鳴。隨其叩與不叩，無意必固我之私，此正學也。或不叩而鳴，或大叩小鳴，或小叩大鳴，此有意必固我之私，詞章功利之學也。若不許人叩，清淨自在而坐，此禪學也。

聖門不說陰德報應者，何哉？蓋道我所當行，德我所當得，非本分之外加毫末也。如說報應是私矣，是有心爲善矣。故正誼不謀利，明道不計功。董子之學爲醇正，而陰德之說止可以諭鄉人，俾勉其爲善。若陰果之說，愈荒唐矣。

人心無氣象，惟無欲者自得之而已。在平居時，此心常有六月天氣，寅卯

---

① 所謂人生而靜也：《日錄》"所謂人生而靜也"前有"即"字。
② 生平：《日錄》作"平生"。

日出之時，松竹之下，清風微來，此一個氣象；在勢利中，此心常有萬仞之山，一道瀑布飛泉，我獨觀於其旁，此一個氣象；在塵世堀堁之中，此心常有登五岳之巔，獨立於其上，杯拳山川，此一個氣象；處親戚鄉黨，此心常有冬日無風，衆人同於曝①日，梅花爭發，置酒賞之，不忍摘伐，此一個氣象。

先輩云："萬物靜觀皆自得"，又云："月到天心處，風來水面時"。此景極有興趣。識得此趣，便是鳶飛魚躍，活潑潑地。我終日有此趣，便就坦蕩蕩，無入而不自得。所以塵視冠冕，然識此趣豈幸得哉。孟子"集義"工②夫所到也。

人見富貴即敬之，及見富貴之人行事不合道理，心私賤之。然則敬富貴者，非真敬也，敬其炎而已；人見貧賤即鄙之，及見貧賤之人行事若合道理，心私慕之，然則鄙貧賤者，非真鄙也，鄙其淒涼而已。故學者當修己，不可俾人外貌恭敬，而心私賤惡。

命不如人，則當勤苦勉強，立身揚名，以造其命。勤苦者，勞其筋骨，餓其體膚也③。使能立身揚名，爲聖爲賢，則前之命不好者，實命之好也。非造其命而何。蔡虛齋有云："德好命不好，顏回任貧夭；命好德不好，王侯同腐草"即此意。

人之辱人，或呼爲小人，或指爲禽獸，彼必不平，以爲辱己之甚矣。及觀其所作所爲，皆小人、禽獸之事，夫不當其名而甘爲其事，豈人之不明也哉！不反己故也。故反己自訟，能知己之罪過之人絕少。

《易》曰："小人用壯，君子用罔。"罔者，無也，言視有如無也，此君子之過於勇也。小人以壯爲壯，君子以無爲壯，不動聲色，以逸待勞，能忍人之所不能忍，豈不過於勇哉。故有形之勇易，無形之勇難。

要高，恐高成孤絕，要高又要平實；要深，恐深欠光明，要深又要灑落；要淡，恐淡成懶散，要淡又要細密。

在山中二十餘年，顏子不遷怒工④夫，十年而已覺可能，至於不貳過，則不

---

①曝：《日錄》作"暴"。
②工：《日錄》作"功"。
③餓其體膚也：《日錄》作"凍餓其體膚也。"
④工：《日錄》作"功"。

能學。蓋大過可以不貳，至於小過則難，小過多在言笑毫忽之間失於覺照，偶然而出。又因飲酒，幾亂聖人①，惟酒無量不及亂，然則亂也者，非小過乎。

政②欲掃除舊習，當如臨陣對敵，以勝爲主。當如起屋倒堂，修過③要常想難得而易失者，時難進而易退者，學便有長進，便不知老之將至。

人在世間，好勇、好貨、好色，皆其切實之病。史謂沛公前在山東，貪財好色，今財物無所取，婦女無所御，其志非小。孟子説"王猶足，用爲善"，蓋爲其好勇、好貨之類，直言之而不諱，足用爲善者，此也。孔子乃分爲三等，少好色，壯好勇，老好貨。蓋三者皆人之欲也，非少時不好勇好得也，但少時急於好色，緩於勇、貨，壯時急於好勇，老時日暮途窮，急於好貨。故孔子就其急處言之。人能超脱於此三者，則不遍聲色，不殖貨利之域矣。此切實功夫，學者都以眼前錯過了。

學者，不論我隱逸在極靜處，不論我在仕途極動處，只要我心閒。妙哉妙哉！説到此處，恐天下知此境者少。天下何曾尋得一個心閒的人出來，蓋無欲方閒，無意必固我，如明鏡止水者，此閒之象也。

聖賢工④夫在朝夕日用上講求，以求所謂大中至正而已，不在矯強立異。此道在富貴如堯舜爲天子也行得，在貧賤如仲尼爲匹夫也行得。蓋遵道而行，不論貧賤富貴也。如陳仲子豈不苦節，梁武帝豈不將身通捨在寺上。然矯強立異，竟成其私。所以孟子説自繫馬千駟，以至一介不以取與人者，無非求其大中至正而已。千古聖賢，俟之不惑，考之不謬者，正在此。

仁乃生生不息之理。孟子説"乍見"二字極説得好，蓋乍見之時，良心偶發，無物欲沉滯於中，全是一團天理，所以爲發仁之端。程子在乍見二字看得真，所以説心如穀種生之性是仁。

從孔氏之學日就其切實，從釋氏之學日就其妄誕。空而復追其空，非妄誕而何？深造自得，非切實而何？

驕心、吝心、妒心、貪心、欲心、好殺心皆心也。至於此心發覺有罪愆，

---

①幾亂聖人：原無"幾亂"二字，據《日錄》補。
②政：原無，據《日錄》補。
③《日錄》無"當如起屋倒堂，修過"。
④工：《日錄》作"功"。

则悔心生焉，是悔心也，正天地一陽初復之心也。可見人雖賢愚不同，此良心無時無刻不存，止因私意蔽之故，諸心生耳。此所以克己工①夫爲學聖第一條。

學者做工②夫，要覺其所不覺。何以謂之不覺？且如性好多言，此氣質之性之偏也。心雖知己之多言，或者偶然不覺而出，便要常常覺照我多言處，此之謂覺其所不覺也。或性好猛，或③性好矜誇，皆是此工④夫。臨陣對敵，要強人之所不能強，忍人之所不能忍，久而久之，便是把氣質變化過，便是將生鐵炒鎔成熟鐵，便是把瓦坯燒過成磚。

前輩說："用舍無與於己，行藏安於所遇，命不足道也。"學者做工⑤夫，須做到命不足道處，方能自得。

凡處不要緊之人與不要緊之事，不可狎侮忽略過⑥，要謹慎細密，就是聖人不泄邇工⑦夫，吉凶悔吝通在此上面生。

世間千條萬緒消不得我一個理字，千思萬想消不得我一個數字，千橫萬逆消不得我一個忍字。

好勇、好貨、好色，殺身也是此三件，亡家也是此三件，殃及子孫也是此三件。不好勇、好貨、好色，保身也是此三件，保家也是此三件，揚名後世也是此三件。

凡立身行道之人，受人無根之謗，就當知是我之數，不當歸罪於所謗之人。其進以禮，退以義，猶夫初也。"誰人背後無人說"，此雖俚言，可采擇焉。

人之爲善，非朝爲善而暮即成善人之名也。惟君子以小善不可忽也，久而久焉，而萬善聚於我矣。人之爲惡，非朝爲惡而暮即成惡人之名也。惟小人以小惡不足損也，久而久焉，而萬惡聚於我矣。故曰："泰山之溜穿石，殫極之緶斷幹。"

獨者，人所不知而己獨知之者也。慎獨者，慎其己所獨知而不自欺也。人

---

① 工：《日錄》作"功"。
② 工：《日錄》作"功"。
③ 或：原無，據《日錄》補。
④ 工：《日錄》作"功"。
⑤ 工：《日錄》作"功"。
⑥ 過：《日錄》作"通"。
⑦ 工：《日錄》作"功"。

之一身，只①手持、足行、目視、耳聽，人皆得而見之。惟心，人不得而見，己所獨見。所以聖賢做工②夫，教人慎獨，此千載理學之秘訣也。然是獨也，豈己所獨坐而後可慎哉？凡每日問處妻子奴婢，事父母君長，接鄉黨賓客，臨民聽政，飲食言語。大而萬事萬物之煩，以至毫厘絲忽之微，靜而闃寂淵默之時，以至堀塪轇轕之際，少欺其心，皆非慎獨也。今之學者多喜人終日端坐，殊不知坐與行，視與聽，皆此身之所不能免者。如心少有所欺，則終日之端坐，亦猶終日之端行也。孔子曰："非禮勿視，非禮勿聽，非禮勿言，非禮勿動"，此其至切之工③夫矣，豈教人終日坐哉？若終日端坐，無天無地，無人無我，畢竟是禪學④。

人多在困窮拂逆上增益其所不能，此孟子之言，人皆知之。至於志得意滿上失了涵養，減了聰明，損了德行，而人則莫之覺也。

人惟恐懼，所以不憂不懼。若放蕩禮法，則長憂長懼。正俗言所謂"怕法朝朝樂，欺公日日憂"也。蓋能恐懼修省，則隨處體認天理，即孔子所謂"內省不疚"矣。所以臨事變之偶來不憂不懼，恐懼者未事之前以理言也，憂懼者臨事之際以事言也。

倘來之福，以義處之，如我所不當得，則雖福亦禍；倘來之禍，以命處之，如我所不當得，則雖禍亦福。以此作柄，故遇大福、大禍，即凝然不動。

一個淡字最妙。人淡於貨利、聲色，淡於世味，則無適而不可矣。豈惟人之心事行已哉！至於人之文一亦然，潘岳《閒居賦》與陶潛《歸去來辭》皆恬退之言也，然潘之言誇，陶之言淡，是以陶高百世，人皆學淡而不可得焉，豈惟人哉！天下之水，以淡為上，山之淡者，則即畫也。故君子之道，淡則不厭，交淡則成。

近日學者多講喜怒哀樂未發氣象。夫喜怒哀樂未發，即發而中節之理而已。此理未發，渾然無朕理，豈有氣象也哉！講氣象者，泥佛氏"光明圓罩"之說也。

---

①只：《日錄》無。
②工：《日錄》作"功"。
③工：《日錄》作"功"。
④學：《日錄》無。

人少時浮薄剛傲，及老則忠厚謙虛，此善變乎少者也。窮時狂妄輕淺，及達而登第，居要地，愈樸實謙退，此善變乎窮者也。然老而善變者，十有三五，達而善變者，萬無一二。

（附）省事錄十六則

"王用三驅，失前禽。"不獨天子之於民如此也，凡人處鄉黨、朋友、奴僕，通當開一面網。

"無矜爾榮，天道惡盈。無恃爾貴，隆隆者墜"。故聖人於泰卦之終曰："城復於隍，其命亂也"；於豫卦曰："冥豫在上，何可長也"；於豐卦曰："窺其戶，闃其無人，三歲不覿"。噫！聖人之情見矣。

世無爲善之小人，而有改節之君子。

爲惡之小人，不足責改節之君子深可羞。

凡事要渾涵，莫露圭角，處小人猶當渾涵，《易》夬九三是也。

天下有十三忌：大富爲人所忌，大貴爲人所忌，文學爲人所忌，政事爲人所忌，大功爲人所忌，大名爲人所忌，顏色爲人所忌，立身行道欲爲聖賢爲人所忌，躐等逾階而前進不在尋資之例爲人所忌，君王寵信太過爲人所忌，少年高科爲人所忌，日久在位塞後人輪次之路爲人所忌，山林養重守不見諸侯之義爲人所忌。此特舉其大者而言耳，以至百工技藝，小事小術莫不皆然。非老於道路、練達世故、屢遭顛蹶者，不足以知之"謙退"二字，其醫忌之藥乎。

寧爲剛儒，毋爲謏儒；寧爲通儒，毋爲腐儒。

世間入水必定溺死，入火必定燒死，上樹太高，其墜落必定粉骨碎首，此三件事不消問卜，噫，可寒也！可寒也！蹈仁而死，由正路而顛蹶者，世豈多見也哉！

天下之事早發泄者，十有九不克終焉。凡雨下之早，日出之早，人①功名富

---

①人：《日錄》此處有"人"字，據補。

貴之早，形體胖大之早，福①澤享用之早，孩子言語知識之早，聲名洋溢之早，幾事發露之早，皆不克終。故人當流於既溢，發於持滿。故享大富大貴之人及立身行道之人，必少年貧寒，受盡萬般苦楚者。

秦始皇葬驪山，六年之間，豈知爲項籍所發耶？豈知爲牧童所焚耶？誰逆料至此？爲人身後事不可知。於此可見"人生不滿百，常懷千歲憂"者，愚亦甚矣！然則何以酬世哉？孟子曰"修身以俟之"是也。

凡臨事莫急，須調停。調則酸鹹適口，停則南北適中，急則敗事。

人莫愁無富貴，只愁富貴來我收用不得。鼷鼠游於太倉，能看而不能吃也。財之爲物，誰人不愛？但有聚必有散，乃必然之理。其散時非天災則人禍也，天災如水火之類，人禍則盜賊、訟獄之類是也，皆所以散財也。古人如麥舟之濟，皆是散我之財，但周人之急，救人之難，名爲義舉，乃歡喜錢也。若水火與訟獄，不惟散之無名，亦且去之凄慘。散財雖同，其所以散之則異矣。故理當散財處，則當自反曰："此吾財當散也"。莫似俗人"惡求千貫易，善化一文難"。

古今宰執，恃寵弄權以至喪身亡家者不足言矣。其間患失而又畏禍者，乃植桃李於門墻，收參朮於籧篨，自以爲縫補牢籠莫之滲漏矣。是蓋畏影惡迹而疾走者也，與恃寵弄權者等爾。故富貴路上，人千機萬巧，千計萬較，不如知一個"退"字。

不修身而欲求令名於世者，猶貌本醜而欲妍影於鏡也，無是理也。修身而無令名於世者，猶糞多力勤爲上，農而有旱乾水溢之災者也，有是數也。理有常主，數乃偶遭。故誠能動物，不誠未有能動者。

數存乎天理，存乎我。到了理處就莫要言數，到了數處就莫要言理。自古爲聖爲賢，通是如此。且如爲子孝，爲臣忠，理也。我爲子必定孝，爲臣必定忠，盡其所當盡者，至於吾身，所值生死貧賤富貴，一切通歸之於數。故到了理處，就莫要言數。富貴貧賤，夷狄患難，數也。我如偶遭貧賤，夷狄患難，就不要②説我平生無愧無怍，何以遭此，只去怨天尤人，就不是了。故到了數

---

①福：原作"厚"，據《日錄》改。
②就不要：原本爲墨釘，據《日錄》補。

處，就不要言理。

君子之與小人，人非不知其等較。然也人甘爲小人之事，而不學君子。聖賢之與王侯公卿，人非不知聖賢之爲貴也，人只①知慕王侯公卿富貴，而不學聖賢。

有富貴而無日不憂者，有貧賤而無日不樂者，只②在聞道與不聞道論。

萬曆七年己卯，先生五十五歲。客求溪。作《求溪稿》。忽夢一長人齊天，手持一物至圓至明，詣前曰："此月也，今賣與爾。"自覺滿腹肺腑無一不見。好事者聞之，誅茅成亭，曰："買月亭"。先生訂正往日所著《太極圖》、《大學古本》，作《買月亭稿》。本縣學博譚大騰，鹽亭人，夫婦同没於任所，難還，先生捐資修墓、禮葬。其子瓊，先生爲懇於縣令，將學地居之，常命讀書，後入梁山縣學。

萬曆八年庚辰，先生五十六歲。客求溪。郭公作《〈日録〉序》，以爲獨探理窟。其賦詩出奇，飄飄有凌雲氣，寄興於寥廓，而歸宿於仁義，以游逍遥之墟，即莊周所謂至人者此也。名所居曰："悦我堂"。

萬曆九年辛巳，先生五十七歲。游華山。欲靜坐山中，悟易象之理。至鷄頭關，投宿，宿家有悲號聲，問之，曰："負債，將兒婦賣償，已立券，明日歸矣。"（先生）出路費銀八兩，與贖。後至華陰，一人窘甚，女長不能嫁，哀告於先生，爲捐銀六兩與之。因此途中無措，復還求溪，絶口不言，蓋得之侍者口云。先生入求溪，思《易》十夜不寐，忽一夜夢一黄衣人與先生相揖讓，若授受意。次日，偶思"見豕負塗"一句，遂悟其象。作《華山稿》、《太和山稿》。

萬曆十年壬午，先生五十八歲。游峨眉山。作《游峨眉稿》、《論俗俚語》、《死生有命吟》、《富貴在天吟》、《八關稿》。先生自言，一日有四樂，一玩太極，題詩云："個中原有先天易，壁上新添太極圖。日與庖犧相揖讓，人間那得此凡夫。"二登釜山，題云："白雲穿破翠微堆，雲裏蒼松手自栽。大笑一聲天地外，人間何地少蓬萊。"三與兄飲，題云："萬事無心一老翁，兄爲明月弟清

---

① 只：《日録》作"止"。
② 只：原作"只"，道光本《日録》作"止"，萬曆本《日録》作"不"。

風。竹根醉倒雙雙起,風起四方月起東。"四醉臥,題云:"竹床頂上覆棕蓑,一枕虛無夢不多。睡覺不知天早晚,數聲牛笛下前坡。"("八關"謂進關、退關、富關、貴關、貧關、賤關、生關、死關。)

(附) 論俗俚語

積善也是寶,積金也是寶。積金人偏多,積善人偏少。積金又積善,雙雙豈不好。但我命若窮,要金何處討。不如只積善,安命也罷了。專心去積金,有日化成草。

敬親也是敬,敬佛也是敬。敬親不敬佛,佛也不嗔恨。敬親又敬佛,佛也叫不應。他是西方人,與我不相認。若說求生死,生死已前定。不如只敬親,心盡理亦順。

做官也是人,做民也是人。天地生人時,都是一般身。若論做君子,官民通可能。民若能立志,堯舜與同群。官若不立志,盜跖與同行。流芳民即官,遺臭官亦民。

緊行也是路,緩行也是路。原來這前程,前程有定數。長笑心忙人,急走盡朝暮。今日某處行,明日某處住。豈知算不來,腳跛難①行步。依舊緩行人,同日到去處。

(附) 死生有命吟

籛鏗視顏回,顏回誠夭矣。天地視籛鏗,籛鏗亦早死。五十笑百步,長短亦走耳。不患壽短長,惟患愧此理。一朝能聞道,生順死亦已②。終身不聞道,枉過生亦鄙。世有長生術,吾將越千里。死生既有命,不須置之齒。而何不安

---

① 難:《日錄》作"艱"。
② 已:《日錄》作"美"。

命，修身成君子。

（附）富貴在天吟

人皆爲富貴，朝夕紅塵走。豈知傀儡場，變態常不久。古稱陶朱富，至今還在否。笑爾原憲貧，廟血配魯叟。挺然爲丈夫，貧賤亦不朽。孜孜圖富貴，百歲成芻狗。富貴假能求，執鞭亦非醜。富貴既在天，非我所可有。而何不樂天，奔忙到白首。

萬曆十一年癸未，先生五十九歲。客求溪。刺史傅公叙《日錄》，謂先生六經、百家書無不讀，樂道安貧，抱膝長吟，所著詩中更無一愁字；又謂先生所著内外諸書，讀之汗出，直接孔氏絕學，雖朱、程復生，亦必屈服，豈意孔子之學至今日方大明哉！

萬曆十二年甲申，先生六十歲。居釜山。友人張成夫訪先生，臨別索言，曰："爲學如燒窰，切不可助長。火候工①夫到，烟自生清亮。仲尼到而今，千載道已喪。只因名利關，終日作膨脹。因此自沉溺，墮落深萬丈。仰視魯仲尼，仲尼在天上。不須求花譜，鴛鴦舊花樣。只於心上覓，何處是蕩蕩。"游白帝城，作《重游白帝稿》。長孫許入學，曾孫象觀生。（先生又嘗謂："去其所以戚戚者，則不求蕩蕩而自蕩蕩矣。蓋所以戚戚者，乃物欲也。"附）

萬曆十三年乙酉，先生六十一歲。客求溪。《大學古本》并《格物諸圖》成。吳會張子功叙《日錄》，謂："先生天才本高，又無書不讀，又加之以講格物之學，靈根湛然無欲，且山林日久，涵養愈深，時時不改其樂，故其爲文博而歸於一。"又謂先生襟懷灑落，如光風霽月，不拘拘繩趨尺步之間，其人品絶似康節，才實倍之。（邑志無末句。）

---

① 工：《日錄》作"功"。

（附）格物諸圖引

德生蜀中僻地，少時不揣，妄意聖賢，然無傳授且愚劣，雖有此二者，而學聖賢之志，未常一刻忘也。乃以孔門之學，先于格物，欲窮極事物之理，乃取六經并秦漢文章，日夜誦讀。及過京師，見薛敬齋錄，始知學當求諸心，歸來遂爲《四省錄》：一曰"省覺"，謂心有開發覺悟處，即錄之也；二曰"省事"，謂自家行事，或見人行事，或行事之當理，或跌蹶即錄之也；三曰"省言"，謂讀古人之書有悟處即錄之，如《大學古本》是也；四曰"省藝"，如吟詩，如彈琴，如古人見舞劍而悟草書之類，蓋因粗以悟精也。乃刻一大圖，書寫"願學孔子"四字，以警其心。錄之既久，自反身心無愧無怍，知其良心未破，但作聖工①夫無下手泊岸處，乃游吳并五岳，欲會近日講學之士，又每每不相值。思宋儒終日端坐，欲識仁體者有之，以存養爲主人者有之。又近日講致良知，意此學在於靜坐也，乃靜坐絕妄想。如此者數年，茫然渺冥，全無入手處，自覺其爲禪學。既無師指明，又無友審問，終日山林中，委係彌高彌堅，在前在後，無處下手，把捉不住。及先父母相繼見背，制中六年，斷酒肉、辭室家，羈孤無聊，人不堪其憂，制方闋，登太白山，見此心之所以往來者，非有他也，乃三欲也。

蓋孔子之"三戒"，孟子之"三好"也，數夜即輾轉不寐，思孔門講仁，孟軻講義，宋儒講敬說禮，近日講知，千載之下，又安知不有講信者出乎！又思孔門講仁，宜講仁之本體矣，而又罕言仁者，何也？又以克己復禮爲仁，能近取譬，爲求仁之方，何也？孟軻講義，又②不言義之本體，而乃曰，乃若其情，則可以爲善矣，何也？又思《大學》頭上即教人格物，"格物"二字與"五性"合不相下，此又何也？心上之理，與簡冊上文字，二處全不相合，思之又思，日積月累，方知五性無聲、無臭、無形而難知，物欲有迹而易見。五

---

① 工：《日錄》作"功"。
② 又：《日錄》作"亦"。

性本體上，半毫工①夫做不得，惟當于發念上做工②夫。遏人欲者，即所以存天理也。人欲既遏，則天理自然呈露，而情之所發，事之所行，皆天理矣。始知"三欲"者，千欲萬欲之根柢，即克己工③夫條目也，乃四勿中物欲之大者，故孔子又摘出言之。

特今之學者，皆以爲粗迹尋常之話，不體認之爾何也？克己復禮，孔子告顏回之爲仁者也。顏回在當時已直任之無疑，則顏回之用功惟克己，無他道矣。及顏回没，孔子稱好學者獨顏回，乃曰"不遷怒，不貳過"，則顏回之克己者，不過此"不遷不貳"二端，而聖門端的工④夫亦不過此二端也。又讀《易》，見孔子《大象》云："山下有澤，損君子以懲忿窒欲"。夫懲忿則不至于遷怒，窒欲則不至於貳過，不好勇則懲忿矣。不好⑤色，則窒欲矣。此心一旦豁然，始知"格物之物"，非宋儒"物理之物"也，亦非近日儒者"事物之物"也，乃"物欲之物"。蓋己也、忿也、欲也、怒也、過也、色也、勇也、得也，皆《大學》之所謂物也、克也、懲也、窒也、不遷也、不貳也、三戒也，皆格之之意也。孔子先後之言未嘗異也。

格物、克己，乃聖門有頭腦的工⑥夫，故《大學》之教首言之，而又以之教得意⑦門人也。德因此大有所悟，始知宋儒默坐澄心，欲識仁體，欲觀喜怒哀樂未發氣象者，不過禪學。而講敬説禮，又講"致良知"者，都令此心混雜於天理人欲之區，枉誤後生晚進，深爲可痛，皆非孔氏心印也。因大書"發念處即遏三大欲"八个字于壁，以常警心，而續畫諸圖云。

---

①工：《日録》作"功"。
②工：《日録》作"功"。
③工：《日録》作"功"。
④工：《日録》作"功"。
⑤好：《日録》此處多一"好"字。
⑥工：《日録》作"功"。
⑦得意：原無，據《日録》補。

五性圖

凡物有形，有氣，有神。如天地是形也，屈伸往來氣也，所以主宰之者，神也。仁乃木之神，禮乃火之神，義乃金之神，智①乃水之神。此神字即命也，性也，道也，理也，太極也，但隨處命名不同耳。與生俱生，與形氣原不相離，如天依乎地，地附乎天相似然，雖不離乎②形氣，實不雜乎③形氣。天生出堯舜，出來方分一個道心、人心，到了孔子，又分一個形而上者謂之道，形而下者謂之器。雖如此分得明白，但因他粘搭在形氣上，又因佛氏出來混雜一番，所以自孔孟以後，儒者通不曉得下工④夫，說識仁體，說致良知，說隨處體認天理，通將功夫用錯了。殊不知五性無聲無臭，何處下手？惟格形氣上物欲，則五性自呈露矣。此孔門傳心至捷之法也。

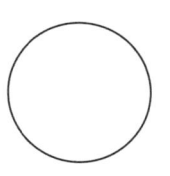

三心圖

此未發之心也，若以做工⑤夫論，乃閉城門心也。釋氏用此心作工⑥夫，終日無天、無地、無人、無我打坐，所以說出話來一個套子。如說無無明，亦無無明盡，乃至無老死亦無老死盡。又如不見諦非，不見諦非得果非；不得果非，凡夫

---

① 智：《日錄》作"知"。
② 乎：《日錄》無此字。
③ 乎：《日錄》作"於"。
④ 工：《日錄》作"功"。
⑤ 工：《日錄》作"功"。
⑥ 工：《日錄》作"功"。

非離，凡夫非聖人，非不聖人。又如非因所生、非緣所起、非有相、非無相、非自相、非他相、非一相、非異相、非即所相、非離所相、非同所相、非異所相、非即能相、非離能相、非同能相、非異能相。又如非有想、非無想、非有非非想、非無非非想之類，皆是總歸一個圈套，打破了，左來右去，不過是二邊不住、中道不安的工①夫，就說此等話出來了。然終何用哉，三綱絕矣。吾儒要出來應世，務要明德新民，以天下爲一家，中國爲一人，全在人情物理上做工②夫，所以格物爲入手工③夫。若觀喜怒哀樂未發氣象，求本來面目，即是禪矣。

三心圖

●

此人心也，全在形氣上用工④夫。口之於味，要吃好的；耳之於聲，要聽好的；目之於色，要看好的；鼻之於臭，要聞好的。四肢要好處安佚，要宮室之美、妻妾之奉，所識窮乏得我，左來右去，只是要奉承血肉之軀。所以未得富貴，終日終夜勞心焦思以求之。既得富貴，則患得患失，高爵厚祿猶不知退避，必至於殺身亡家而後已也。

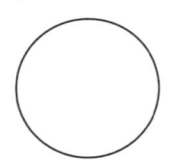

三心圖

○

誠意正心　心之心

---

①工：《日録》作"功"。
②工：《日録》作"功"。
③工：《日録》作"功"。
④工：《日録》作"功"。

學者臨關功夫最難，關一開，差之一毫，謬以千里。譬如美色，人分明曉得是妖艷之物，但有此形氣目之於色，所愛者美色也。美色在前，念頭一動，理不勝氣，此念一去，如決江河矣。所以聖人說修身正心，又於心上抽出一個誠意工①夫出來，曉得人有此形氣意念，所發義理少而物欲多。又說個格物工②夫，在頭异於釋氏者，正在於此。格了形氣上物欲，則是非之心呈露，凡事臨前，尺尺寸寸曉然明白，所以意方誠得如沉溺於物，欲恣肆形氣之所好愛，則凡事通糊塗了。如紂只爲迷惑於妲己，此正有所好樂，則不得其正也。就凡事通糊塗了，斫朝涉之脛，剖賢人之心，而惻隱之心喪矣。崇信奸回，放黜師保，而是非之心喪矣。郊社不修，宗廟不享，而恭敬之心喪矣。力行無度，穢德彰聞，而羞惡之心喪矣。

　　儒、釋之分，只在誠意，把意上說個誠字，教人如好好色、如惡惡臭，則天理人欲判然分明。如只是整齊嚴肅，終日端坐，求識仁體，則此心終不分曉。

四勿

　　三戒四勿皆孔子之言，但四勿說得密，兼物欲之大小而言之。三戒說得疏，乃在四勿中抽出物欲之大者言之。故德以發念處先遏此大欲，然後覺照此小工③夫即易易矣。此先後緩急之序也，非舍④四勿惟遏三欲也。

　　四勿工⑤夫，細密行之，亦有捷法。如程明道以"無不敬，思無邪"二句作主也好，以"不愧於屋漏"一句作主也好，以"言忠信，行篤敬"二句作主也好，以"居處恭，執事敬，與人忠"三句作主也好，此時時覺照捷法，通是

---

①工：《日錄》作"功"。
②工：《日錄》作"功"。
③工：《日錄》作"功"。
④舍：原無，據《日錄》補。
⑤工：《日錄》作"功"。

聖人之言，但看我氣質之偏在何處，因病而藥知其先後、緩急之序，斯可矣，大抵聖人之言，總歸於無欲。

萬曆十四年丙戌，先生六十二歲。客求溪。楊兩洲見先生，還，其友問曰："瞿唐何如人？"楊曰："不枉見有司，高談仁義，蓋孟子再生也。"縣令蔡公表其廬曰"一代大儒"。

萬曆十五年丁亥，先生六十三歲。作《醉箴》《言箴》《刑于箴》《九德箴》。中丞曾公寄詩云："聞君常對一尊寬，竹徑烟霞勝書欄。三絶韋編曾注《易》，九還爐火自成丹。獨披野外山人服，不整朝中駿騻冠。却喜賢侯頻過訪，非因投刺學居難。"

（附）醉箴

人之齊聖，飲酒溫克。溫克何如，惟莊惟默。聖人不亂，君子不語。不亂不語，醉之箴矣。

（附）言箴

天地成化，桃李成蹊。一鳴則驚，大音則希。廟有金人，野無童羖。走者猩猩，飛者鸚鵡。駟馬難及，白圭易磨。守此括囊，畏彼懸河。同之爲蘭，甘之爲①醴。寡而吉人，訥而君子。

---

① 爲：《日録》作"則"。

（附）刑於箴

萬化本原，五倫首行。遠之則怨，近之不孫。嗃嗃則厲，嘻嘻則吝。不嘻不嗃，不遠不近。惟和而嚴，惟寬而敬。夫婦有別，此道斯盡。

（附）九德箴

古人之寬裕、剛直、簡約、冲淡，而光明正大者方成君子，此之謂德。若小人則詭隨、幽暗、猛暴、忿戾，不勝其人欲之私矣，又何德之足言。但德之出於氣質者，恐其偏耳。故唐虞之庭發此九德，每一德之下，以一字足之，欲其不偏也。孔子祖述堯舜，其門人稱孔子"溫而厲，威而不猛，恭而安"，皆自九德中來。自漢唐宋以來，儒者不講九德也久矣，此成才之所以難也，某因表而出之作《九德箴》。

堯舜之道，厥中允執。執中如何？九德爲質。惟此九德，不剛不柔。發乎情性，不沉不浮。止乎禮義，不滯不流。譬彼五味，以中爲主。不過乎①甜，不過乎②苦。譬彼五行，以中爲難。當火則熱，當水③則寒。堯舜在上，五臣居下。都俞吁咈，發此大雅。孔子祖述，心印是把。鳳不鳴山，河不生馬。知德者鮮，成德者寡。無有乎爾，誰真誰假。舍此九德，吾道安歸。書之座右，是則是依。

萬曆十六年戊子，先生六十四歲。回釜山。作《入聖功夫字義》。督學青螺郭公考校梁山，禮於其廬，倉卒無備，止蕺斆二器相與，議論直至夜分，後

---

①乎：《日錄》作"于"。
②乎：《日錄》作"于"。
③水：《日錄》作"冰"。

下檄云："來某心無區囿，學有淵源。悟徹八關，惟遂志於道德性命之奧；節高三峽，不投足於富貴利達之場。"扁其堂曰："明道"。孫謁入學，曾孫象鼎生。

萬曆十七年己丑，先生六十五歲。居釜山。作《弄圓篇》、《格物諸圖集》、《謹言功夫四十條》。督學徐公華陽下檄云："來某行蛻馨名，精研性命；菽水曾勤日，養娛雙亲而不換三公；韋編欲絕義，經潛四聖而惟居一室；珍藏弗試，砥節彌清。"① 扁其廬曰："西川高士"。曾孫象賁生。佺時聘殁，公讓墓葬之。

（附）弄圓歌

我有一九，黑白相和。雖是兩分，還是一個。大之莫載，小之莫破。無始無終，無右無左。八卦九疇，縱橫交錯。今古參前，乾坤在坐。堯舜周孔，約爲一堂。我弄其中，琴瑟鏗鏘。孔曰太極，惟陰惟陽。是定吉凶，大業斯張。形即五行，神即五常。惟其能圓，是以能方。孟曰弄此，有事勿忘。名爲浩然，至大至剛。充塞天地，長揖羲皇。

萬曆十八年庚寅，先生六十六歲。客求溪。作《心學晦明解》、《河洛圖書論》、《理學辨疑》。御史何公淵泉移檄云："來某挺然豪杰，願學孔子；孝弟忠信，誠一代之真儒；著書立言，發千古之奧秘；明著衣冠，高談仁義，蓋孟子儔也。"② 表其廬曰："天下高士"。公自焚引，侍養隱居山林，不濡足城市。城中有小室，門常閉而不開，四方求見者輒病公難遇，先生書聯於門云："我欲求仁，道在邇而不遠；人之好我，門雖設而常關。"孫澤生。

---

①"下檄云：'……砥節彌清。'"原無，據嘉慶《梁山縣志》卷十七《藝文五》收錄來知德《年譜》補。

②"移檄云：'……蓋孟子儔也'。"原無，據嘉慶《梁山縣志》卷十七《藝文五》收錄來知德《年譜》補。

（附）心學晦明解 （節錄）

　　某本愚劣，少壯之時妄意聖賢，山林中近三十年，所注有《易經集注》、《大學古本》、《入聖工①夫字義》、《理學辨疑》諸篇，與程、朱、陽明頗有异同。以世莫我知，欲請高秀才寫"藏書冢"三字藏之石室，不料海内又有知之者。昨友人致書，以天下義理程朱說盡，王陽明不必議之，將程朱之注取其科第，而復議之非，儒者之用心也，此言蓋爲某而發，非爲陽明也。殊不知，理者，天下之公理，人人皆能言之，不反復辨論，豈得爲儒？且議者議其理也，非議其人品也，若論程、朱、陽明之人品，俱千載豪杰，泰山北斗，皆某之師範也，豈敢議之乎②？陽明在今日之儒，乃聰明之極者，但立論傷於太快，略欠商量。陽明亦未嘗議朱子之人品也，亦議其理而已。使前人言之，而後人再不敢言之，則《典》《墳》③者，乃伏羲、神農、黄帝、顓頊、高辛之書，孔子不敢删矣。《春秋》乃列國侯王之史，孔子不必修矣。傳注有左丘明、鄭康成、王輔嗣、孔安國諸公，程朱不可出一言矣。言之者，不得已也，爲世道計也，伊尹之"非予覺之而誰"，孔子之"文不在兹"，孟子之"舍我其誰"，皆不得已也。世莫我知，不得不自任也。蓋天圍世人之聰明，入聖之工④夫少認不真，則其用功之先後，不免以緩爲急，以急爲緩。古人有言："黄河有⑤源不揚黑水之波，桃李之根不結松柏之實"。名儒言之，門徒千人從而和之，後生晚進差毫厘而謬千里，有駸入於异端而自不覺者，所以不得已而辨論也。且如墨子，乃戰國之大儒，爲宋大夫著書七十一篇，有《貴儉》、《兼愛》、《尚⑥賢》、《右鬼》、《非命》、《尚⑦同》諸篇，當時之人比肩孔子，故古文有"仲尼、墨翟之

---

① 工：《日録》作"功"。
② 乎：《日録》無此字。
③ "《典》、《墳》"：《日録》作"《墳》、《典》"
④ 工：《日録》作"功"。
⑤ 有：《日録》作"之"。
⑥ 尚：《日録》作"尊"。
⑦ 尚：《日録》作"上"。

賢"之句。唐之韓昌黎猶予之，韓子曰："儒墨同是堯舜，同非桀紂，同修身正心以治天下國家，奚不相悅如是哉。"孔子必用墨子，墨子必用孔子，不相用，不足爲儒墨。墨子乃大儒，何嘗不敬其父哉？而孟子乃闢之，何也？蓋老莊之徒弃仁義，陋堯舜，排周孔，如黑之與白，冰之與炭，明白①顯易。知天下後世必不見信，獨墨子似是而非。觀其稱堯曰："采椽不斫，茅茨不剪。"稱周曰："嚴父配天，宗祀文王。"其立論《兼愛》一篇，孟子恐傳之後世，其流必至於無父，非墨子真無父也。故辨論者不得已也。昔程子與吳師禮談介甫之學錯處，謂師禮曰："此天下公理無彼我，果能明辨，不有益於介甫，必有益於我。"此言說得好，某亦此意也。覽某稿者見此解，諒其不得已之心焉。若所見之是否，則望正於後之君子。

　　萬曆十九年辛卯，先生六十七歲。客求溪。督撫艾公熙亭移檄云："來某隱居樂善，絶意時榮；暗汹自修，罔求聞達；砥行以聖賢爲師，抗志在烟霞之表；焚引養親，而不以三公易一日；杜門著述，而欲繼往聖以開來；超然邁古意於今時，而懿行已式於鄉閭②；挺然秉獨醒於衆醉，而高風可勵於末俗；真聖世之逸才，爲士林之芳軌；識者以古之郭有道、今之陳白沙擬之，信矣！本院重其人品，欲特疏於朝，以期徵聘，但嘉遁已久，恐違雅志。"（表其門曰："盛世真儒"。）

　　萬曆二十年壬辰，先生六十八歲。客求溪。改《大學古本》章句，作《革喪葬禮約》。御史王公象乾移檄云："來某孝弟并著，榮名兩遺，枕經籍書，澡身浴德；獨探性命之奧，不止詞賦之工；即其懿行高標，真可起頑立懦。"扁其廬曰："潛心理學"。縣令劉公扁其門曰："秘傳千古"，題其楣曰："綱常三五事，身體力行，愧儡功名，泥塗軒冕，獨宗孔聖述《周易》；上下幾千年，神游元解，畫前契理，象外傳心，復起羲皇陋宋儒。"③曾孫象泰生。

---

①白：原無，據《日錄》補。
②閭：嘉慶《梁山縣志》卷十七《藝文五》收錄來知德《年譜》作"里"。
③"題其楣曰：'……復起羲皇陋宋儒。'"原無，據嘉慶《梁山縣志》卷十七《藝文五》收錄來知德《年譜》補。按："神游元解"當作"神游玄解"。

（附）革喪葬禮約 （裂布作樂設宴三事）

　　古人制禮有吉凶焉。吉凶异道，不得相干者，取之陰陽，皆稱情而立文也。送終乃禮之大，古之聖人制禮甚嚴，凡容體、聲音、言語、飲食、居處、衣服，皆有一定之制，昭昭垂之於經，所以厚風俗、益世教者不淺。漢去古未遠，居喪使婢在側，丸藥即終身黜落。至隋煬帝殺父自立①，可謂古今之元惡矣，居喪亦不敢公然食肉。至宋儒，有欲以酒飲人者，乃曰："既不能以禮自處，又不能以禮處人"，則宋世守先王之禮教者亦嚴。至元則夷狄矣，夷人父母死則歌舞娛尸。②皇祖一掃腥羶③，洪武戊申年，御史高元侃言："京師猶習元俗，喪葬設宴作樂，娛尸流俗之壞④，至此已甚。京師，天下之本，四方之所視效，況送終尤禮之大者，不可不謹，乞禁止以厚⑤風俗。"上是其言，即命禮官定制，今載之《大明律》中。"十惡"，一曰不孝，內有居喪作樂之條，八議所不赦。

　　梁山去京師乃爲遠方，二百年來猶習元俗。某舊時居喪，雖盡革其習，但不才涼德，豈能化於鄉人。今之鄉人雖依某革其浮靡，然猶剪麻布，散吊客，名爲孝帕。親方死即鳴金鼓，吊客來即設酒喧嘩，如賀客然，甚至強孝子飲酒者，乃揚言云："父母是老死，飲酒無害。"此風俗之至惡至惡⑥者也！殊不知斬衰、齊衰、大功、小功、緦麻之縷，各有精粗，今不論精粗而亂加人之首。若以此布爲貴與，又何士大⑦夫家官長來吊，不敢以此布加官長之首，而止敢加於鄉人？則此布又賤矣。梁山麻布，一尺所值銀不過四厘⑧，在主人以長短爲厚薄，在客以長短爲喜怒，其可笑至此。殊不知羔裘玄冠，禮不可吊，白馬素車，

---

① 原無"至""殺父自立"，據萬曆本《日錄》補。
② "至元則夷狄矣，夷人父母死則歌舞娛尸。"原避清諱刪，據萬曆本《日錄》補。
③ 皇祖一掃腥羶：原避清諱刪，據萬曆本《日錄》補。
④ 壞：《日錄》作"弊"。
⑤ 厚：《日錄》作"正"。
⑥ 至惡：原無，據萬曆本《日錄》補。
⑦ 大：《日錄》無。
⑧ 一尺所值銀不過四厘：《日錄》作"一尺所值不過銀四厘"。

弔客當然，而主人反以素布加弔客之首，何哉？蓋尺布裹頭，夷人之俗，今猶沿元人之尺布。① 此孝帕所當革者一也。

酒所以合歡禮，父母死，三日不舉火，人子三日不食，齊衰二日不食，大功一日②不食，小功、緦麻再不食。斬衰之喪，既殯食粥；齊衰之喪，蔬食水飲，不食菜果；大功之喪，不食醯醬；小功、緦麻，不食醴酒。來弔之客，非大功則小功，非小功則緦麻，菜果、醯醬、醴酒皆不敢食，又敢飲主人之酒乎？至於凡民無服之喪，有匍匐之義，亦不忍飲酒。在主人，三日不舉火，不能設酒；在弔客，不敢飲酒。若公然飲酒，正宋儒所謂"既不能以禮自處，又不能以禮處人"也。此飲酒食肉所當革者一也。

樂者，樂也，先王所以飾喜也，樂必發於聲音，以其喜也。禮斬衰之喪，唯而不對；齊衰之喪，對而不言；大功之喪，言而不議；小功之喪，議而不及樂。故"鄰有喪，舂不相"者，謂其喧鬧而樂也。有小功之喪者，且議論而不及樂事，況父母之喪，可以喧鬧而用金鼓之樂乎？且聞樂不樂，聖人有明訓。居喪用樂，皇祖有大法，今不遵聖人之教，違祖宗之法，而甘為十惡大罪之人，非真夷狄乎？③ 此鼓樂所當革者一也。

蓋蓼蟲不知其辛，鮑魚之肆久而不知其臭，行夷④禮而自不知其夷⑤舊習然也。《傳》曰："挾泰山以超北海，曰'不能'，是誠不能也"，今不費己之財，不廢先王之教，乃折枝之類也。某願同鄉以折枝而行之。昔蘧伯玉恥獨為君子，因書此約，與吾鄉之人共為君子，以成美俗。

萬曆二十一年癸巳，先生六十九歲，家居。萬縣尹李公贈長歌，云："君才足席公孤側，懶向金門獻長策。日與鶯花作主人，時招風月為賓客。憶昔秋風上錦官，青雲有路快驂鸞。桂花紅襯羅衣綠，親炙嫦娥到廣寒。觀光幾度計偕

---

① "蓋尺布裹頭，夷人之俗，今猶沿元人之尺布"原作"蓋猶沿元人尺布裹头之旧"，據萬曆本《日錄》改。
② 一日：原誤作"三"，據《日錄》改。
③ "而甘為十惡大罪之人，非真夷狄乎？"原作"而甘为十恶大罪之人乎？"，據萬曆本《日錄》改。
④ 夷：原作"丧"，據萬曆本《日錄》改。
⑤ 夷：原作"非"，據萬曆本《日錄》改。

北，不謂龍門頻點額。殿上黃袍際會難，堂前白髮桑榆迫。飄然舞袖轉家山，日日庭前學舞斑。但祝海籌綿歲月，豈虞風木易凋殘。二人取次瘞高垣，六載居盧一念堅。物亦有知驚吊鶴，事如相值聽啼鵑。雙親已逝不可作，伯氏厥生共乳郭。資于事父以事之，親在九京亦允若。飢授飲食寒衣裳，絕似溫公事伯康。天外影連鴻雁序，人間誦在鶺鴒章。乃知真樂在天倫，利欲分明一羽輕。目睫何嘗親阿堵，腳跡無自到公庭。尋常閉戶讀《周易》，四聖精英契胸臆。折衷傳義了無遺，一泄朱程未泄秘。道德淵源備一心，文章又自吐奇英。墨莊山積傳家寶，學海波涵潤士林。居恒何物是生涯，斗酒詩篇旨趣佳。興到江山皆得意，醉來天地總為家。有詩吊古訪白兔，誰題邸壁方垂顧。山間有鳥曰提壺，報道村醪釀初熟。有時買月來球溪，桂影婆娑射水漪。也學海鷗更邀月，不教岑寂負鳶魚。莫鄙高陽老食其，終身酒客正其宜。莫笑山公倒接羅，今人仍往習家池。名教有樂地，醉鄉正吾盧。富貴非吾願，流風端可師。鍛時蔽，剪園葹。不從燕市醉，應拜酒泉封。君不見林莆田，乞恩終養心怡然。繡衣驄馬無餘羨，白酒青篘契所天。又不見陳新會，禮闈落卷即恬退，仕籍不登章戀科，文昭已次薛瑄配。徵君履歷金玉相，徵君著述錦繡張。异日再舉從祀典，貴名取次升宮牆。予今承乏來萬川，比鄰何幸有高賢。一識斗山知敬仰，連篇風雨荷將傳。字金昭人目，如入萬花谷。賞音不盡狂欲飛，聊作長歌代申覆。"①

萬曆二十二年甲午，先生七十歲。家居。豫章李公柱宇扁其門曰："西川孟子"。題其楹曰："學孔子之心，一貫分明傳泗水，江漢濯之，秋陽暴之，今古方名為尚友；悟羲皇之象，萬年親自見求溪，以通神明，以類萬物，乾坤何得此真儒。"② 次子時升補廩，曾孫象臨生。

萬曆二十三年乙未，先生七十一歲。家居。作《來氏家訓》。分守薛公書云："購《瞿唐集》，遍閱之，其內篇發揮明德格致之旨，知千古之聖學不外仁、敬、孝、慈、信之五倫。推究太極陰陽之圖，察人間之大欲，誠在好勇、

---

①原無"萬縣尹李公贈長歌，云：'……聊作長歌代申覆'"，據嘉慶《梁山縣志》卷十七《藝文五》收錄來知德《年譜》補。

②"題其楹曰：'……乾坤何得此真儒。'"原無，據嘉慶《梁山縣志》卷十七《藝文五》收錄來知德《年譜》補。

好色、好貨之三者，其義理明白爽暢，匪元虛之空談①；其工夫簡易②直捷，其胸次又高明廣大，匪直追踪前修，抑且嘉惠後學深矣③。"長孫許補廩。

萬曆二十四年丙申，先生七十二歲。家居。伯兄知行卒，先生哭之慟。墳墓、衣冠皆公所備。

萬曆二十五年丁酉，先生七十三歲。家居。是年，《易注》就，書之壁以自警曰："昔衛武公九十五而不忘儆戒，飲酒悔過；孔子七十而從心不逾矩，不為酒困。"縣令趙公題《畫蘭》云："塵世爭先看牡丹，那知深谷有叢蘭。幽香九畹隨風發，翠葉三秋帶雨攢。不逐粉華來上苑，獨留清氣向岩巒。天香國色寧堪比，千載令人憶考槃。"夔庠學博陳公寄詩云："巴蜀咽喉地，瞿唐天塹開。龍從滄海度，鷗逐錦波來。五柳先生宅，三槐處士臺。崖花并山月，都落主人懷。（一）道為仁親大，名因著述揚。耕山勤舜力，賣卜藉蓍長。秋月星河轉，春風花草香。醉游蓬島外，肯屬利名僵。（二）形骸天地小，道術古今遙。致遠須寧靜，栖神愛寂寥。韓彭同為漢，巢許獨辭堯。住世有真詮，渾忘吝與驕。（三）璞玉前年重，浮雲瞬息過。孤騫高范蠡，濡足薄蕭何。點易和朱露，逃名托芰蘿。求溪烟水上，靜聽采蓮歌。（四）"④曾孫象坤、象鼎生。

萬曆二十六年戊戌，先生七十四歲。家居。是年，《易注》刻成。作一竹室，日訂正《易注》於中，題於柱曰："蝸室取淇園，如切如磋，如琢如磨，睿聖武公為老友；義經探賾隱，尚辭尚變，尚象尚占，素王孔子是先師。"督學李公鵬岳旌其廬曰："三川學者"。中丞曹公寄詩云："飄然豹隱愛流泉，著《易》求溪三十年。琴鼓五弦還太古，圖觀一畫翼先天。清風人是陶元亮，高士名同魯仲連。直指中丞爭嘆賞，會來蒲召是雲邊。"方伯郭公寄詩云："聞君著《易》萬山岑，應識伊川點化心。一自涪陵分袂後，直窺河洛到于今。十回

---

①匪元虛之空談：原無，據嘉慶《梁山縣志》卷十七《藝文五》收錄來知德《年譜》補。按："元虛"當作"玄虛"。
②簡易：嘉慶《梁山縣志》卷十七《藝文五》收錄來知德《年譜》作"易簡"。
③深矣：原無，據嘉慶《梁山縣志》卷十七《藝文五》收錄來知德《年譜》補。
④原無"縣令趙公題《畫蘭》云：'……千載令人憶考槃'"，據嘉慶《梁山縣志》卷十七《藝文五》收錄來知德《年譜》補。"夔庠學博陳公寄詩云：'……靜聽采蓮歌。（四）'"原無，據嘉慶《梁山縣志》卷十七《藝文五》收錄來知德《年譜》補。

活火金從躍，五出梅花玉作林。此意知超言象外，先天圖裏細追尋。"①

萬曆二十七年己亥，先生七十五歲。家居。御史王公遂初檄云："來某節并夷由，行高曾閔。潛心于道德性命之奧，悟徹八關。絕意于富貴利達之途，望重三峽。鄉邦之懿矩，朝野之具瞻也。"② 扁其廬曰："西蜀高賢"。分守來公熙安檄云："來某隱居樂道，堅持狷介之風；閉戶窮經，闡發聖賢之奧。" 扁其廬曰："遠紹絕學"。（兵巡）郭公（青宇）扁其廬曰（："瞿唐瑞氣"）。本府太守鄭公題其楹曰："清風傳播，乾坤老高；節流芳草，木香黔中。"任公題其楹曰："無欲靈根悟聖真，發揮禮樂詩書，筆底烟雲維世道；有源學問傳大易，直紹羲文周孔，刻成風電闡幽光。"趙公題其門曰："義士三川宅，仁賢萬世鄉。"③ 縣令徐公約原扁④其廬曰："孔孟衣鉢"。曾孫象謙生。

萬曆二十八年庚子，先生七十六歲。家居。中丞青螺郭公作《易注》序。縣令徐公作《易注》序。方伯郭公書云："昔賢以文求《易》，故其旨難明。今公以象求易，故其理易見。蓋象者，像也。有天地，則有天地之像，盈天地間，莫非男女，則盈天地間，莫非乾坤。則盈天地間，莫非易。莫非易，則莫非道矣。此真有以發四聖之所未發而破宋儒謬悠之說。不意易數千年來乃大明於今日也。先生大有功於四聖，豈宋儒可同日語哉！此非來氏一家私書也，獻在明廷，副在石室，頒於天下，俾天下讀《易》者曉然，知四聖畫卦本來意旨，則有功於四聖，豈淺鮮哉！"又題夔門《十懷詩》云："我懷來隱君，翩翩騎白鳳。茂齡掇秋芳，不獻南宮頌。壯歲絕韋編，注《易》伊川洞。保身若處子，視世如大夢。懿哉有期人，宇內殊光重。"中丞曹公寄詩云："羞將驥足負鹽車，諫議嚴光懶拜除。野鶴回翔游物外，臥龍高隱在乾初。半生彭澤惟飲酒，

---

①原無"中丞曹公寄詩云：'……會來蒲召是雲邊'"，據嘉慶《梁山縣志》卷十七《藝文五》收錄來知德《年譜》補。"方伯郭公寄詩云：'……先天圖裏細追尋。'"原無，據嘉慶《梁山縣志》卷十七《藝文五》收錄來知德《年譜》補。

②原無"檄云：'……朝野之具瞻也'"，據嘉慶《梁山縣志》卷十七《藝文五》收錄來知德《年譜》補。

③原無"本府太守鄭公題其楹曰：'……木香黔中'"，據嘉慶《梁山縣志》卷十七《藝文五》收錄來知德《年譜》補。"任公題其楹曰：'……刻成風電闡幽光。'"原無，據嘉慶《梁山縣志》卷十七《藝文五》收錄來知德《年譜》補。"趙公題其門曰：'義士三川宅，仁賢萬世鄉。'"原無，據嘉慶《梁山縣志》卷十七《藝文五》收錄來知德《年譜》補。

④扁：嘉慶《梁山縣志》卷十七《藝文五》收錄來知德《年譜》作"表"。

千載求溪獨著書。遙接羲皇人世上，逃禪真性自如如。"縣令汪公昆麓扁其廬曰："西南正學"。又申兩院云："來某穎悟絕倫，踐履篤實。注《易》贊羲文之不逮，致知窺孔孟之真傳。孝弟躬行，富貴草芥。乃養晦邱園，不得望山斗而私竊；潛心理學，誠能繼往聖以開來。奧發千古，功在四聖，蓋不托之浮談取世資者。白沙、新建當北面事之矣。所宜表揚于朝，以爲聖世得人之光。"① 曾孫象觀入學，象豐生。

萬曆二十九年辛丑，先生七十七歲。家居。青螺郭公書云："得趙柱史尉薦，乃知天球、河圖、明月、木難，有不見之而珍者，非夫也。讀《易注》，又知三十年求溪見義於羹，見文於墙，其勤埠於韋編三絕，鐵撾三折；其思透於通乾出苞，流坤吐符；即子雲《太玄》，猶或退舍，如瞿唐者，豈非人杰哉！不佞擬作一序，自比于桓譚、張衡之儔。而會有皮林之役，踆踆牛馬走，不暇覃思。俟明春，當脫草以正。聞翁夫婦雙健，曾孫至十三人，此高陽郎陵，必之蒼蒼者。而翁得之天祐，善人至于此。"② 柱史宋公書云："讀所爲《日錄》，知先生七八十年間，此心渾是一團天理，而無一毫人欲之雜，無一息天理之間。國朝二百五十年道學，薛文清之後得先生，更益彰著，以錯綜其數，悟盡天下之象，皆根極《易》理。有宋諸儒所未發而先生發之者，直上接四聖之緒。《易》云：易之興也，其於中古。祖興云：象之明也，其於先生。萬世而下不能無《易》，不能無此《易注》以明易象之理，先生有功於道學不淺。"曾孫象蒙、象頤生。

萬曆三十年壬寅，先生七十八歲。家居。四川督撫象乾王公、貴州撫院子章郭公交薦疏："爲薦舉境内逸才，懇乞聖明優禮錄用，以風恬退，以光聖治事。臣聞自古盛③明之世，有不賓之士，岩穴之中，多絕塵之侶，昔帝王常訪而委任之，不終投之山林以老其身，抑或因而成就之，不強縻之以爵祿，以遂其高。如申培以八十進，蒲輪轅固以九十拜太傅，此以用爲用者也；如嚴光桐江

---

① 原無"又申兩院云：'……以爲聖世得人之光'"，據嘉慶《梁山縣志》卷十七《藝文五》收錄來知德《年譜》補。
② 原無"不佞擬作一序……善人至于此"，據嘉慶《梁山縣志》卷十七《藝文五》收錄來知德《年譜》補。
③ 盛：嘉慶《梁山縣志》卷十《藝文上》收錄《薦來知德疏》作"聖"。

一絲，扶漢九鼎；邵雍《經世》一書，羽翼雛學，此以不用爲用者也。總之，皆旌帛高士，物色异才，爲國家計耳。臣查得《大明會典》天順元年詔：'處士中有學貫天人，材堪經濟，隱居高蹈，不求聞達者，所司具實奏聞。隆慶二年題准舉人中，如有孝友姻睦，名實相孚，不分已未坐監，許撫按臣會薦，遇有兩京博士等缺，酌量推用。欽此。'臣仰見屢朝列聖，側席幽人，惟恐不及。陛下御宇以來，明目達聰，顯忠遂良，幾於野無遺賢，而旁招俊乂，網落隱逸，亦盛世所不廢者。如臣撫蜀，境內梁山舉人來知德，正所謂處士之高蹈隱居，舉人之名實相孚者也。臣知知德，匪自今日。昔爲四川提學副使，讀知德書，慨慕其人。及考校梁山，禮於其廬，與之語，始知其爲天下士。臣於是薦之撫臣徐元泰，泰方請告歸，旌其廬曰'西川高士'，未及薦於朝也。臣今①待罪貴州，梁山爲臣屬縣，訪知德年七十餘，而身健神王，無异囊昔。貴州按臣宋興祖與知德比鄰，知之甚真，言之更詳，顧嫌於同里，未敢形之牘也。臣請以知德平日之學行，爲陛下陳之：嘉靖壬子，以《禮記》中四川鄉試第五名。是時舉人牌坊，尚派本鄉里甲。知德鹿鳴宴畢，對御史喻時曰：'鯫生始進，無毫毛裨益桑梓，而以坊金累閭里，義所不安。請辭。'御史壯而許之，予之匾曰：'清節可風'，而別助盤費三十金。其志操之貞白有如此者。後②頻上公車，屢擯南宮。而父母春秋高矣，知德青雲之念，奪於白華，遂題柱曰：'采服堂前，幸喜雙親今八秩；紅塵路上，不將一日換三公。'二親繼歿，祭葬廬墓，一軌諸禮，其孝行之純篤有如此者。既葬之後，遨游五岳，求友四海，往來峨眉、太华③、太和、廬山之間。所著有《太白山》、《述悟賦》、《峨眉山賦》、《游吴稿》、《太和稿》、《鞋山》等篇，不下數十萬言，即相如之賦、李白之詞不雄於此矣。老而歸隱梁之釜山，坐九喜榻、作八關詩、畫三戒圖，所著有《入聖工夫》、《理學辨疑》、《心學晦明解》、《省覺錄》、《省事錄》、《河圖洛書論》，言言著理，字字印心，即齏粥長白不勤於此矣。已而研究易理，專注易象，猶嫌釜山紛沓，乃去梁之萬縣求溪山中，絕往來，捐形骸二十餘年，超然悟伏羲圓

---

①今：原作"近"，據嘉慶《梁山縣志》卷十四《藝文》收錄《薦來知德疏》改。
②後：原作"已"，據嘉慶《梁山縣志》卷十《藝文上》收錄《薦來知德疏》改。
③太华：嘉慶《梁山縣志》卷十四《藝文》收錄《薦來知德疏》無"太华"二字。

圖之爲錯，文王《序卦》之爲綜，以錯綜二字，極易象之變，發千古未發，言四聖欲言，即程《傳》朱《義》不晰於此矣。該臣會同總督川湖貴州軍務、巡按四川、兵部左侍郎兼都察院右僉都御史王象乾，看得舉人來知德學有淵源，言稱古昔，據其岩居川觀之節，或似嚴邵之踪，而論其注《易》畫圖之功，實出申轅之上。齡逾古稀，夏不扇，冬不絮。望之者，輒以爲神仙之侶。讀其《日錄》，有《內篇》，有《外篇》，叩之者知其爲孔孟之徒，豈銅梁玉壘之秀，育於斯人，而君平老蘇之餘，僅一再見。知德家食已久，絕無一毫求名之意。獨念臣屬境有斯人而不以聞是蔽賢也，國家有斯人而不一用是弃才也。臣又查得往例，如江西布衣吳與弼、廣東舉人陳獻章，俱蒙先朝聘禮赴京，授以喻德檢討，至今以爲美談。近例如江西舉人鄧元錫、劉元卿，俱蒙皇上特允儒臣之薦，元錫以病不至，元卿授禮部主事，爭相濯磨。竊謂知德之學之行，在四臣伯仲之間，伏乞發下吏部，再加察訪。如果臣言不謬，將來知德優禮錄用，庶聖朝弓旌束帛之典，不遺於嵁岩，而山林獨抱守素之士，不填於溝壑，其於世道非小補，而聖治爲益光矣。"“等因奉旨，吏部知道。欽此。欽遵抄出到部送司，按①呈到部。看得貴州巡撫都察院右副都御史郭子章題議，乞錄用四川梁山縣舉人來知德一節爲照。舉人來知德，負醇萃質，讀聖賢書，孝養一日，不博三公隆貴。錯綜二字，足發四聖精微。清風高節，窮且益堅；旁搜遠紹，老當益壯；遠接嚴、邵、申、轅，近方吳、劉、陳、鄧；伏在草莽，足爲邱園之貴；被之弓旌，當爲邦家之光。蓋盛世有巢由固，宇宙之爲大而明。明揚側陋，則朝廷自至。公既經撫臣具題，前來相應覆請。及查，先年起用舉人鄧元錫，欽授翰林院待詔，今與例相合合，無將來知德添注翰林院待詔恭候。命下本部，給憑轉行本官，一體欽遵施行等。因太子太保、本部尚書李戴等具題奉旨來知德學行既優，添注翰林院待詔。"自命下，即建優哉閣，訂《易注》於中。改天元寺爲既優書院。日坐優哉閣中，讀書不輟，罕與人接，自是始號"優齋"。太史黃公輝書云："先生天資絕人，以數十年精苦之力，妙解易象，破却秦漢以來未了《易》案，可謂前無古人矣。"鄭孝廉寄詩云："聖明徵詔下梁州，萬里

---

①按：原作"案"，嘉慶《梁山縣志》卷十七《藝文五》收錄來知德《年譜》作"按"，據改。

冥鴻未可求。九喜自能甘豹霧，三公原不換羊裘。憑陵六籍文章富，嘯傲千秋太白浮。野服黃冠邱壑相，圖來政可獻宸旒。"族人來時發貧甚鬻子，先生捐銀贖之。曾孫象豫、象有生。

　　萬曆三十一年癸卯，先生七十九歲。居優哉閣。是年春，具疏辭官："奏爲感激天恩，恭抒謝悃。自分衰朽，不堪職任，懇乞聖明，俯容終老山林，以安愚分事。臣由本縣儒學生員中嘉靖三十一年壬子科鄉試第五名，頻年計偕，屢試屢蹶。因父來朝患病，母丁氏繼患目疾，臣既鮮兄弟，遂留家侍養未仕。及父母去世，臣雖有欲仕之心，已非可仕之年矣。夫親存不能仕以養吾親，親没而竊升斗以養妻子，臣不忍也。既不忍負吾親而徒仕，乃負明時而徒隱，臣不敢也。因思先民有言，未得其位，無所發施，則講明聖人之學，使其教益明，出處雖異，推己及人之心則一也，臣佩此言，遂將本朝纂修《五經》《性理大全》，日夜誦讀。及讀《周易》，見諸儒皆以象失其傳，不言其象，止言其理。臣愚劣，自知遠不及諸儒，但思《易》乃五經之首，象既失傳，則自孔子十翼之後，四聖微言秘旨，已絕二千餘年矣，若不窮究其象，則以訛傳訛，何以謂之明經？經不明，何以爲士？所係世道匪輕。臣遂遠客萬縣求溪深山中，反復①探索，思之思之，夜以繼日，如嬰兒之戀慈母。數年而悟四聖之象，數年而悟文王《序卦》、孔子《雜卦》，數年而悟卦變之非。始於隆慶庚午，成於萬曆己亥，二十九年而後成書。書既成，臣亦自知祖宗以來，列聖相承，菁莪樸棫之化；皇上繼照，豐芑熙洽之仁；有一代之聖君，必有一代之經術；天意不借才於异代，故臣得窺《易》於一斑。非臣庸愚，自能悟《易》也。譬之鳥鳴於春，蟬鳴於秋，乃天地化育，使之如是，非鳥蟬之能鳴也。不然，鳥蟬天地一蠢蠢者，安能應期而鳴於春秋哉！臣自《易》注成後，四肢罷敝，萬念灰冷，不復問人間事矣。詎意四川督臣王象乾、貴州撫臣郭子章會薦。蒙吏部題覆，奉聖旨：'來知德學行既優，添注翰林院待詔，欽此。'臣一聞報，不勝惶懼。臣章句腐儒，樗櫟弱植；未嘗不講學，而學愧先賢；未嘗不修行，而行猶鄉人。至於翰林院，名賢侍從之地，待詔尤儒臣極榮之選，臣何人斯，敢覬於此？且

---

①復：原作"覆"，據嘉慶《梁山縣志》卷十《藝文上》收錄《辭官疏》改。

臣之齒，今年七十有九，青天蜀道，白首龍鍾。雖犬馬之戀，不敢忘於江湖；而麋鹿之性，終難馳於廟廊。伏望皇上憫臣之老，不能出户庭；矜臣之病，不能登舟輿。臣未嘗效一日之勞於陛下，終不敢虛冒榮銜。容臣仍以舉人終老山林，庶臣於舜日堯天之下，得遂鳶飛魚躍之性。生爲聖世之逸民，老作明聖①之弃物，臣之榮；逾於三接九遷，臣之感。誓於魏草楊環矣。"

"等因奉旨，該部知道。欽此。欽遵抄出到部送司，案呈到部。看得四川梁山縣舉人來知德，脱屣塵踪，探珠理窟，早歲辭榮志已超於凡，近終身純慕孝可通於神明。遺世入山謀道，何知謀食。希心作聖，窮日繼以窮年。徹易象之玄機，本造化安排，不假纖毫之力；發錯綜之妙義，如羲文授受，頓開全覺之神。叩之而淵源莫測，質之而符合易知。舞蹈俱忘，神情自得，豈天爲明時興易教乎！故爲庖犧生哲人也。今者膺薦而典木天，酬功非過；陳情而安布素，秉志尤真。委以杖朝之齡，似非出疆之日，所有疏乞相應允從。查得天順間臨川處士吳與弼，成化間新會舉人陳獻章，幣聘來京，即授諭德檢討等官，固辭不赴，俱得賜歸。而與弼，又令有司歲給月米。今來知德學與二臣同，遇與二臣一，竊謂功則過之，位不逮焉。合無比照獻章事例，容以原授翰林院待詔職銜致仕，仍照與弼事例，有司月給米三石，以示優渥，庶朝廷於尊賢中兼行夫養老之意，而知德以樂道之士長得爲太平之民，所以獎恬退而風後進者，亦必賴之矣。吾道幸甚，世道幸甚。恭候命下本部，即令本官一體欽遵施行。等因太子太保、本部尚書李戴等具題奉旨是。"先生仍具疏辭米。郭中丞曰：毋周之則受。先生聞言而止。族子來文蔚，資性可教，苦於貧乏，先生命子時升教養於家，是年入學。衣巾費用，俱命升爲備之。曾孫象鼎入學。

有《上內閣沈三相公書》(失載)。寧波沈相公覆書云："大賢不世出，高蹈岩穴又不易聞，聞已而又韜珍蘊奇②不爲國家用，故世與賢常③兩相失也。如公非兩臺推轂，誰明谷口之英英者。然漢終不能屈子陵，奈何古人有言，藪澤有賢，國家之福，北海之濱，風流自遠，不勝西向拜手。大作與芳訊，敬置座隅，

---

①聖：原作"主"，道光本《日錄》與嘉慶《梁山縣志》卷十四《藝文二》收錄《辭翰林待詔疏》皆作"聖"，據改。

②韜珍蘊奇：嘉慶《梁山縣志》卷十七《藝文五》收錄來知德《年譜》作"韜珍韜奇"。

③常：嘉慶《梁山縣志》卷十七《藝文五》收錄來知德《年譜》作"嘗"。

以當韋弦。惟萬珍重，永齡無疆，爲世羽儀。"

歸德沈相公覆書云："讀佳刻，知公究心理學，特極精邃，真不辱弓旌盛典也。既大疏以高年辭，朝廷當曲成高尚耳。"

山陰朱相公覆書云："弓旌之典不行於岩穴久矣，惟公學能窮經，行可範俗，公車交薦，特起清華。蓋昭代之盛典，必待人而後行也。夫二老歸周，古聞其語，四公避漢，今非其時。奈何堅肥遯之貞，失觀光之會。既明雅志，所不敢奪，惟是鴻羽可儀，總之有裨於世教也。"

太宰李公覆書。(失載)[1]

中丞青螺郭公書。(失載)[2]

中丞一齋溫公書云："領佳刻，極喜。聞大易錯綜之說，爲從來未有。及卒業，論學玄旨，開我良多，何啻面承謦欬。鄙意學脉，須求孟子，願學孔子。孔子祖述堯舜，實詣總是從人心、道心，爲從心不逾矩。形色天性之學，方能內外兩忘，以成所詣。佳刻所云'一貫'已得之矣，願相與共守此脉終身也。近多外人心，以求精一，則二之矣，執事以爲何如？承教高尚已遂，惜時事方如溺如焚，不可強老賢共濟蒼生。一動歸心，旦暮西歸。或他日山中相近，猶可覓羽通聞問也。"

方伯行吾趙公書。(失載)[3]

都諫希泉王公書云："門下尚志邱園，怡情緗素，耄齡白髮，著述不休，如鶴唳九皋，鳳翔千仞，視世之蛾燭、蟻羶、鳶嚇、腐鼠者，何啻逕庭。門下辭官辭祿，固率淡泊，真性非矯也。昔叔孫豹稱宇內三不朽曰：立德、立功、立言，門下固身有其二矣。騷客詞人所在不乏，惟理學爲尼山正脉，萬古常新。門下茹苦求溪數十年，得郭青螺公名筆表章，以故寰宇三尺之童無不知高梁有瞿唐公，無不知瞿唐公與吳康齋、陳白沙鼎峙，國朝齊芳青汗，非坤維之盛事、耆舊之奇邁耶！"

兵憲翼雲吳公書云："覽古岩穴之士，負英彩者，未必兼操；抗志節者，未

---

[1] "太宰李公覆書。(失載)"原無，據嘉慶《梁山縣志》卷十七《藝文五》收錄來知德《年譜》補。
[2] "中丞青螺郭公書。(失載)"原無，據嘉慶《梁山縣志》卷十七《藝文五》收錄來知德《年譜》補。
[3] "方伯行吾趙公書。(失載)"原無，據嘉慶《梁山縣志》卷十七《藝文五》收錄來知德《年譜》補。

必兼學。仰求華實并茂，卓出人倫，千載以來指不屈數。先生標凌千仞，藻探百代，玄纁之辟高臥不起，文章道德蓋實兼焉。所謂布衣祭酒，吾道龍門者非耶！"又云："《易》之爲書，古聖學之鼻祖也。講學者舍此，皆爲旁蹊曲徑。先生竭①生平之精力以鑽研，而一旦貫通，其紹述之功，有開來學而贊先聖者矣。"

本縣通學生員具呈部院王公，欲爲先生修坊，移文行縣，公與縣令書，固辭。初，先生在襁褓時，梁山邑馮庚爲縣令，與典史同入覲。撥御郡守，五鼓入朝。坐蓬，忽寐夢朝中出一牌云：翰林院來某□②應得禄米三石，鹽十觔，仍赴翰林院。回與父朝言之，父曰：吾兒得長齡足矣，安望至此，詎意七十餘年應若符券耶！

萬曆三十二年甲辰，先生八十歲。家居。書一聯云："天下當太平，不識不知，魚躍鳶飛皆富貴；身中無個事，辭官辭禄，風清月白自期頤。"又作《呈進〈易注〉并謝恩疏》。二月二十二日，偶染疾，卧起如常。至三月初一日，卧蓐不起。子孫以藥進，乃曰：數已盡矣！服藥何爲！酣睡不語。初六日早，忽呼孫許至床前曰：我出世觀化一番，生平爲善不爲惡，仰不愧，俯不怍，幸得聞道，可以逍遙去矣！語絶而逝。曾孫象復、象恒生。訃聞當道，名公、四方靡不痛悼，俱有挽章，未及殫述。（後卜葬於縣西十五里福德鋪。附）

（附）軼事

先生父母喪，相繼六年不飲酒，不茹葷，親友或以酒肴强之，云："席中無別客，無害。"先生曰："余之齋戒，非以要譽，爲此心不忍也。"竟不食。（邑志道）

先生因會試不第，住京邸六年。回，不遽入私室，必卧於父母榻前，叙寒煥，語京中事，如此者數十夜，然後入私室。（邑志道）

---

①竭：嘉慶《梁山縣志》卷十七《藝文五》收録來知德《年譜》作"出"。
②《年譜》此處有墨釘。

人有邀先生飲，或遺兄，先生鬱鬱不樂，竟不往。人知其意，有請者，必先及兄。先生每日設酒請兄，或無肉，止蔬菜，必盡醉方回。兄不言擾，先生不言慢。有衣食器物，兄或用，盡與之。先生侍兄篤厚謹飭，即年至七十，禮儀毫不敢苟。（邑志遺）

　　先生因不第，讀書京邸，大有聲名。時順慶陳文瑞公居相，遍求禮經名士，以傅子玉壘聞而幣聘。先生曰："大丈夫當自立，何趨相門爲？"竟辭病不應。

　　先生寓京邸，鄰有婦，因夫繫獄，自獻其身以求濟，先生毅然拒之，移居別寓。友人會試聞其事，語於人，莫不敬服。

　　先生自求溪回，過萬縣，友人觴之，酳以極濃酒，俟醉甚，舁至妓家，紿曰："此官邸也"，置於卧榻。半夜酒醒，呼，廬兒名妓以實應，先生駭然驚起，黑夜奔回寓所。次日衆友至，（先生）已行矣。友人秘詢妓，曰："衣尚未解。"

　　中式時，柱史吳臯喻公主試事，其七十人彩聯皆喻親製。先生聯云："高名千古陳驚座，學擬蘇韓；好句當年趙倚樓，輝聯斗壁。"後著述被徵，爲當代名儒。此聯若讖。①

　　嘗買一婢，甚拙，孺人每過責之，先生曰："此亦人子也，彼若有能，決不婢於我矣。"後婢逃回，先生私揭券還之。（從邑志刪節）

　　孺人御婢甚嚴，先生窺見一婢盜孺人簪，隱而不言，恐其怒責，及婢歿後方言，以釋孺人之疑，其度量寬容如此。

　　先生訓子孫只以孝悌節儉爲本，不言及貨利。又以功名富貴自有分定，不可強求。

　　先生家食稍有餘，鄰里有貸無不應，不能償亦不校。

　　人有以書訛先生，先生得之，微笑而已。子孫覓看，先生曰："爾等涵養未到，見之不免有物在心，看何益？"卒以書投火。

　　先生居釜山，夜不嚴扃鑰，門常不閉，人病其疏懶而嗤之，賊感其德，未嘗犯。（邑志遺）

---

①原無"中式時……此聯若讖"，據嘉慶《梁山縣志》卷十七《藝文五》收錄來知德《來瞿唐先生軼事》補。

先生待人禮儀，一毫不苟，不獨外人，即子孫或值溽暑，深夜必着衣冠，然後令見。(邑志遺)

癸卯冬，先生讀書優哉閣，忽一黃冠人請見，約游四海名山，先生以衰老辭。相與談論者半晌，送至溪邊辭別，約期以三月初六日再會先生。轉思之，宛然求溪悟《易》時夢中人也，心竊疑之。及甲辰三月，先生卒於是日，其异如此。(劉仕偉曰："先生七十三歲嘉平既望，有着黃衣道人過訪。二人共飲饌，對面默坐七晝夜。臨別，道人曰：'來春三月，約同游五岳。'至期，先生無疾逝。三日後，有族孫自萬邑市鹽還，過白兔亭，見先生與黃衣道人各坐棕蒲團觀瀑布。見無僕，孫請侍。先生曰：'有道人伴游五岳。汝將鑰匙寄回，開某書廚，內有未濟注一篇脫稿，令謄正粘附，勿遺。'孫還，歿已三日矣。付鑰啓廚，如所言。")①

與鄉人處，和易掬，即或犯，毫無芥蒂於懷。有訟，先生輒爲勸解，閭里多嚮化。(見《行狀》附)

先生游吳，過京師，古建吾公送先生游山資，不受。游峨眉，周東郊公送游山資，亦不受，曰："鴻雁啄人間粟，決不能摩霄。"(見邑志傳傳達吾《日錄》引。附)

建坊崇祀 (附)

萬曆三十五年，兩院具疏奉旨移文本縣，修建"聘君仁里"石坊於通衢。

萬曆三十六年，本縣通學生員具呈學道，請入鄉賢。奉督學魏移檄："仰縣迎主入鄉賢崇祀。"

萬曆三十七年，按院彭移檄："來聘君曠世高士，崛起真儒，《日錄》抉百代淵源，《易注》闡四聖奧秘。已入鄉賢崇祀，外擬照合州鄒智事例，修竪特祠，傍於學宫，春秋禋祀，庶近聖人之側，分俎豆之馨香。异日從祀孔庭，此其階乎！"

萬曆三十八年，本縣申文學道請給子孫衣巾奉祀，奉督學張移文："看得來先儒三川高士，一代大儒，注《易》明經，有功先聖，特祠薦禋，已享苾芬於

---

① 原無"劉仕偉曰：'……如所言'"，據嘉慶《梁山縣志》卷十七《藝文五》收錄來知德《來瞿唐先生軼事》補。

俎豆，春秋妥侑，必須子姓之趨，蹌理合奏，請世奉禋祀外。今有嫡孫，儒童來象謙，文行堪錄，准給衣巾奉祀。"

國朝順治十七年，署梁山知縣彭將承襲奉祀，生員來嗣祖具册申文學道。康熙元年，知縣林申文給衣頂，恢復舊典，奉督學席批來嗣祖准給衣頂奉祀，不必入考册也。

（附）從祀疏（見邑志附）

（明）劉之勃（巡按）

爲真儒之學行，久著諡祀之異典，尚稽謹約略生平，彙進遺書，以備廷議，以光盛治事。竊考自有生民，而儒道具焉，世運人心賴以長不墜者，此物此志□①也。堯舜禹湯以及孔孟，而後時污時隆，道卒無晦而不明之，會則以道統之主持。代有其君，道術之修明；代有其士，所以闡幽揚光。表章之典，獨於斯爲最重，蓋示天下後世以知所宗也。蜀有故儒來知德，臣自髫齡受讀時便知聞其名而慕之，今幸按蜀，親至梁地，爲本儒故里，井廬依然，芳模具在，一時土人若紳、若士、若民，俱能述其流風，而歌揚之，爰有公呈以請諡，請祀爲言者，名筆盈牘。臣遍詢之，道、府、州、縣靡不稱贊其賢，且以爲孟子以後一人也。臣隨取其諸刻而細讀之，見其議論切實，行誼醇正，真有非近世諸儒所能及者。以彼焚引養親，廬墓盡禮，則曾閔之孝也；以彼不艷富貴，修身見世，則申轅之節也；以彼比物連類，窮理立言，則韓歐之文也。易象錯綜之注，殆闡四聖未發之蘊，《大學》格物之解，將斷千年不决之根。勤勤懇懇，探性命于精微，辨疑似于毫芒，則又朱程之著述也。羽翼聖經，師表後學，功孰有大於是者。詳考本儒生于嘉靖四年，以禮經中，嘉靖壬子科鄉試第五名。後因親老終養，隱居學道。又以先臣貴州巡撫郭子章等交章薦舉，蒙神廟授以翰林院待詔，知德仍辭不就位，復蒙准致仕，月給米三石。是知德之生，固稟祖宗

---

①《年譜》此處有墨釘。

至治之精，而實身承祖宗培溉之澤矣，惟易名從祀一事尚未舉行，則由神祖聖宗留之，以待我皇上者也。夫事以久而愈彰，論以久而蓋定，今群書畢進，學行備載，似可詔集廷臣，細加討繹，會議舉行，或不煩復俟之，异日乎該臣再考。孔廟從祀諸賢，自七十子而外其續，蒙奉進者，春秋及漢，有左丘明、高堂生、公羊高等九人，隋有王通一人，唐有韓愈一人，宋有周敦頤、程頤、程顥等十六人，元有許衡，昭代已有薛宣、王守仁等四人，此皆歷代人主及我祖宗身任斯文，見其事于一端者。以知德之德業昭彰，固不在諸賢之不，况我皇上之隆崇理學，又當擅帝王之美。近見皇上數幸太學，表彰先儒，既于往代，統加尊優，豈于昭代反靳异數，固知繼往開來，原皆我皇上道揆中庸，正可因知德以志嗜尚耳。或有謂時事多艱，此事似爲可緩者，臣謂亂之所從起，正由子不知有孝，臣不知有忠，正須提明教以砥□①之，則經術所以經世務，未始非救時一大機括。况知德爲蜀儒，臣幸爲蜀官，官其地，知其人，而不以上聞，是蔽賢也，則臣之自處又將何如哉？懸乞敕下該部，將從祀諡名二事一并議，覆將見聖道大成，益昭著於崇儒之際，而天下後世具淬礪于風厲之條矣。其知德□②書所錄，自《易注》、《大學古本》及《格物圖解》而外，頗及應酬詞語，刊字亦不無差訛，臣亦不敢削正一字，以失本來，除止就原版刷印進覽，并送該部□③僚。外臣謹同巡撫陳士奇合詞具題，臣無任激切，懸禱待命之至。崇禎十六年八月十三日具題。（命下，因亂未經通行。）

初閱《梁山邑志》，全載瞿唐先生《年譜》，疑非志例，詢之友人，始知得自手抄，慮其失傳，故載於志，不必以例繩之矣。第志帙繁富，翻閱爲難，不如別刊專集，家有其書，足以觀感，興發此端溪。谷樵名府，《年譜》之所由刊也，明府之言曰："邑有大儒，坐令一嚬一笑，一言一動不彰於後，有司之過；邑有大儒，不以一嚬一笑，一言一動之教教邑人，別求教之之方，有司之愚。"故其治梁也，不設鈎距，不采風聞，不改弦而更張，善用其因而事理亦

---

①《年譜》此處有墨釘。
②《年譜》此字模糊不辨。
③《年譜》此字模糊不辨。

平。茲譜之刻，將因仁賢之鄉人，成通邑之仁賢、貞良、孝秀、康樂、和親，於是乎在僅曰表彰而已哉。然茲譜之刻，雖本於邑志，所益數條，又本於家乘，至所載詩文語錄，則本於先生內外二集，嘗鼎一臠已知其味，况擇焉而精，語焉而詳，不啻窺其全豹，明府之用心勤矣，明府之庸民至矣。復就二集論之，演圖開人譜之先聲，同爲理學客問，仿解嘲之遺製，終薄法言而均有益於世道人心，宜明府之取材也。所惜者，鈔本錯訛脫落，未爲完書耳。譬之獵然，前驅合圍，鄉先生之力也，因其力而發踪指示，則屬之邑父母，敢綴數言於《年譜》之簡末。邑後學刁思卓謹跋。